国际多式联运模块化运营的发展机理研究

刘丽 著

吉林出版集团股份有限公司

图书在版编目（CIP）数据

国际多式联运模块化运营的发展机理研究 / 刘丽著. -- 长春：吉林出版集团股份有限公司，2019.7
ISBN 978-7-5581-7474-2

Ⅰ. ①国… Ⅱ. ①刘… Ⅲ. ①集装箱运输－多式联运－运营管理－研究 Ⅳ. ①U169.6

中国版本图书馆CIP数据核字(2019)第145673号

书　　名：国际多式联运模块化运营的发展机理研究
作　　者／刘丽 著
责任编辑／蔡宏浩
责任校对／朱进
封面设计／姜薇
开　　本／787mm×1092mm　1/16
字　　数／360千字
印　　张／15.5
版　　次／2019年7月第 1 版
印　　次／2021年1月第 2 次印刷
出　　版／吉林出版集团股份有限公司（长春市人民大街4646号）
发　　行／吉林音像出版社有限责任公司
地　　址／长春市福祉大路5788号
电　　话／0431-81629674
印　　刷／长春市博美图文印业有限公司

ISBN 978-7-5581-7474-2　　　　　　　　　　　　定　价：77.00元

国际多式联运(International multimodal transport)简称多式联运,是在集装箱运输的基础上产生和发展起来的,是指按照国际多式联运合同,以至少两种不同的运输方式,由多式联运经营人将货物从一国境内的接管地点运至另一国境内指定交付地点的货物运输。国际多式联运适用于水路、公路、铁路和航空多种运输方式。在国际贸易中,由于85%~90%的货物是通过海运完成的,故海运在国际多式联运中占据主导地位。

交通运输是促进国民经济和社会发展的重要基础,是社会发展的先决条件,是国民经济发展的先导型行业。改革开放以来,尤其是20世纪90年代初以来,我国交通基础设施、运输装备和客货运输总量规模迅速扩展,质量大幅提高,整体结构明显改善,颇具规模的现代交通运输系统网络已初步形成。经过改革开放的20多年,我国交通运输业发生了深刻的变化,交通运输从过去的封闭和垄断走向开放和竞争,运输方式之间、运输方式内部的竞争局面开始形成。

国际集装箱运输是目前世界上最先进的运输组织形式之一,它的发展程度代表着一个国家和地区的交通运输业的发展水平。随着世界经济贸易的不断发展以及集装箱运输技术的不断完善与成熟,国际进出口货物运输的集装箱化已成为不可阻挡的发展趋势,货物集装箱运输与集装箱多式联运已成为国际运输中主要的运输方式与组织形式,开展集装箱运输与多式联运业务,已成为各类运输企业或物流企业主要的发展方向。

集装箱运输虽已成为国际物流的最优运输方式,同时国际集装箱多式联运网络正在形成,但集装箱运输是资金密集、技术密集及管理要求很高分产业,它对从业人员提出了更高的要求。只有全面系统地了解和掌握国际集装箱运输系统中所涉及的理论知识、专业技术与实务技能,提高工作人员的业务素质,才能更充分地发挥国际集装箱运输的优越性。

刘丽　著

目　录

第一章　国际多式联运 **001**
　第一节　国际多式联运概述 ----------001
　第二节　国际多式联运经营人 ----------006
　第三节　国际多式联运的主要业务及程序 ----------012
　第四节　国际多式联运单据 ----------018

第二章　我国国际多式联运 **026**
　第一节　我国国际多式联运概况 ----------026
　第二节　国际多式联运的组织形式 ----------029
　第三节　国际货运代理人 ----------036

第三章　国际多式联运的海铁联运的SWOT分析 **043**
　第一节　海铁联运的概念和特点 ----------043
　第二节　集装箱海铁联运的SWOT分析 ----------044
　第三节　海铁联运的发展趋势 ----------052

第四章　国际多式联运的陆桥运输的SWOT分析 **060**
　第一节　陆桥运输的概念和种类 ----------060
　第二节　陆桥运输的发展和意义 ----------066
　第三节　我国陆桥运输发展的SWOT分析 ----------070
　第四节　新亚大陆桥运输发展 ----------081

第五章　国际多式联运的海空联运的SWOT分析 **093**
　第一节　海空联运的定义特征 ----------093
　第二节　海空联运的中转枢纽及作业流程 ----------097
　第三节　我国发展海空联运的SWOT分析 ----------101
　第四节　航空专用集装箱 ----------109

第六章 国际多式联运的陆空联运的SWOT分析   113
第一节 陆空联运的特点与流程   113
第二节 我国陆空联运的SWOT分析   115
第三节 公路集装箱   123

第七章 集装箱及其箱务管理   130
第一节 集装箱及其标准化   130
第二节 航线集装箱配备量及其确定   144
第三节 集装箱租赁业务及其租箱量的确定   147
第四节 集装箱箱务管理业务   154
第五节 集装箱跟踪管理箱务管理现代化   159

第八章 集装箱码头及其营运管理   165
第一节 集装箱码头概述   165
第二节 集装箱码头堆场管理   173
第三节 集装箱货运站管理   182
第四节 集装箱码头大门管理   185
第五节 集装箱码头装卸工艺及作业流程   187
第六节 集装箱码头经营组织与市场开发   192

第九章 集装箱货物及其组织管理   197
第一节 集装箱货物概述   197
第二节 集装箱货物交接与流转方式   200
第三节 集装箱货物装载   204

第十章 国际多式联运的发展趋势   210
第一节 多联式运行物流园区   210
第二节 无水港   215
第三节 航空港   223
第四节 公路港   231
第五节 多式联运的信息平台   235

参考文献   241

第一章 国际多式联运

第一节 国际多式联运概述

国际贸易中的货物从最初起运地(托运人工厂或仓库)到最终目的地,可能要经过多个不同阶段的运输,如由公路转海运再转公路。在传统的运输方式下,这一运输过程将由多个承运人采用接力的方式分段完成。货方(托运人或收货人)只能通过与各段承运人分别订立运输合同才能最终实现货物的全程运输。在这种情况下,各段的承运人仅需要负责自己所承运区段(从接受货物至交付货物)的货运组织工作,而货方却要负责大部分的组织工作,包括运输线路的确定、运输区段的划分(中转地点的选择)、各区段运输方式及承运人的选择、各区段的衔接和所需的各种服务及手续的办理等。这样的运输方式使得货方不仅在货物的准备方面花费精力,更要在货物的运输问题上花费更多的精力,而由于他们的精力和能力有限,在很多时候就不得不通过支付佣金委托代理人来完成各项工作。这样,不仅给货方带来了许多不便,而且由于货方难以对国际运输有较充分的了解,在运输组织和实施过程中,难免费时、费力。

集装箱运输作为以全部机械化作业来提高运输效率的现代交通运输方式,其产生和发展给货主们带来了极大的方便。当集装箱作为一个运输单元,由一种运输方式转换到另一种运输方式时,不需要将箱内物体移动。这就大大简化和加快了换装作业,而且口岸监管单位通过加封或验封即可放行。这种能把海运及内陆的铁路、公路、水路等多种运输方式以及与进出口运输业务有关的口岸监管工作联合起来进行一体化的集装箱运输方式,就是集装箱多式联运。

多式联运一语最早见于1929年《华沙公约》。1980年5月,日内瓦召开了由84个贸发会成员国参加的国际多式联运会议,通过了《联合国国际货物多式联运公约》(以下简称《多式联运公约》),将国际多式联运定义为:按照多式联运合同,以至少两种不同的运输方式,由多式联运经营人将货物从一国境内接管货物的地点运至另一国境内指定交付货物的地点。

一、国际集装箱多式联运的发展

国际集装箱多式联运是在一定的世界经济环境和技术条件下形成和发展起来的。[①]归

[①] 朱宝玉. 集装箱多式联运发展研究[D]. 西安:长安大学,2010.

纳起来,导致国际集装箱多式联运产生和发展的主要因素有以下几点。

1. 世界经济一体化造就了国际多式联运产生和发展的经济环境。世界各地社会和自然条件的差异,形成了世界各地区不同的生产结构,也因此产生了生产的国际分工和协作。20世纪后期,跨国公司的跨国经营作为世界经济一体化的主要表征之一,进一步加快了国际分工和协作的发展,使得国际上社会化大生产的规模越来越大。随着国际上社会化大生产的快速和深入发展,社会分工越来越细,专业化程度越来越高,产品的商品率越来越高,规模经济越来越明显,且向外扩展性和渗透性也越来越强,从而形成了产、供、运、销连成一体的开放的国际经济市场。为此,在世界经济一体化的国际贸易往来中,也要求有多种运输方式结合在一起,发挥各自的优势,取长补短,以满足国际贸易发展的需要。

2. 产业结构和商品结构的变化产生了对多式联运的现实需求。随着世界经济一体化进程的加快,生产商不仅要从商品数量上,更主要的是要在商品价值上占领更多的市场份额。为此,生产商们着手从内部不断优化产业结构和产品结构,对其产品进行精加工,往高、精、轻、薄的方向发展,从而生产出了高附加值产品,如精密仪器、电子产品及零部件、办公设备、集成电路和高级化工产品等。这样,在国际贸易中,低值的大宗散杂货的运量呈现下降趋势,而高附加值和精密型的货物比例呈上升的势头。因为高附加值和精密型的商品价值高,在运输途中容易被损坏和被窃,并需要立即投放市场参与竞争,所以它们要求获得安全、快速、准时的运输服务。集装箱运输的产生达到了安全运输的目的,而采用国际集装箱多式联运的组织形式,则达到了快速、准时运输的要求。

3. 国际集装箱内陆运输系统的建立,促进了国际多式联运的发展。在国际贸易中,90%的国际货物是通过海运完成的。为了加强国际航运企业在国际航运市场的竞争地位,占据更多的市场份额,世界各主要海运国家在20世纪70年代初至80年代末的20年内,大力建设集装箱船队,开辟国际集装箱班轮航线,形成了遍布全球的集装箱航线网络。这一时期开展的主要是"港到港"的国际集装箱运输。同一时期跨国公司的跨国经营也不再局限在沿海地区,也向内地加大了投资的力度。在这种情况下,国际集装箱的内地运输就成为全程运输的瓶颈。因此,从20世纪80年代末到90年代初,世界主要的班轮公司纷纷掀起所谓"海船登陆"运动,其他各运输方式经营人也不甘示弱,纷纷大力扩展其经营范围。原先各种运输方式各自为政的局面逐渐消融。经过近十年的努力,国际集装箱内陆运输系统在世界上的主要地区基本建成,国际集装箱多式联运冲破障碍,迈上了一个新的台阶。

4. 科学技术的进步加快了国际多式联运的发展。从某种意义上来说,没有现代科学技术,就不可能有国际集装箱多式联运。应用于国际集装箱多式联运的先进技术,主要包括国际标准化集装箱及其运输技术、现代化高速全集装箱船、现代化集装箱换装设备及换装技术、双层叠载集装箱直达列车及运输组织技术和电子数据交换(EDI)技术等。因为集装箱运输是件杂货运输的发展方向和高级运输组织形式,而国际集装箱多式联运又是集装箱运输的高级发展阶段,并且是一种高度技术密集型的运输组织形式。所以现代科学技术的推广应用,又加速了国际多式联运的发展。

国际集装箱多式联运从诞生至今不过半个世纪的时间,已受到世界各国的重视,将其作为发展国民经济、参与国际竞争的重要手段。

二、国际集装箱多式联运的构成要件

在国际集装箱多式联运方式下,集装箱货物的具体运输仍由海、陆、空等传统单一运输方式完成,但国际集装箱多式联运并不是传统单一运输方式的简单叠加。依据联合国多式联运公约的规定,并结合国际上的实际做法,构成国际多式联运必须同时具备以下要件。

(一)由多式联运经营人承担或组织完成全程运输任务,对全程运输负责

在单一运输方式下,要完成货物从卖方到买方的全程运输,货主要签订多份运输合同,在各运输方式转换地点还要安排人员代为办理货物的交接、换装业务和有关手续。一旦货物在运输过程中发生灭失或损害,货主就只能向发生该损失的区段的运输经营人索赔。

而如果采用多式联运,货物运输过程的一切事项就均由多式联运经营人负责办理。货主只须办理一次托运手续,与该多式联运经营人签订一份运输合同。该多式联运经营人不仅是订立多式联运合同的当事人,也是多式联运单证的签发人,其对全程运输负责。无论货物在运输过程中的哪一区段发生灭失或损害,货主均可向多式联运经营人提出索赔要求。当然,多式联运经营人在履行多式联运合同所规定的运输责任的同时,也可将全部或部分运输委托他人(分承运人)完成,并订立分运合同。但分运合同的承运人与货主之间不存在合同关系。

(二)签订多式联运合同

如上所述,货主只须与多式联运经营人签订一份运输合同,即多式联运合同。该合同是确定多式联运经营人与货主之间权利、义务、责任关系的依据,也是区分多式联运与单一运输方式的主要依据。

(三)是不同国家之间的货物运输

多式联运可以分为国际多式联运和国内多式联运,国际多式联运的全过程跨越了不同的国家或地区,这不仅与国内多式联运相区别,更重要的是涉及到国际运输法规的适用问题。

(四)采用两种或两种以上不同运输方式完成全程运输

国际集装箱多式联运必然选择和采用两种或两种以上不同的运输方式(水路、公路、铁路、航空)来完成全程运输任务。这样才能发挥各种运输方式的优势,做到扬长避短、优势互补;才能通过对各种运输方式进行优化,使各种运输方式达到最佳的组合,以达到国际货物安全、快速、准时送达以及提高运输效率、降低运输成本的目的。

因此,在多式联运业务中,货主只需要办理一次托运,订立一份运输合同,多式联运经营人对全程运输负责。货主只需要一份运输单证,向多式联运经营人支付一次全程运费即可。货物一旦在运输过程遭受损失,也由多式联运经营人统一处理货主的索赔。它将传统的单一运输方式下的港、站之间的运输,发展成为根据货方的需要而进行的"门到门"运输。

三、国际集装箱多式联运的优点

国际集装箱多式联运是将不同的运输方式有机地组合在一起构成的连续的一体化货物运输方式。国际集装箱多式联运的快速发展,最重要的是其具有传统各单一运输方式无法比拟的优势,具体为一下几个方面。

1. 统一化、简单化。由于多式联运采用一次托运、一次付费、一单到底、全程负责、统一理赔的运输业务模式,避免了货主与各区段承运人分别签订运输合同并办理各种托运、结算及理赔手续的不便和麻烦,为货主提供了极大的方便。

2. 缩短货物运输时间、减少库存、降低货损货差事故,提高货运质量。由于国际集装箱多式联运是以集装箱为单元进行运输,货物在托运人工厂或仓库装箱后,运输途中由一种运输方式转换到另一种运输方式时,无须换箱,也不需要将箱内物体移动,这就减少了中间环节,大大简化和加快了换装作业。而且,在集装箱运输方式下,各个运输环节和各种运输工具之间配合密切、衔接紧凑,货物所到之处中转迅速及时,大大减少了货物的在途停留时间,从根本上保证了货物安全、迅速、准确、及时地运抵目的地,因而,也相应降低了货物的库存量和库存成本。同时,多式联运系通过集装箱为运输单元进行直达运输,尽管货运途中须经多次转换,但由于使用专业机械装卸,且不涉及箱内货物,因而,货损货差事故大为减少,从而在很大程度上提高了货物的运输质量。

3. 降低运输成本、节省各种支出。货物装载于集装箱内运输,货物的包装、理货和保险等费用可以有一定程度的节省。由于国际集装箱多式联运采用一张单证,统一费率,可以简化制单和结算手续,节省人力、物力。此外,托运人在将货物交由第一程承运人后即可取得货运单证并据以结汇,从而提前结汇,有利于加速资金周转,减少利息支出。

4. 提高运输组织水平,实现合理化运输。在开展多式联运业务前,各种运输方式自成体系,经营人各自为政,其业务范围受到限制,运输量有限。一旦不同的运输经营人共同参与多式联运,经营的业务范围大大扩展,并可以最大限度地发挥各自现有设备的作用,选择最佳运输路线,实现合理化运输。

5. 其他作用。从政府的角度来看,发展国际集装箱多式联运具有以下重要意义:有利于加强政府对整个货物运输链的监督与管理;保证本国在整个货物运输过程中获得较大的运费收入分配比例;有助于引进先进运输技术;有助于减少外汇支出;有助于改善本国基础设施的利用状况;通过国家的宏观调控与指导职能,保证使用对环境破坏最小的运输方式,达到保护本国生态环境的目的。

四、国际集装箱多式联运合同

(一)国际多式联运合同的概念和性质

根据《多式联运公约》的规定,多式联运合同是指多式联运经营人凭以收取运费、负责完成或组织完成国际多式联运的合同。我国1997年与《国际集装箱多式联运管理规则》对国际集装箱多式联运合同给出了相同的定义。

依据上述定义,可以看出国际集装箱多式联运合同具有下列性质。

1. 是有偿合同。根据当事人取得权利是否须偿付代价,合同可分为有偿合同和无偿合同。在国际集装箱多式联运合同中,多式联运经营人以完成全程运输为代价取得收取运费的权利,而托运人或收货人实现货物位移的权利则是以支付运费为代价的。因此,国际集装箱多式联运合同为有偿合同。

2. 是双务合同。根据当事人双方权利义务的分担方式,合同可分为双务合同和单务合同。国际集装箱多式联运合同的双方当事人,即多式联运经营人和货方,均既负有义务又享有权利。如经营人有完成货物全程运输的义务,并有收取运费的权利;而货方有支付运费的义务,也有完好收取货物并在货物出现损害时向经营人索赔的权利。因此,国际集装箱多式联运合同具有双务合同的特点。

3. 是诺成合同。依据合同的成立是否以交付标的物为要件,合同可分为诺成合同与实践合同。在订立国际集装箱多式联运合同时,只要货方与多式联运经营人意思表示一致,合同即依法成立,货方向多式联运经营人交付集装箱货物属于合同的履行环节,显然,国际集装箱多式联运合同属于诺成合同。

4. 为不要式合同。根据合同的成立是否需要特定形式,可将合同分为要式合同与不要式合同。虽然国际集装箱多式联运合同通常由多式联运提单来证明,但多式联运提单并不是运输合同本身。多式联运合同双方当事人可以以口头、书面或其他形式(如音像制品形式和默示形式)订立运输合同,因此,国际集装箱多式联运合同为不要式合同。

5. 是涉他合同。以是否严格地贯彻合同相对性原则为标准,合同可以分为涉己合同和涉他合同。国际集装箱多式联运合同的双方当事人是多式联运经营人和托运人,收货人并未参加合同的签订。但多式联运经营人应向作为第三人的收货人交付货物,收货人同时受多式联运合同中关于运费倒付等条款的约束。可见,国际集装箱多式联运合同具有涉他合同的特征。

(二)国际集装箱多式联运合同的订立与主要内容

国际集装箱多式联运合同是处于平等法律地位的国际多式联运经营人与托运人双方的民事法律行为,在且只在双方意思表示一致时才能成立。

国际多式联运经营人为了揽取货物运输,通常会对自己的企业、经营范围等进行广告宣传,并通过运价本、提单条款等形式公开说明。但此种行为并非要约而仅构成要约邀请。托运人或其代理人向经营多式联运的公司或其营业所或代理机构申请货物运输时填写托运单,说明货物的品种、数量、起运地、目的地、运输期限要求等内容的行为,为要约行为。

多式联运经营人在收到托运人或托运人的代理人的要约后,将根据申请的内容,并结合自己的营运路线、所能使用的运输工具及班期等情况,决定是否接受托运。如果认为可以接受,则在双方商定运费率及支付形式,货物交接方式、形态、时间,集装箱提取地点、时间等情况后,由多式联运经营人在交给托运人或托运人代理的场站收据副本联上签章,以表明接受委托,多式联运合同即告成立。

托运人在约定的时间、地点将货物以约定的方式交给多式联运经营人或其代理之后,取得经签字的场站收据,即可到多式联运经营人处换取多式联运提单。多式联运提单是证明多式联运合同的运输单据,是经营人与托运人之间达成的运输合同的条款和具体内容的证明,记载了双方的基本权利、义务和责任。

第二节　国际多式联运经营人

一、国际多式联运经营人的含义

从前面讲述的国际集装箱多式联运的构成条件可以看出,在国际集装箱多式联运中,多式联运经营人发挥着关键作用。《多式联运公约》对多式联运经营人(Multi-modal Transport Operator,简称MTO)的定义是:"其本人或通过其代表订立多式联运合同的任何人,他是当事人,而不是托运人的代理人或代表或参加多式联运的承运人的代理人或代表,并且负有履行合同的责任。"在多式联运中多式联运经营人的身份具有多重性。

1. 以本人名义与托运人订立多式联运合同,是多式联运合同的承运人。根据该合同,多式联运经营人要对全程运输负责,要负责完成或组织完成全程运输。在2007年7月1日开始实施的《跟单信用证统一惯例》(UCP600)中则直接使用"承运人"这一概念。

2. 可以本人身份参加多式联运全程中某一个或几个区段的实际运输,则作为这些区段的实际承运人,对自己承担区段的货物运输负责。

3. 可以本人名义与自己不承担运输的区段的承运人订立分运合同以完成其他区段的运输。在这类合同中,多式联运经营人既是托运人,也是收货人。

4. 以本人名义与各中转点的代理人订立委托合同以完成在该点的衔接及其他服务工作。在该类合同中,多式联运经营人是委托人。

5. 以本人名义与多式联运所涉及的各方面订立相应的合同,在这些合同中,多式联运经营人均是作为货方出现的。

二、国际多式联运经营人应具备的条件

根据上述对多式联运经营人的理解可见,经营人必须具备一定的条件才有能力开展多式联运业务。

(一)有完成全程运输的技术能力

多式联运经营人必须建立自己的多式联运线路网络,才有能力满足不同货主对货物运输的不同需求。从理论上讲,多式联运线路应当遍及全世界,从任何国家的一地到另一国的任何一地,但事实上各经营人即使实力再强也无法做到。开展多式联运业务的公司大多是在尽可能广泛地承办货主委托的前提下,重点办好几条联运线路。

此外,多式联运经营人必须拥有起码的信息处理、传递设备。至于完成多式联运所需的其他设备、设施,如集装箱货运站、拆装箱设备、堆场作业机械、各种运输工具等,多式联运经营人可以不自己拥有,但必须与相应的所有人订有长期的使用协议,才能完成货物运输的任务。

(二)有完成全程运输的组织能力

一般来说,多式联运经营人不会自己完成货物的全程运输,一些多式联运经营人甚至将全程运输都交给其他承运人完成,自己不实际承担任何一个区段的运输,这就要求多式联运经营人有将这些承运人有效组织起来,顺利、高效地完成运输交接的能力。因此,多式联运经营人在其各条运输线路上要有完整的业务网络。该网络可以由其分支机构、代表和代理人构成,也可通过与其他企业联营的途径获得所需的服务能力。他们要形成一个具有国际运输知识、经验和能力的专业队伍。多式联运经营人还必须有对这些人员和业务进行管理的组织机构。

(三)有完成全程运输、对全程运输负责的经济能力

多式联运经营人必须具有开展业务所需的流动资金,而且其制定的单一费率应能够弥补其经营成本支出。同时,多式联运经营人对运输过程发生的货物灭失、损害和延误应当负责,因此,应当具备足够的赔偿能力。

根据国际多式联运的特点,借鉴国外经验并结合我国的实际情况,交通部、铁道部联合发布,于1997年月10月1日起施行的《国际集装箱多式联运管理规则》规定了在我国申请经营多式联运业务的企业应具备的条件。

1. 具有中华人民共和国企业法人资格。
2. 具有与从事多式联运业务相适应的组织机构、固定的营业场所、必要的经营设施和相应的专业管理人员。

3. 该企业具有3年以上国际货物运输或代理经历,有相应的国内、外代理。

4. 注册资金不低于人民币1000万元,并有良好的资信。每增设一个经营性的分支机构,应当增加注册资金人民币100万元。

5. 符合国家法律、法规规定的其他条件。

铁路系统以外的企业申请经营多式联运业务,应将申请报告、企业章程、业务章程、经营多式联运业务的可行性研究报告、多式联运单据样本等申报材料上报至省、自治区、直辖市交通主管部门,并抄报所在地市的交通主管部门。省、自治区、直辖市交通主管部门自收到全部申请义件起30日内提出意见后转报交通部。铁路系统的企业申请经营多式联运业务,由企业所在地的铁路局向铁道部直接申报。国务院部门在京直属企业申请经营多式联运业务,可直接向交通部、铁道部申报。在收到上述文件后60日内,交通部、铁道部共同审核发出批准文件或不批准的通知。获得批准的企业凭批准文件分别到省、自治区、直辖市交通主管部门或铁道部领取经营许可证,国务院部门在京直属企业到接受申请单位领取经营许可证。

经营许可证的有效期为3年。有效期届满,需继续从事多式联运业务的,应在有效期满30日前向原发证主管部门申领换证;否则,其多式联运业务资格在期满后自动丧失。

三、国际多式联运经营人的表现形式

具备法定条件的企业依据法定程序取得经营多式联运业务的资格后,即可实际从事多式联运业务,成为多式联运经营人。实践中多式联运经营人表现为各种与运输相关的企业。按其本身是否具有运输工具,多式联运经营人可分为两大类。

第一类多式联运经营人拥有一种或一种以上的运输工具,并实际参加联运全程中一个或一个以上区段运输。这类经营人一般由某一方式的承运人发展而来,如由海运、陆运或航空运输企业发展而成。该类经营人一般都具有较强的经济实力,在运输业具有一定的资信度,在国外的分支机构、办事处及代理网络较为完整。

第二类多式联运经营人不拥有任何一种运输工具,在联运全程中各区段的运输都要通过与其他实际承运人订立分运合同来完成。这类经营人一般由国际货运代理企业或其他与运输有关的业者(仓储、装卸等)发展而成。它们尽管不拥有自己的运输工具,经济实力与前一类经营人比要差一些,但由于发展成为多式联运经营人前的业务内容有很大的相似性,而且在长期工作中与各有关方已建立了良好的业务关系,因此,他们开展业务的优势主要在运输组织方面。

现在世界上大部分较有实力的具有一种或一种以上运输工具的承运人,包括海运公司、铁路公司(局)、汽车运输公司等均已开展多式联运业务,发展成为多式联运经营人,还有大量的货运代理公司也承办多式联运业务,使国际多式联运经营人队伍得以迅速发展。

四、无船承运人

(一)无船承运人的含义

无船承运人(Non-vessel Operating Common Carrier,简称NVOCC)原只是航运实践中的习惯称谓。美国《租船及海运术语词典》的解释为"不拥有或不经营船舶,为承运第三人的货物而与航运公司签订合同的人或公司,通常为货运代理人,一般由他向货主签发分提单"。我国《海商法大辞典》的解释为:"不拥有船舶而从事海上货物运输的人"。

该术语第一次正式出现于法律条文中,是美国1998年的《航运改革法》(《美国法典》第46卷附件"航运"),该法将"无船公共承运人"与"远洋货运代理人"共同列为"远洋运输中介人"。"无船公共承运人"是指不经营用以提供远洋运输服务的船舶的公共承运人,其与远洋公共承运人之间的关系属于托运人。

我国无船承运人的概念首次出现在2001年12月5日国务院颁布的《中华人民共和国海运条例》(以下简称《海运条例》)中。该条例第七条所涉及的无船承运业务经营者即通常所说的无船承运人。根据该条规定,无船承运人是指以承运人身份接受托运人的货载,签发自己的提单或其他运输单证,向托运人收取运费,通过国际船舶运输经营者完成国际海上货物运输,承担承运人责任的人,即明确无船承运人的身份与承运人相同,承担的是与承运人相同的责任。由于无船承运人的特殊性质,其在多式联运经营中具有极其重要的地位并发挥着重要作用。

下面主要根据中国《海运条例》及《海运条例实施细则》的有关规定,对中国的无船承运业务及管理制度进行介绍。

(二)无船承运人的业务范围

无船承运业务是指以承运人身份接受托运人的货载,签发自己的提单或其他运输单证,向托运人收取运费,通过国际船舶运输经营者完成国际海上货物运输,承担承运人责任的国际海上运输经营活动,包括为完成该项业务围绕其所承运的货物开展的下列活动。

1. 以承运人身份与托运人订立国际货物运输合同。
2. 以承运人身份接收货物、交付货物。
3. 签发提单或者其他运输单证。
4. 收取运费及其他服务报酬。
5. 向国际船舶运输经营者或其他运输方式经营者为所承运的货物订舱和办理托运。
6. 支付"港到港"运费或者其他运输费用。
7. 集装箱拆箱、拼箱业务。
8. 其他相关的业务。

(三)无船承运人的经营资格

无船承运业务经营者,包括中国无船承运业务经营者和外国无船承运业务经营者。

1. 中国无船承运业务经营者。中国无船承运业务经营者是指依照《海运条例》和《海运条例实施细则》规定取得无船承运业务经营资格的中国企业法人,应具备以下条件。

(1)在中国境内设立企业法人。

(2)向交通主管部门指定的账户交纳80万元保证金。

(3)向交通主管部门办理提单登记。

(4)向交通主管部门提出申请并通过审核。

中国无船承运业务经营者经主管部门审核合格,取得《无船承运业务经营资格登记证》,并向原企业登记机关办理相应登记手续后,方可从事无船承运业务。

2. 外国无船承运业务经营者。外国无船承运业务经营者是指依照外国法律设立并依照《海运条例》和《海运条例实施细则》的相关规定取得经营进出中国港口货物无船承运业务资格的外国企业,应具备以下条件。

(1)除非符合法律规定的特殊情形,应向交通主管部门指定的中国境内账户交纳保证金。

(2)向交通主管部门办理提单登记。

(3)在中国境内委托一个联络机构,负责代表该外国企业与中国政府有关部门进行联络;联络机构可以是该外国企业在中国境内设立的外商投资企业或者常驻代表机构,也可以是其他中国企业法人或者在中国境内有固定住所的其他经济组织。委托的联络机构应当向交通运输部备案,并按照要求提交有关文件。

(4)向交通主管部门提出申请并通过审核:外国企业没有在中国港口开展国际班轮运输业务,但在中国境内承揽货物、签发提单或者其他运输单证、收取运费,通过租赁国际班轮运输经营者的船舶舱位提供进出中国港口国际货物运输服务;或者利用国际班轮运输经营者提供的支线服务,在中国港口承揽货物后运抵外国港口中转的,也应当取得无船承运业务经营资格后方可经营。

(四)对无船承运业务的管理

无船承运业务由国务院交通主管部门和有关的地方人民政府交通主管部门依法实施监督管理。

1. 保证金制度。无船承运业务保证金(下称"保证金")是无船承运业务经营者按照规定缴纳的用于清偿因其不履行承运人义务或者履行义务不当所产生的债务以及支付罚款的担保金。中国无船承运业务经营者应当缴纳80万元人民币的保证金,每设立一个分支机构,还应增加20万元人民币的保证金。保证金应缴存至主管机关公布的银行保证金专门账户。该专门账户由交通运输部实施监督,保证金及其利息归无船承运业务经营者所有。无船承运业务经营人终止经营,应当向交通运输部提出退还保证金申请,由交通运输部在其政府网站上公示30日后通知保证金开户行退还其保证金及利息,除非有人在公示期内取得司法机关出具的针对该保证金的财产保全裁定。

外国无船承运业务经营者按照外国法律已取得经营资格且有合法财务责任保证的,可以不再向上述银行账户缴存保证金。但为了保证外国无船承运业务经营者清偿因其不履行承运人义务或者履行义务不当所产生的债务以及支付罚款,该外国无船承运业务经营者的政府主管部门与中国政府交通主管部门应就财务责任保证实现方式签订协议。

2. 提单登记制度。提单登记制度是指无船承运业务经营者依据规定将其使用的提单格式样本,向国务院主管部门依法进行登记以备查询的制度。

无船承运业务经营者办理提单登记的,在向交通运输部提出申请的同时,应将申请材料抄报企业所在地或者外国无船承运业务经营者依法指定的联络机构所在地的省、自治区、直辖市人民政府交通主管部门。经交通主管部门审核合格的无船承运业务经营者应被准予提单登记,经营者名称及其提单格式样本也由交通运输部在其政府网站上公布。

无船承运业务经营者申请提单登记时,提单台头名称应当与申请人名称相一致。提单台头名称与申请人名称不一致的,申请人应当提供说明该提单确实为申请人制作、使用的相关材料,并附送申请人对申请登记提单承担承运人责任的书面申明。无船承运业务经营者使用两种或者两种以上提单的,各种提单均应登记。已登记的提单发生变更的,应当于新的提单使用之日的15日前将新的提单样本格式向交通运输部备案。任何单位和个人不得擅自使用无船承运业务经营者已经登记的提单。

3. 运价备案制度。运价备案制度是指无船承运业务经营者按照规定格式将其运价向国务院交通主管部门备案的制度。备案的运价包括公布运价和协议运价。公布运价是指无船承运业务经营者运价本上载明的运价;协议运价是无船承运业务经营者与货主约定的运价。公布运价自交通运输部受理备案之日起满30日生效;协议运价自交通运输部受理备案之时起满24小时生效。无船承运业务经营者应当执行生效的备案运价。

4. 专用发票制度。中国无船承运业务经营者及其分支机构在中国境内收取运费及其他相关费用,应当向付款人出具中国税务机关统一印制的国际海运业运输专用发票作为收费证明。

5. 禁止的经营行为。无船承运业务经营者从事无船承运业务不得有下列行为。

(1)将依法取得的经营资格提供给他人使用。

(2)以低于正常、合理水平的运价提供服务,妨碍公平竞争。

(3)在会计账簿之外暗中给予托运人回扣,承揽货物。

(4)滥用优势地位,以歧视性价格或者其他限制性条件给交易对方造成损害。

(5)其他损害交易对方或者国际运输市场秩序的行为。

(6)罚则

就无船承运业务经营者违反《海运条例》及《海运条例实施细则》的行为,将依据情节轻重予以警告、罚款、没收违法所得、责令停止经营或撤销经营资格等处罚。

第三节 国际多式联运的主要业务及程序

一、国际集装箱多式联运运输组织方式

多式联运的全过程就其工作性质的不同,可分为实际运输过程(即各区段载运工具载运工作过程)和全程运输组织业务过程两部分。实际运输过程是由参加多式联运的各种运输方式的实际承运人完成的,可以是多式联运经营人自己完成,也可以通过订立分运合同由其他承运人完成。全程运输的业务组织过程则一定是由多式联运经营人完成的,主要包括全程运输所涉及的所有商务性事务和衔接服务性工作的组织实施。其运输组织方法可以有多种,但就其组织体制来说,基本上可分为协作式联运和衔接式联运两大类。①

(一)衔接式联运

衔接式联运又称为"运输承包发运制"联运。如图1-1所示,在这种组织体制下,需要使用多式联运运输货物的托运人首先向多式联运经营人托运,多式联运经营人根据自己的条件考虑是否接受。如接受,双方订立多式联运合同,并在合同指定的地点办理货物的交接,经营人签发多式联运单据。接受托运后,多式联运经营人首先要选择货物的运输路线,划分运输区段(确定中转、换装地点),选择各区段的实际承运人;是零星货物的要确定集运方案。在制定货物全程运输计划后把计划转发给各中转衔接地点的分支机构或代理人。然后根据计划与各程实际承运人分别订立各区段的货物运输合同,通过这些实际承运人来完成货物的全程位移。各区段之间的衔接,则由多式联运经营人在当地的业务网络完成,即从前程承运人接受货物,再向后程承运人托运。在最终目的地从最后一程实际承运人手中接受货物后再向收货人交付货物。

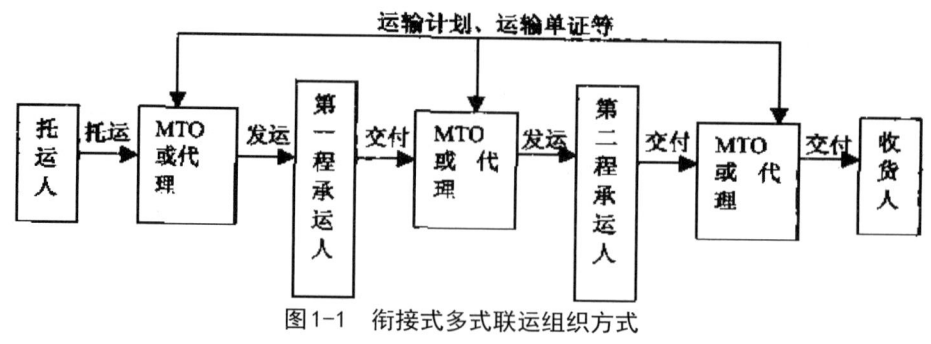

图1-1 衔接式多式联运组织方式

---

①孙家庆.多式联运的形式及其特征分析[J].集装箱化,2002(3):28-30.

在与托运人订立运输合同后,多式联运经营人根据双方协议,按全程单一费率收取全程运费和各类服务费、保险费(如需经营人代办的)等费用。多式联运经营人在与各区段实际承运人订立分运合同时,需向各实际承运人支付运费及其他必要的费用;在各衔接地点委托代理人完成衔接服务业务时,也需向代理人支付委托代理费用。

目前,这种组织方式主要在国际货物多式联运中采用,在国内多式联运中采用的也越来越多。而随着我国经济体制的改革,它也将成为国内多式联运的主要组织方式。

(二)协作式联运

协作式多式联运的组织者是由参加多式联运的各种运输方式的运输企业和中转港站,在政府主管部门协调下共同组成的联运办公室,如图1-2所示,在这种机制下,托运人须根据所运货物的实际需要,向联运办公室提出托运申请并按月申报整批货物要车、要船计划,联运办公室根据多式联运线路及各运输企业的实际情况制定该托运货物的运输计划,并把该计划批复给托运人及转发给各运输企业和中转港站。托运人根据计划安排向多式联运第一程的运输企业提出托运申请并填写联运货物托运委托书(附运输计划)。第一程运输企业组织并完成自己承担区段的货物运输至与后一区段的衔接地—中转港站,直接将货物交给中转港站,经换装由后一程运输企业继续运输,直到最终目的地由最后一程运输企业向收货人直接交付。

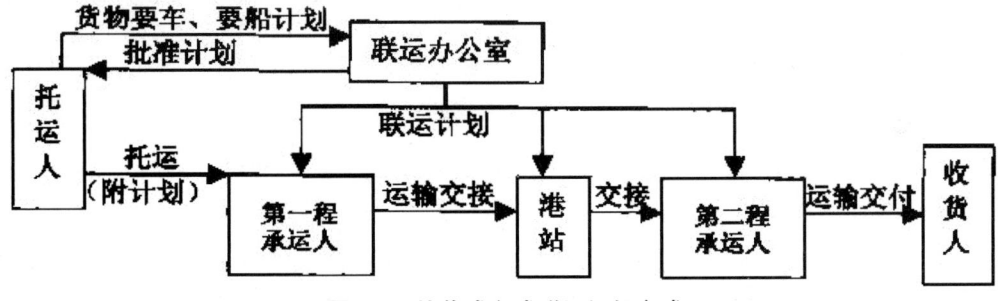

图1-2 协作式多式联运组织方式

在这种组织体制下,全程运输组织是建立在统一计划,统一技术作业标准,统一运行图和统一考核标准基础上的,而且在接受货物运输、中转换装、货物交付等业务中使用的技术装备、衔接条件等也需要在统一协调下同步建设或协议解决,并配套运行以促使全程运输的协同性。这是中国开展多式联运业务初期采用,现在则在一些大宗、稳定的重要物资运输中仍主要采用的体制,在有的文献中称为"货主直接托运制"。

货物运费由联运办公室(或第一程运输企业)负责按全程费率向托运人收取,然后按各企业之间商定的比例向各运输企业及港站分配。在前后程运输企业之间和港站与运输企业交接货物时,需填写货物运输交接单和中转交接单作为货物交接与费用结算的依据。

二、国际集装箱多式联运货运程序

国际集装箱多式联运货运程序分为整箱货物运输作业程序和拼箱货物运输作业程序。

(一)整箱货运的作业程序

1. 订立多式联运合同。托运人根据贸易合同对运输的约定,向多式联运经营人提出托运。多式联运经营人接受的,与托运人议定有关事项后,在交给托运人或其代理人的场站收据副本上签章,证明接受托运,多式联运合同成立。

2. 办理货物检验检疫。对法定需要检验、检疫的货物以及贸易合同约定进行检验的项目,托运人向商品检验、检疫机关申请检验或检疫,并取得商品检验、检疫证明。

3. 空箱发放、提取。多式联运经营人签发提箱单给托运人或其代理人,由他们在规定日期到指定的堆场提箱并自行将空箱拖运到货物装箱地点,准备装货。如托运人委托亦可由经营人办理从堆场到装箱地点的空箱拖运(这种情况需加收空箱拖运费)。托运人提箱时须检查箱体状况,填制"集装箱设备交接单",与管箱人办理交接手续。

4. 办理出口报关手续。托运人或其代理人填制"出口货物报关单"并随附海关规定的单证,办理出口集装箱货物报关手续。

5. 货物装箱。托运人或其代理人提取空箱后在自己的工厂或仓库组织装箱,装箱应请海关派员到装箱地点监装和办理加封事宜。如需理货,还应请理货人员现场理货并与之共同制作装箱单。

6. 货物交接,换签提单,支付预付运费。托运人或其代理人将关封好的集装箱和有关单证交给多式联运经营人或其代理人,并核对有关单证,多式联运经营人接管集装箱货物,并应托运人的请求签发多式联运提单。如果多式联运合同约定运费预付,托运人还须向多式联运经营人支付运输费用。

7. 多式联运经营人组织完成货物全程运输。多式联运经营人在合同订立之后,即应制定该合同涉及的集装箱货物的运输计划。该计划应包括货物的运输路线,区段的划分,各区段实际承运人的选择及各区段间衔接地点的到达、起运时间等内容。多式联运经营人要按照运输计划安排各区段的运输工具,与选定的各实际承运人订立各区段的分运合同。

在接收货物后,要组织各区段实际承运人、各派出机构及代理人协调工作,完成各区段的运输及衔接工作。

货物运输过程中的海关业务由多式联运经营人代为办理,包括货物及集装箱在进口国的通关手续,进口国内陆段保税运输手续。如果全程运输要通过其他国家,还应包括这些国家的通关及保税运输手续。

8. 通知收货人。货物到达目的地后,多式联运经营人的代理人向收货人发出到货通知书。收货人凭正本多式联运提单向代理换取提货单。若运费为倒付,收货人应支付全部应缴款项。

9. 办理进口报关手续。收货人凭有关单证办理进口报关、报验等手续。

10. 交付货物。收货人凭已办妥的进口手续,到指定的堆场提取货物,或依据合同约定,由多式联运经营人将货送至收货人的交货地点,办理货物交接,填写并签署交货记录。

11. 空箱回运。在货物掏箱后,收货人或多式联运经营人的代理人将空箱回运至指定的空箱堆场,并办理设备交接手续。

(二)拼箱货运的作业程序

拼箱货物必须在装运的港口或内陆的集装箱货运站由承运人拼装箱,运抵目的地的港口或内陆的集装箱货运站后由承运人拆箱。目前,多数情况下是在起运港集装箱货运站装箱,运往目的港集装箱货运站拆箱,这属于"港到港"的海上单一运输。如果在港口腹地内陆集装箱货运站装箱,运往目的港集装箱货运站,或运往目的港内陆集装箱货运站拆箱,则可组织国际集装箱多式联运。其主要作业程序如下。

1. 多式联运经营人与托运人订立多式联运合同。

2. 多式联运经营人接管货物,签发多式联运提单。托运人将货物按常规方式,通过内陆运输运送到附近的集装箱货运站,与多式联运经营人或其代理人办理货物交接手续,多式联运经营人接管货物。托运人向多式联运经营人支付全程运输费用(若为预付运费)后,由多式联运经营人按托运人的请求,签发多式联运提单。

3. 办理出口报关、报验手续。集装箱货运站代办出口货物报关、报验手续。

4. 货物装箱。集装箱货运站把货物装入集装箱,并使装载于箱内的货物适航。理货公司派员到货运站理货并编制装箱理货单,记载装入箱内货物件数、标志、包装等内容。海关对放行的集装箱进行加封。装箱人填制装箱单。

5. 多式联运经营人组织完成货物全程运输。拼箱货装箱启运后,其运输组织及多式联运经营人的业务与整箱货物多式联运的内容一致。

6. 通知收货人,向收货人交付货物。货物到达目的地后,多式联运经营人或其代理人向收货人发出到货通知书。收货人凭正本多式联运提单换取提货单,在办理进口报关、报验等手续后,到指定集装箱货运站办理掏箱、提货手续,并签署交货记录。

7. 空箱回运。在货物掏箱后,集装箱货运站将空箱回运至指定的空箱堆场,并办理设备交接手续。

三、国际多式联运的主要业务

(一)接受托运申请,订立多式联运合同

多式联运经营人根据货主的托运申请和自己实际情况,判断是否接受申请。如果能够接受,则双方议定有关事项(如货物交接方式、时间、地点、付费方式等)后,在交给发货人和代理人的场站收据(空白)副本上签章(必须是海关能接受的),证明接受托运申请,多式联运

合同已经订立并开始执行。

(二)空箱的发放、提取和运送

国际多式联运使用的集装箱一般应由经营人提供。这些集装箱来源主要有三个途径：一是承运人自己购置使用的集装箱；二是向租箱公司租用的集装箱，这类集装箱一般在货物起运地点附近提箱，而在交货地点附近还箱；三是由全程运输中的某一分运人提供，这类箱一般需要在多式联运经营人为完成合同运输与该分运人（一般是海上区段承运人）订立分运合同后获得使用权。

如果双方协议由发货人自行装箱，则多式联运经营人应签发提箱单或者把租船公司或分公司签发的提箱单交给发货人或其代理人，由他们在规定的日期内到指定的堆场提箱并自行将空箱托运到货物装箱地点，准备装货。如果发货人委托，亦可由经营人办理从堆场到装箱地点的空箱托运（这种情况需加收空箱托运费）。

如果是拼箱货或整箱货，而发货人无装箱条件不能自装时，则由多式联运经营人将所用空箱调运至接受货物的集装箱货运站，做好装箱准备。

(三)出口报关

若联运从港口开始，则在港口报关。若从内陆地区开始，应在附近的内地海关办理报关。出口报关事宜一般由发货人或其代理人办理，也可委托多式联运经营人代为办理（这种情况需要加收报关服务费及报关手续费，并由发货人负责海关派员所产生的全部费用）。报关时应提供场站收据、装箱单、出口许可证等有关单据和文件。

(四)货物装箱及接受货物

若是发货人自行装箱，发货人或其代理人提取空箱在自己的工厂或仓库组织装箱，装箱工作一般要在报关后进行，并请海关派员到装箱地点监装和办理加封事宜。如需理货，还应请理货人员现场理货并与之共同制作装箱单。

若发货人不具备装箱条件，可委托多式联运经营人或货运站装箱（指整箱货情况），发货人应将货物以原来形态运至指定的货运站由其代为装箱。

若是拼箱货物，发货人应负责将货物运至指定的集装箱货运站，由货运站按多式联运经营人的指示装箱。

无论装箱工作由谁负责，装箱人均需制作装箱单，办理海关监装与加封事宜。

(五)订舱和安排货物运送

经营人在合同签订后，应制订该合同涉及的集装箱货物的运输计划。该计划包括货物运输的路线、区段的划分、各区段实际承运人的选择确定、各区段衔接地点的到达起运时间等内容。这里订舱是指多式联运经营人要按照运输计划安排洽谈各区段的运输工具，与选定的各实际承运人订立各区段的分运合同。

(六)办理保险

在发货人方面,应投保货物运输险。该保险由发货人自行办理,或由发货人承担费用由经营人代为办理。货物运输保险可以是全程的,也可分段投保。

在多式联运经营人方面,应该投保货物责任险和集装箱保险,由经营人或其代理人向保险公司或以其他形式办理。

(七)签发多式联运提单、组织完成货物的全程运输

多式联运经营人的代表收取货物后,经营人应向发货人签发多式联运提单。在把提单交给发货人之前,应注意按双方协定的付费分工及内容、数量向发货人收取全部应付费用。

多式联运经营人应该组织各区段实际承运人、各派出机构及代表人共同协调工作,完成全程运输过程。

(八)运输过程中的海关业务

按惯例,国际多式联运的全程运输(包括进出口国内陆段运输)均应视为国际货物运输。因此,该环节工作主要包括货物及集装箱进口国的通关手续、进口国内陆段保税(海关监管)运输手续及结关等内容。如果陆上运输要通过其他国家海关和内陆运输线路,还应包括这些海关的通关及保税运输手续。

这些海关业务一般由多式联运经营人的派出机构或者代理人办理,亦可由各区段的实际承运人作为多式联运经营人的代表代为办理。由此产生的费用全部应该由发货人或者收货人负担。

如果货物在目的港交货,则结关应该在港口所在地海关进行。如在内地交货,则应该在口岸办理保税(海关监管)运输手续,海关加封后方可运往内陆目的地,在内陆海关办理结关手续。

(九)货物交付

当货物运至目的地后,由目的地代理通知收货人提货。收货人凭多式联运提单提货,经营人或其代理人需按合同规定,收取收货人应付的全部费用。收回提单后签发提货单(交货记录),提货人凭提货单到指定的堆场(整箱货)和集装箱货运站(拼箱货)提取货物。

如果是整箱提货,则收货人要负责至掏箱地点的运输,并在货物掏出后将集装箱运回指定的堆场,至此运输合同终止。

(十)货物运输事故处理

如果全程运输过程中发生了货物灭失、损害和运输延误,无论能否确定损害发生区段,发(收)货人均可向多式联运经营人提出索赔。多式联运经营人根据提单条款及双方协议确定责任并作出赔偿。如果能够确定发生事故的区段和实际责任者,可向其进一步索赔。如果不能确定事故发生区段时,一般按在海运段发生处理。如果已经对货物及其责任投保,则

存在要求保险公司赔偿和保险公司进一步追索问题。如果受损人和责任人之间不能取得一致,则需要在诉讼时效内提起诉讼和仲裁解决。

第四节 国际多式联运单据

多式联运单据是多式联运单证的一种。多式联运单证是整个国际多式联运中有关方权利、义务、责任转移的凭证,因此,单证业务是多式联运中的重要业务。在国际集装箱多式联运中要处理的单证达100多种,其中与托运人、收货人、多式联运经营人关系均比较密切的单证有集装箱货物托运单、场站收据、设备交接单、装箱单、交货记录、多式联运单据等。①

集装箱货物托运单是托运人根据贸易合同和信用证的有关内容向多式联运经营人申请办理货物运输时的书面凭证。托运单记载的内容有托运人对货物运输的要求、关于货物的详细资料、对运费的安排,此外,还有可否分批运输、装船期限、货物价值等项目。集装箱货物托运单经多式联运经营人确认后,便成为双方订立运输合同的凭证。

一、国际多式联运单据

国际多式联运单据(Multimodal Transport Document, M. T. D. 或 Combined Transport Document, C. T. D.),是指证明国际多式联运合同及证明多式联运经营人接管货物,并负责按照合同条款交付货物的单据,它是为适应国际集装箱运输需要而产生的,在办理国际多式联运业务时使用。国际多式联运单据也称为国际多式联运提单(Multimodal Transport B/L or Combined Transport B/L)。多式联运单据并不是多式联运合同,而只是多式联运合同的证明,同时是多式联运经营人收到货物的收据和凭其交货的凭证。根据我国于1997年10月1日施行的《国际集装箱多式联运管理规则》,国际集装箱多式联运单据(简称"多式联运单据")是指证明多式联运合同及多式联运经营人接管集装箱货物并负责按合同条款交付货物的单据,该单据包括双方确认的取代纸张单据的电子数据交换信息。

(一)国际多式联运单据的性质与作用

1. 国际多式联运合同的证明。国际多式联运单据是双方在运输合同确定的权利和责任的准则。在国际多式联运成立后签发多式联运单据,因此,它不是运输合同,而是运输合同的证明。在国际多式联运的内容和条款中规定双方当事人订立的合同条款与实体内容。托运人在订立运输合同前应了解运输单据上的所有条款,除非另有协议外,应把单据内容和条款作为双方权利义务和责任的准则。

2. 国际多式联运经营人接管货物的收据。国际多式联运经营人向托运人签发多式联运

---

①王景馨. 浅析多式联运单据与海运提单的区别[J]. 科技视界,2016(25):281-281.

单据表明已承担运送货物的责任并占有了货物。《联合国国际货物多式联运公约》第五条第1款规定"多式联运经营人接管货物时,应签发一项多式联运单证。该单证应依发货人的选择,或为可转让单证,或为不可转让单证。"《1991年联合国贸易和发展会议/国际商会多式联运单证规则》第三条规定"载入多式联运单证的资料应当是多式联运经营人按照此种资料接管货物的初步证据,除非已有相反的注明,例如,托运人的重量、装载和计数、托运人装载的集装箱或类似表述已在单证上以印就文本或批注作出。"

3. 货物所有权的证明。国际多式联运单据持有人可以押汇、流通转让,因为国际多式联运单据是货物所有权的证明,可以产生货物所有权转移的法律效力。根据《1993年跟单信用证统一惯例》(国际商会第500号出版物)第26条规定,如果信用证要求提供至少包括两种不同运输方式(多式运输)的运输单据,除非信用证另有规定,银行将接受下述运输单据:表面注明承运人的名称或多式运输营运人的名称,并由承运人或多式运输营运人或作为承运人或多式运输营运人的具名代理或代表签字或以其他方式证实;及注明货物已发运、接受监管或已装载者。发运、接受监管或装载,可在多式运输单据上以文字表明,且出单日期即视为发运、接受监管或装载日期及装运日期。然而,如果单据以盖章或其他方式标明发运、接受监管或装载日期,则此类日期即视为装运日期,及注明信用证规定的货物接受监管地,该接受监管地可以不同于装货港、装货机场和装货地,及注明信用证规定的最终目的地,该最终目的地可以与卸货港、卸货机场或卸货地不同,及在所有其他方面均符合信用证规定者。

4. 收货人提取货物和国际多式联运经营人交货的凭证。收货人或第三人在目的地提取货物时,必须凭国际多式联运单据换取提货单(收货记录)才能提货。

(二)国际多式联运单据与联运提单的区别

国际多式联运单据在使用的形式上与联运提单有相同之处,但在其性质上又有极大区别。两者主要区别如下。

1. 联运提单限于由海运与其他运输方式所组成的联合运输使用,而多式联运单据既可用于海运与其他运输方式的联运,又可用于不包括海运的其他运输方式的联运,但必须是两种或两种以上不同运输方式的联运。

2. 联运提单由承运人、船长或承运人的代理人签发,多式联运单据则由多式联运经营人或经其授权的人签发,多式联运经营人可以是完全不掌握运输工具的无船承运人,全程运输由经营人安排其他承运人负责。

3. 联运提单的签发人仅对第一程运输负责,而多式联运的签发人则要对全程负责,无论货物在任何区段发生属于承运责任范围的灭失或损害,均对托运人负责。

4. 联运提单是货物装船之后,由第一承运人签发的全程联运提单,它属于已装船提单,而多式联运单据可以是已装船的,但大部分是在联运经营人接管货物后准备待运时签发的单据。

(三)国际多式联运单据的内容

对于国际集装箱多式联运单据的记载内容,《联合国国际货物多式联运公约》及我国的《国际集装箱多式联运管理规则》都作了具体规定,根据我国的《国际集装箱多式联运管理规则》的规定,多式联运单据应当载明下列事项。

1. 货物名称、种类、件数、重量、尺寸、外表状况、包装形式。
2. 集装箱箱号、箱型、数量、封志号。
3. 危险货物、冷冻货物等特种货物应载明其特性、注意事项。
4. 多式联运经营人名称和主营业所。
5. 托运人名称。
6. 多式联运单据表明的收货人。
7. 接受货物的日期、地点。
8. 交付货物的地点和约定的日期。
9. 多式联运经营人或其授权人的签字及单据的签发日期、地点。
10. 交接方式,运费的支付,约定的运达期限,货物中转地点。
11. 在不违背我国有关法律、法规的前提下,双方同意列入的其他事项。

当然,缺少上述事项中的一项或数项,并不影响该单据作为多式联运单据的法律效力。

《联合国国际货物多式联运公约》对多式联运单据所规定的内容与上述规则基本相同,只是公约中还规定多式联运单据应包括下列内容。

1. 表示该多式联运单据为可转让或不可转让的声明。
2. 预期经过的路线、运输方式和转运地点,如果在签发多式联运单证时已经确知。

(四)国际多式联运单据的转让

国际多式联运单据分为可转让的和不可转让的。根据《联合国国际货物多式联运公约》的要求,国际多式联运单据的转让性在其记载事项中应有规定。

作为可转让的多式联运单据,具有流通性,可以像提单那样在国际货物买卖中扮演重要角色。多式联运公约规定,多式联运单据以可转让方式签发时,应列明按指示或向持票人交付:如列明按指示交付,须经背书后转让;如列明向持票人交付,无须背书即可转让。此外,如签发一套一份以上的正本,应注明正本份数;如签发任何副本,每份副本均应注明"不可转让副本"字样。对于签发一套一份以上的可转让多式联运单据正本的情况,如多式联运经营人或其代表已正式按照其中一份正本交货,该多式联运经营人便已履行其交货责任。

作为不可转让的多式联运单据,则没有流通性。多式联运经营人凭单据上记载的收货人而向其交货。按照多式联运公约的规定,多式联运单据以不可转让的方式签发时,应指明记名的收货人。同时规定,多式联运经营人将货物交给此种不可转让的多式联运单据所指明的记名收货人或经收货人通常以书面正式指定的其他人后,该多式联运经营人即已履行其交货责任。

对于多式联运单据的可转让性,我国的《国际多式联运管理规则》也有规定。根据该规则,国际多式联运单据的转让依照下列规定执行。

1. 记名单据。不得转让。

2. 指示单据。经过记名背书或者空白背书转让。

3. 不记名单据。无须背书,即可转让。

二、多式联运提单

(一)多式联运提单

多式联运提单(Multimodal Transport B/195)是由波罗的海航运公会的单证委员会于1995年5月正式命名的单证名称。由于不同国家和船公司对该提单的认识不同,至今仍有相当部分的人将多式联运提单理解为集装箱联运提单(Combined Transport B/L)。但业已通过的《联合国国际货物多式联运公约》第一次将两者的不同以条款规定为:多式联运是指全程运输至少使用两种或两种以上运输工具完成货物运输,而联运则使用同一种运输工具完成货物的全程运输。无疑,多式联运可满足集装箱综合一体化的门到门运输,而联运则不能满足这一要求,多式联运提单的制定不仅再次强调了货物全程运输应使用的运输工具,更为重要的是统一并明确了集装箱多式联运下所允许使用的提单的概念。

在《联合国国际货物多式联运公约》制定并通过以后,考虑到该公约得到有关国家的批准并生效的速度较慢,为确保该公约生效前国际多式联运能有效地进行,有关国际组织决定制定一个临时性的规则,这就是由联合国贸发会(UNCTAD)会同国际商会(ICC)等有关国际商业组织制定的《UNCTAD/ICC多式联运单据统一规则》,并同意替代现行的《ICC联运单证统一规则》。波罗的海航运公会在制定多式联运提单时,正是全面、公正地融合了业已通过的多式联运公约及UNCTAD/ICC规则的内容,充分照顾到多式联运下各当事人的利益,本着国际集装箱多式联运的特点,制定出为各方能普遍接受的,且又能实际应用的单证。

从提单正面内容看,多式联运提单与现行的一般联运提单并无多大区别,主要区别在于,该多式联运提单通常注明为可转让(Negotiable)或不可转让(Non-negotiable)。不过,从两者内涵分析,在有些方面却有着截然的不同,主要表现在以下几方面。

1. 多式联运提单采用网状责任制。如前所述,现行的国际集装箱多式联运经营人责任制形式主要有三种,即单一责任制、网状责任制及统一责任制。多式联运提单采用的是网状责任制,这与多式联运公约所采用的责任制形式不同。不过,目前国际集装箱多式联运下使用较多的是网状责任制,这是因为单一责任制明显保护承运人的利益,在当今航运市场已不受货主欢迎,属于一种淘汰责任制形式;而统一责任制对承运人责任过重,有时承运人无法承担,也不利于航运市场的发展。因此,多式联运提单采用网状责任制能为运输各方所接受。

2. 多式联运提单签发人。 多式联运提单签发人的规定是为满足国际商会跟单信用证 500(UCP-ICC500)的有关规定。跟单信用证 500 第 26 条规定：多式联运单据正面应明显地注明承运人或多式联运经营人，或其他所授权的人才能有资格签发多式联运单据。因此，多式联运提单将其签发人规定为：承运人或多式联运经营人或他所指定的代理人；船长或其指定的代理人。

（二）多式联运提单的缮制及审核

多式联运提单的格式，每家船公司都有自己不同的格式，但各项栏目、内容基本一致。出口商缮制提单和银行审核提单的基本要求是"单证相符"。

下面介绍多式联运提单的缮制及审核中应注意的事项。如表 1-1 所示。

表1-1 多式联运提单

托运人 Shipper		B/L No. 中国对外贸易运输总公司 CHINA NATIONAL FOREIGN TRADE TRANSPORTATION CORP GA 联运提单 COMBINED TRANSPORT OF LADING RECEIVED the goods in apparent good order and condition as specified below unless otherwise stated herein. The Carrier, in accordance with the provisions contained in this document, 1) undertakes to perform or to procure the performance of the entire transport from the place at which the goods are taken in charge to the place designated for delivery in this document, and 2)		
收货人或指示 Consignee or order				
通知地址 Notify address				
前段运输 Pre-carriage by	收货地点 Place of receipt			
海运船只 Ocean vessel	装运港 Port of loading			
卸货港 Port of discharge	交货地点 Place of delivery	运费支付地 Freight payable at	正本提单份数 No.of original B/L	
标志和号码 Marks & Nos.	件数和包装种类 Number and kind of packages	商品名称 Description of goods	毛重（千克） Gross weight (kgs.)	尺码（立方米） Measurement (m³)
以上细节由托运人提供 ABOVE PARTICULARS FURNISHED BY SHIPPER				
运费和费用 Freight and charges		IN WITNESS where of the number of original Bills of Lading stated above have been signed, one of which being accomplished, the other(s) to be void		
		签单地点和日期 Place and date of issue		
		代表承运人签字 Signed for or on behalf the Carrier 代理 as Agents		

SUBJECT TO THE TERMS AND CONDITIONS ON BACK

1. B/L No.，提单号码。提单上必须注明编号，以便核查，该号码与装货单（又称大副收据）或（集装箱）场站收据的号码是一致的。没有编号的提单无效。提单编号一般由代表公司名称的4位字母和代表该航次及序号的8位数字组成。

2. Shipper，托运人。托运人也称发货人Consignor，是指委托运输的当事人。如信用证无特殊规定，应以受益人为托运人。如果受益人是中间商，货物是从产地直接装运的，这时也可以实际卖方为发货人，因为按UCP500规定，如信用证无特殊规定，银行将接受以第三者为发货人的提单。

3. Consignee，收货人。这是提单的抬头，是银行审核的重点项目。应与托运单中"收货人"的填写完全一致，并符合信用证的规定。如果属于信用证项下的提单，必须严格按照信用证的提单条款缮写，不要擅自改动。如果是托收项下的提单，则一般只能做空白指示或托运人指示提单，即打"Order"或"Order of Shipper"，然后加上托运人的背书，送交托收银行。托收项下的提单切不可做成以买方为抬头人的记名提单，也不可做成以买方为指示人的指示提单，避免在货款尚未收到时，货权即已转移。

4. Notify Party，被通知人。即买方的代理人，货到目的港时由承运人通知其办理报关提货等手续。这是货物到达目的港时船方发送到货通知的对象，有时即为进口人。如果是记名提单或收货人指示提单，而收货人又有详细地址的，则此栏可以不填，信用证也往往不作规定。如果是空白指示提单或托运人指示提单，则必须填写被通知人名称及其详细地址，否则船方将无法与收货人联系。在信用证项下的提单，当信用证对提单被通知人有具体规定时，则须严格按信用证的规定缮写。

5. Pre-carriage by，前段运输；Port of transhipment，转船港

如果货物需转运，则在此两栏分别填写第一程船的船名和中转港口名称。

6. Place of Receipt，收货地点。可根据实际情况填写"北京"（Beijing）、"南京"（Nanjing）或"上海"（Shanghai）等地名。

7. Vessel，船。如果货物需转运，则在这栏填写第二程的船名；如果货物不需转运，则在这栏填写第一程船的船名。是否填写第二程船名，主要是根据信用证的要求，如果信用证并无要求，即使需转船，也不必填写第二程船名。如果来证要求In case transshipment is effected. name and sailing date of 2nd ocean vessel calling Rotterdam must be shown on B/L（如果转船，至鹿特丹的第二程船船名，日期必须在提单上表示），只有在这种条款或类似的明确表示注明第二程船名的条款下，才应填写第二程船船名。

8. Port of Loading，装运港。

（1）应严格按信用证规定填写：装运港之前或之后有行政区的，如Xingang/Tianjin，应照加。

(2)一些国外开来的信用证笼统规定装运港名称:仅规定为"中国港口"Chinese ports, Shipment from China to……,这种规定对受益人来说比较灵活,如果需要由附近其他港口装运时,可以由受益人自行选择。制单时应根据实际情况填写具体港口名称。若信用证规定"Your port",受益人只能在本市港口装运,若本市没有港口,则事先需要开证人改证。

(3)如信用证同时列明几个装运港地,提单只填写实际装运的那一个港口名称。

(4)托收方式中的提单,本栏可按合同的买方名称填人。

9. Port of Discharge,卸货港。此栏填写货物卸船的港口名称。

10. Place of Delivery,交货地。此栏仅在货物被转运时填写,表示承运人最终交货的地点。

11. Freight Payable at,运费支付地。如果是以FOB价格条件成交,此栏应填目的港,如果是以CFR或CIF价格条件成交,此栏应填起运港。或者说,如果提单内注明"运费到付"(Freight Collect),运费支付地应为目的港,如果注明"运费已付或予付"(Freight paid or prepaid),运费支付地应为起运港i但在实际业务中,此栏填不填均可。

12. No.Of Original B/L,正本提单的份数。提单可分为正本和副本。正本提单可以流通、议付,副本则不行。就正本而言,其份数应按信用证规定办理。如信用证有具体份数规定,必须按规定打制。若信用证规定为全套,如写为"Full set of B/L",则指全套提单按习惯做成2份或3份正本提单均可,并用大写TWO或THREE表示。正本提单不论多少张,其中任何一张正本提货后,其他各张正本即告失效。对正、副本提单要求的权利在收货人一方。出口方应对来证中各种份数表示法作出正确判断。如"Full set(3/3)plus 2N/N copies of original forwarded through bills of lading",其中的(3/3)意为:分子位置的数字指交银行的份数,分母位置的数字指应制作的份数,本证要求向议付银行提交全部制作的三分正本提单。N/N是None-Negotiation的缩写,意为不可议付,即指副本提单。如"Full set less one copy on board marine bills of lading"是指向议付银行提交的已装船海运提单,是全套正本(至少一份正本)提单。如"2/3 Original clean onboard ocean bills of lading"是指制作三份正本提单,其中两份向议付银行提交。副本提单没有固定的份数,主要分发给那些对提单感兴趣的人或单位,以供其参考或使用。

13. Marks & Nos.,标志和号码。俗称唛头。唛头即为了装卸、运输及存储过程中便于识别而刷在外包装上的装运标记,是提单的一项重要内容,是提单与货物的主要联系要素,也是收货人提货的重要依据。提单上的唛头应与发票等其他单据及实际货物保持一致,否则会给提货和结算带来困难。

(1)如果信用证上有具体规定,缮制唛头应以信用证规定的唛头为准:如果信用证上没有具体规定,则以合同为准。如果合同上也没有规定,可按买卖双方私下商定的方案或由受益人自定。

(2)唛头内的每一个字母、数字、图形、排列位置等应与信用证规定完全一致,保持原形状,不得随便错位、增减等。

(3)散装货物没有唛头,可以表示"No mark"或"N/M":裸装货物常以不同的颜色区别,例如,钢材、钢条等刷上红色标志,提单上可以"Red stripe"表示。

14. Number and kind of packages,件数和包装种类。本栏填写包装数量和包装单位。如果散装货物无件数,可表示为"In bulk"散装。包装种类一定要与信用证一致。

15. Description of goods,商品名称。商品名称应按信用证规定的品名及其他单据如发票品名来填写,除信用证另有规定者外,只要打出货物的统称即可,不必详列商品的规格、成分等。

16. Gross weight(kgs.),毛重(千克)。毛重应与发票或包装单相符。如裸装货物没有毛重只有净重,应加Net weight或N.W.,再注具体的净重数量。

17. Measurement,尺码。即货物的体积。以立方米为计量单位,小数点以下保留三位。

18. Freight and charges,运费和费用。此栏标明下列(1)至(5)的全部或部分内容。

(1)各种费收的类别:例如,海运费、内陆拖车费、燃油附加费等,其中申报货价附加费(Declared Value Charges)专指托运人要求在提单此栏重新标明货物价值后应支付的附加运费。

(2)运费计收的计算依据:计费单位通常有重量单位mt(重量吨)、体积单位CBM(立方米)、件数单位PC(件)和整箱单位TEU/FEU 20ft/40ft标箱,其中TEU/FEU也可以以20ft/40ft表示,例如,10×10ft DC代表应收取10个10ft干货箱的运费。

(3)各种费用的费率:包括Ocean Freight(海运费)、BAF(燃油附加费)、CAF(货币附加费)、THC(码头操作费)、Inland Haulage(内陆拖运费)等。

(4)各种费用的计算单位:例如"箱(UNIT)、重量吨(mt)、立方米(CBM)"。

(5)货物宣称价值(Optional Declared Value):在客户为逃避承运人责任限制而愿意多支付运费的情况下填写,填写的货值应与货物实际价值相接近。

19. Place and date of issue,提单签发地点和日期。签单地址通常是承运人收受货物或装船的地址,但有时也不一致,例如,收受或装运货物在新港(Xingang)而签单在天津。也有的甚至不在同一国家。提单签发的日期不得晚于信用证规定的装运期,这对出口商能否安全收汇很重要。本提单正面条款中已有装上船条款(Shipped on board the vessel named above……),在这种情况下签单日期即被视为装船日期。

20. Signed for the carrier,提单签发人签字。按照UCP500规定,有权签发提单的是承运人或作为承运人的具名代理或代表,或船长或作为船长的具名代理或代表。如果是代理人签字,代理人的名称和身份与被代理人的名称和身份都应该列明。

第二章 我国国际多式联运

第一节 我国国际多式联运概况

一、我国国际集装箱运输的发展[①]

我国国际集装箱运输的发展最早在海洋运输方式中，始于20世纪70年代，至今连续30年发展速度快，年均增长率在30%以上，远远超过世界平均6%~8%的增长率。据统计资料显示，到2002年我国集装箱港口吞吐量已经跃居世界第一，突破了3700万箱，2007年全国港口集装箱吞吐量突破亿箱，我国港口集装箱装卸能力也领先世界。2013年，我国规模以上港口完成集装箱吞吐量18878万TEU（标准集装箱）。2014年1~2月份，我国规模以上港口完成集装箱吞吐量2938.98万TEU。

我国有5个规模化、集约化、现代化的港口群体，即环渤海、长三角、东南沿海、珠三角和西南沿海，港口群体规划将进一步促进中国港口集装箱运输的发展。我国港口众多，地理位置好，运输条件优越，集装箱运输在我国发展前景广阔，根据统计数据预估到2020年，中国港口集装箱吞吐量将达到2亿，在世界集装箱航运中占据举足轻重的地位，此外我国公路、铁路、内河集装箱运输也都取得了长足的发展。

铁路运输在国际多式联运中的地位一直上涨，而我国的集装箱铁路运输管理近年来在运输管理、经营等方面也一直在改革和突破，铁路运输在国际货运中扮演着越来越重要的角色，在多式联运中是海铁联运、陆桥运输的重要一环，铁路的运量很大，因此铁路的集装箱中转站、换装场、办理站都非常重要，按照目前多式联运的发展要求，都进行了改造，在基础设施、集装箱配备、运输设备的配置等方面都进行了改造，向着专业化、标准化的方向发展，公路运输更多地参与多式联运，空桥运输、卡车航班等在国际货运中的地位也越来越重要，我国在国际多式联运方面的能力在不断地增强。

与集装箱发展密切相关的国际海运实务、国际规则制定等方面，我国近年来也积极参与并取得了显著的成绩，我国连续12年被评为国际海事组织A类理事国，并且积极参加了东北亚港湾局长会议、中国—东盟交通合作机制等组织活动，参加WTO、IMO、APEC等机构的活动，与周边国家建立了良好的合作关系，已经签署了68个海运河运协定。与此同时，在海运安

[①] 郑炜. 我国国际集装箱多式联运的探讨[J]. 成铁科技，2011(3):28-29.

全、救助等方面也做了很多工作,这些为集装箱运输的深入发展提供了更广阔的平台,预计在未来的几年,中国将成为海运强国及集装箱世界航运中心。下面图和表引用《上海国际航运研究中心》提供的数据来说明我国主要港口近年来的集装箱吞吐量。

表2-1 2017年我国沿海港口集装箱吞吐量排名(前十名)

名次	港口	2017年快报统计(万吨)	为上年同期
1	宁波—舟山港	100.71	109.2
2	上海	70.563	109.4
3	广州	56.619	108.4
4	唐山	56.540	108.6
5	青岛	50.799	101.5
6	天津	50.284	91.3
7	大连	45.105	103.3
8	营口	36.239	102.9
9	日照	36.002	102.8
10	烟台	28.560	107.6

数据来源:《上海国际航运研究中心》,注:部分港口为初步统计数据

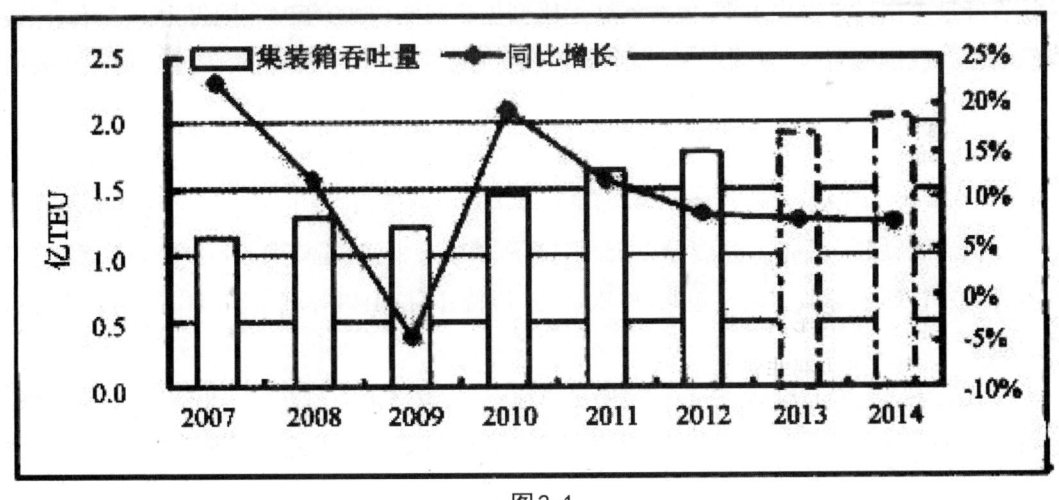

图2-1

二、我国国际多式联运的主要方式

我国的国际多式联运方式多样,主要包括大陆桥运输、海铁联运、空桥运输等,主要的国际多式联运路线包括我国内地经海运往返日本内地、美国内地、非洲内地、西欧内地、澳洲内地等联运线以及经过蒙古至俄罗斯、伊朗,往返西、北欧各国的西伯利亚大陆桥运输线。

(一)大陆桥运输

我国大陆桥运输优势独特、外在环境得天独厚,运输依托新亚欧大陆桥,将铁路国际联运的优越性扩展到国境外许多国家,其中我国境内起到运输主要作用的大陆桥运输路线共有三条。

1. 东亚、东南亚线。东亚、东南亚国家和地区的国际集装箱通过海运到我国沿海城市厦门、宁波等,然后转铁路运至东北地区例如满洲里等陆路边境口岸,转接境外俄罗斯、欧洲的国际铁路运输线,运输货物至中东和欧洲的各个国家。

2. 二连浩特线。国外货物通过海洋运输至我国沿海边境,通过二连浩特陆路运输口岸,将货物运送到蒙古、俄罗斯以及欧洲的其他国家。

3. 阿拉山口线。国际货物通过新疆的阿拉山口边境口岸,转接哈塞克斯坦运至中亚、欧洲等国家。

除上述主要陆桥运输线外,南方国境还有通过云南、贵州铁路运输至越南、老挝等国家的线路。

(二)海铁联运

海铁联运是联合运输中使用最普遍的运输方式,据统计国外的许多发达国家海铁联运运量占港口集装箱吞吐量的比重通常为20%~40%,我国海铁联运发展较晚,尽管我国港口集装箱吞吐量占据世界领先水平,但海铁联运比例仍然偏低,2009年时我国仅为2%左右,因此海铁联运在我国有着极为广阔的发展前景。目前,我国有初步规模的海铁联运通道主要有四条。

1. 大连海铁联运中心。主要是以大连港、营口港为海铁联运枢纽,建立连接东北三省省会沈阳、长春、哈尔滨以及延吉、通辽、满洲里等经济发达城市和口岸的集装箱海铁联运通道。

2. 天津海铁联运中心。主要是以天津港为海铁联运枢纽,连接太原、呼和浩特、西安、乌鲁木齐、银川、西宁等城市以及包头、榆次、二连浩特、阿拉山口等城市和口岸的集装箱海铁联运通道。

3. 连云港、青岛海铁联运中心。主要是以连云港、青岛港为海铁联运枢纽,通过陇海线、兰新线至阿拉山口进入中亚及欧洲地区的新亚欧大陆桥集装箱海铁联运通道。

4. 上海海铁联运中心。主要是以上海港为海铁联运枢纽,连接昆明、长沙、南昌等省会城市以及沿海重要城市的集装箱海铁联运通道。

我国集装箱海铁联运的发展重心仍然在沿海港口,以沿海集装箱运输港口为枢纽,以国际铁路运输为骨线,以内陆交通便利的省会城市为节点,将国内外进出境的各个通道链接起来服务于国际货物运输。

(三)海空联运

海空联运也称为空桥联运,主要是将海洋运输的低价格和航空运输的快捷速度结合起来的一种方式,目前世界上有几家较大的空桥运输转运点,例如迪拜、香港等,空桥运输是时间和价格的最优结合,但是在实际应用中因为涉及到航空集装箱和海运集装箱规格不统一,需要换箱的问题,发展还有一定的局限性,国际上的海空联运的路线主要有三条:远东—欧洲线、远东—中南美线、远东—中近东、非洲、澳洲线。

(四)陆空联运

陆空联运有陆空陆联运(TAT)、陆空联运(TA)几种,是铁路运输、公路运输与航空运输的联合。该种联合运输方式往往是内地货物运输的主要选择,尤其是我国幅员辽阔,修建航空机场需要一定的条件,没有机场的地区运输航空货物必然要选择联合运输,我国目前在郑州、天津、宁波等地建有航空港综合物流园区,在提高陆空运输的转运能力,打造陆空国际货运枢纽方面起到了积极的作用,这也将是货运长久发展的趋势。

第二节 国际多式联运的组织形式

国际多式联运中各种运输方式均有自身的优点与不足。一般来说,水路运输具有运量大、成本低的优点;公路运输则具有机动灵活、便于实现货物门到门运输的特点;铁路运输的主要优点是不受气候影响、可深入内陆和横贯内陆实现货物长距离运输;而航空运输的主要优点是可实现货物的快速运输。由于国际多式联运可以综合利用各种运输方式的优点,具有其他单一运输组织形式无可比拟的优越性,因而已在世界各主要国家和地区得到广泛的推广和应用。目前,有代表性的国际多式联运主要有远东/欧洲、远东/北美等海陆空联运。常见的多式联运组织形式包括以下几种形式。

一、海陆联运

海陆联运是国际多式联运的主要组织形式,也是远东/欧洲多式联运的主要组织形式之一。目前组织和经营远东/欧洲海陆联运业务的主要有A.P莫勒—马士基等国际航运公司。这种组织形式以国际航运公司为主体,签发联运提单,与航线两端的内陆运输部门开展联运业务。世界主要的集装箱运输海上航线有以下几条。

(一)太平洋航线

1. 远东—北美西海岸航线。该航线指东南亚国家、中国、东北亚国家各港,横渡北太平洋至美、加西海岸各港。该航线随季节也有波动,一般夏季偏北、冬季南移,以避开北太平洋的海雾和风暴。该航线是货运量增长最快的航线之一。

2. 远东—加勒比海、北美东海岸各港航线。该航线不仅要横渡北太平洋,一般还越过巴拿马运河,因此航线偏南,横渡大洋的距离也较长,夏威夷群岛的火奴鲁鲁港是它们的航站,船舶在此添加燃料和补给品等。

3. 远东—南美西海岸各港航线。该航线与上一个航线相同的是都要横渡大洋,航线长,要经过太平洋中枢纽站;但不同的是不过巴拿马运河。该航线也有先南行至南太平洋的枢纽港,后横渡南太平洋到达南美西岸的。

4. 远东—澳、新及西南太平洋岛国各港航线。该航线不需要横跨太平洋,而在西太平洋南北航行,航线较短。但由于北部一些岛国(地区)工业发达而资源贫乏,而南部国家资源丰富,因而初级产品运输特别繁忙。

5. 东亚—东南亚各港航线。该航线指日本、韩国、朝鲜、俄国远东及中国各港西南行至东南亚各国港口。该航线短,往来频繁,地区间贸易兴旺,且发展迅速。

6. 远东—地中海、西北欧航线。该航线大多经马六甲海峡往西,经苏伊士运河至地中海、西北欧,该航线运输以集装箱运输为多,货运量大。

7. 东亚—东南非、西非、南美东海岸航线。该航线大多经东南亚过马六甲海峡西南行至东南非各港,或再过好望角去西非国家各港,或横越南大西洋至南美东海岸国家各港。该航线以运输资源型货物为主。

8. 澳、新—北美西、东海岸航线。该航线一般都经过苏瓦和火奴鲁鲁等这些太平洋航运枢纽。至北美东海岸各港及加勒比海国家各港,需经巴拿马运河。

9. 澳、新—南美西海岸国家各港航线。该航线需横越南太平洋。由于两岸国家和人口均少,故贸易量最少,航船稀疏。

10. 北美东、西海岸—南美西海岸航线。该航线都在南北美洲大陆近洋航行,由于南美西岸国家和人口少,面积小,南北之间船舶往来较少。南北美西海岸至北美东海岸各港要经巴拿马运河。

(二)印度洋航线

1. 中东海湾—远东各国港口航线。该航线东行一般都以石油为主,特别是往日本、韩国的石油运输,西行以工业品、食品为多。

2. 中东海湾—欧洲、北美东海岸港口航线。该航线的超级油轮都经莫桑比克海峡、好望角绕行。由于苏伊士运河的不断开拓,通过运河的油轮日益增多,目前25万吨级满载轮已能安全通过。

3. 远东—苏伊士运河航线。该航线连接远东与欧洲、地中海两大贸易区各港,航船密度大,尤以集装箱船运输繁忙。

4. 澳大利亚—苏伊士运河、中东海湾航线。该航线把澳大利亚、新西兰与西欧等国间传统贸易连接在一起,海湾的石油与澳大利亚、新西兰的农牧产品也通过此航线进行交换。

5. 南非—远东航线。该航线把巴西、南非的矿产输往日本、韩国、中国,远东地区部分工业品运至巴西等国。

6. 南非—澳新航线。该航线航船很少。

(三)大西洋航线

1. 西北欧—北美东岸各港航线。该航线连接北美和西北欧这两个经济发达的地区,航运贸易的历史也悠久,船舶往来特别繁忙,客货运量大。

2. 北美东岸—地中海、中东、亚太地区航线。该航线与西北欧—地中海、中东、远东航线相似,但航线更长,需横渡北大西洋。货物以石油、集装箱货为主。

3. 西北欧—地中海、中东、远东、澳新各港航线。西北欧至地中海航线主要是欧洲西北部与欧洲南部国家之间的连线,距离较短。但过苏伊士运河至中东、远东、澳新地区的航线就大大增长,然而它们是西北欧与亚太地区、中东海湾间最便捷的航线,货运量较大。

4. 西北欧—加勒比海岸各港航线。该航线横渡北大西洋,过向风、莫纳海峡,有的还与过巴拿马运河的太平洋航线连接。

5. 欧洲—南美东海岸或非洲西海岸各港航线。该航线经加纳利群岛货达喀尔港,是欧洲发达国家与南大西洋两岸发展中国家的贸易航线,欧洲国家输出的大多是工业品,输入的以初级产品为多。

6. 北美东海岸—加勒比海沿岸各国港口航线。该航线较短,但航船密度频繁,不仅有两地区各国港口间的往来船只,还有过巴拿马运河至远东、南北美西海岸国家港口间的往来船只。

7. 北美东海岸—南美东海岸港口航线。该航线是南北美洲之间工业品的与农矿产品的对流航线。

8. 南北美洲东岸—好望角航线。北美东海岸港口经好望角至中东海湾是巨型油轮的运输线,20万吨级以上油轮需经此,还有西北欧的巨型油轮也经此。南美洲东岸港口过好望角航线不仅有原油,还有铁矿石等初级产品。中国、日本、韩国等运输巴西的铁矿石经过此航线。

(四)北冰洋航线

此外,由于北冰洋系欧、亚、北美三洲的顶点,为联系三大洲的捷径。鉴于地理位置的特殊性,目前,北冰洋已开辟有从摩尔曼斯克经巴伦支海、喀拉海、拉普捷夫海、东西伯利亚海、楚科奇海、白令海峡至俄国远东港口的季节性航海线以及从摩尔曼斯克直达斯瓦尔巴群岛、冰岛的雷克雅未克和英国的伦敦等航线。随着航海技术的进一步发展和北冰洋地区经济的开发,北冰洋航线也将会有更大的发展。

二、陆桥运输

在国际多式联运中,陆桥运输起着非常重要的作用。所谓陆桥运输是指采用集装箱专用列车或载货汽车,把横贯大陆的铁路或公路作为中间"桥梁",使大陆两端的集装箱海运航线与专用列车或载货汽车连接起来的一种连贯运输方式。而大陆桥运输是指利用大陆桥，把大陆两端的海洋运输连接起来的海陆联运的集装箱运输方式，即海—陆—海的连续运输。随着大陆桥运输的发展，陆桥两端的集散点不断扩散，并加入了航空、公路、河运、管道等多种运输方式。大陆桥运输实际上是以铁路为主体，以集装箱为媒介，水运、航空、公路、管道等多种运输方式相结合，横跨洲际大陆，实行海陆衔接，"一票到底"的国际联运。

1. 西伯利亚大陆桥。沙俄政府时期，为了把相距遥远的东西部连接起来，俄方修建了西伯利亚大铁路。这条铁路东起太平洋沿岸的符拉迪沃斯托克（海参崴），西至乌拉尔山东麓的叶卡捷琳堡，全长9446km。从1891年起，这条铁路从东西两端同时开工，于1905年建成通车，成为横贯欧亚大陆的交通大动脉。此后，为加快开发西伯利亚和远东地区，前苏联政府决定修建第二条西伯利亚铁路（贝阿铁路）。这条新铁路西起西伯利亚大铁路的泰舍特站，经勒拿河畔的乌斯季库特、贝加尔湖北端的下安加尔斯克、赤塔州的恰拉、阿穆尔州的滕达、哈巴罗夫斯克（伯力）边疆区的乌尔加尔、共青城，直到日本海沿岸的苏维埃港，全长4275km。1984年底贝阿铁路竣工，1985年正式通车。

西伯利亚大陆桥全长1.3万km，东起俄罗斯东方港，西至俄芬（芬兰）、俄白（白俄罗斯）、俄乌（乌克兰）和俄哈（哈萨克斯坦）边界，过境欧洲和中亚等国家。1997年后，俄罗斯将西伯利亚大陆桥运输作为国家竞争力的重要组成部分，采取了一系列措施改进运输条件，近几年年均运量增长50%以上。目前，中、日、韩进出口中亚的货物有两条通道：一是海运到我国的连云港等港口，再走新亚欧大陆桥到中亚；二是海运到俄罗斯东方港，再从东方港通过西伯利亚大陆桥铁路集装箱班列到中亚。尽管走新亚欧大陆桥到中亚比走西伯利亚大陆桥要近3000多km，但两个陆桥过货量的差距却逐年加大。2003年，中、日、韩三国出口中亚的货物约70%选择了西伯利亚大陆桥，西伯利亚铁路运量达到20.6万TEU，西伯利亚铁路运量的22%来自我国沿海地区。目前广州、深圳、厦门、宁波、上海、青岛、天津等港口都有直达俄罗斯东方港的航线。俄、韩十多家船运、铁路和货代公司在我国设立了分公司和办事处，经营西伯利亚海铁联运，揽取我国出口中亚和俄罗斯的货物。

西伯利亚大陆桥运输是指使用国际标准集装箱，将货物由发运国（远东地区）途经跨越欧亚大陆的西伯利亚铁路运至欧洲或中东的一种运输方式。使用这条陆桥运输线的经营者主要是日本、中国和欧洲各国的货运代理公司。西伯利亚大陆桥大大缩短了从日本、远东、东南亚及大洋洲到欧洲的运输距离，理论上节省了运输时间。但是，由于西伯利亚大陆桥运输在经营上、管理上存在的问题，如港口装卸能力不足、铁路集装箱车辆的不足、箱流的严重不平衡以及严寒气候的影响等在一定程度上阻碍了它的发展。

2. 北美大陆桥。北美大陆桥是指利用北美的铁路从远东到欧洲的"海—陆—海"联运，1971年底，美国大陆桥由经营远东，欧洲航线的船公司和铁路承运人联合开办"海—陆—海"多式联运线。该大陆桥东起纽约，西至旧金山，它西接太平洋，东连大西洋，全长4500km。该陆桥运输包括美国大陆桥运输和加拿大大陆桥运输。美国大陆桥有两条运输线路：一条是从太平洋东部沿岸至大西洋西部沿岸的铁路和公路运输线；另一条是从太平洋东部沿岸至北美东南部墨西哥湾沿岸的铁路和公路运输线。加拿大大陆桥与美国大陆桥相似，由船公司把货物海运至温哥华，经铁路运到蒙特利尔等城市，再与大西洋海运相连接，但由于种种原因，北美大陆桥运输并未得到充分发展。北美大陆桥是世界上历史最悠久、服务范围最广的陆桥运输线，从远东到北美东海岸的货物有相当一部分是采用双层列车进行运输的。此外，1982年开始营运的墨西哥大陆桥由于其服务范围有限，故影响较小。

3. 新亚欧大陆桥。俄罗斯的西伯利亚铁路是一条跨越亚欧大陆而将太平洋和大西洋连接起来的陆上桥梁，被人们称之为亚欧大陆桥或西伯利亚大陆桥。而由太平洋西岸我国连云港开始的陇海、兰新铁路向西延伸至我国西部边境阿拉山口与哈萨克斯坦共和国的德鲁日巴站接轨，经亚洲、欧洲诸国直到大西洋的另一条陆上通道，则被称为新亚欧大陆桥。1990年9月12日，随着我国兰新铁路与哈萨克斯坦土西铁路接轨，连接亚欧的第二座大陆桥正式贯通。该陆桥为亚欧开展国际多式联运提供了一条便捷的国际通道。

新亚欧大陆桥是相对旧亚欧大陆桥而言的。它东起太平洋西岸连云港等我国东部沿海港口，西可达大西洋东岸荷兰的鹿特丹、比利时的安特卫普等港口，横贯亚欧两大洲中部地带，总长约10900km。它的东端直接与东亚及东南亚诸国相连，并进而与美洲西海岸相通；它的中国段西端，从新疆阿拉山口站换装出境进入中亚，与哈萨克斯坦德鲁日巴站接轨，西行至阿克套，进而分北中南三线接上欧洲铁路网通往欧洲。其北线：由哈萨克斯坦阿克套北上与西伯利亚大铁路接轨，经俄罗斯、白俄罗斯、波兰通往西欧及北欧诸国。中线：由哈萨克斯坦往俄罗斯、乌克兰、斯洛伐克、匈牙利、奥地利、瑞士、德国、法国至英吉利海峡港口转海运或由哈萨克斯坦阿克套南下，沿吉尔吉斯斯坦边境经乌兹别克斯坦塔什干及土库曼斯坦阿什哈巴德西行至克拉斯诺沃茨克，过里海达阿塞拜疆的巴库，再经格鲁吉亚第比利斯及波季港，越黑海至保加利亚的瓦尔纳，并经鲁塞进入罗马尼亚、匈牙利通往中欧诸国。南线：由土库曼斯坦阿什哈巴德向南入伊朗，至马什哈德折向西，经德黑兰、大不里士入土耳其，过博斯普鲁斯海峡，经保加利亚通往中欧、西欧及南欧诸国，同时还可经过土耳其埃斯基谢基尔南下中东及北非。新亚欧大陆桥连接着东亚、中亚、西亚、中东、俄罗斯、东欧、中欧、南欧、西欧等40余个国家，占世界国家总数的22%，面积3970万km^2，占世界陆域面积的26.6%，居住人口22亿，占世界人口的36%。

新亚欧大陆桥在我国境内经过陇海、兰新两大铁路干线，全长4131km。它在徐州、郑州、洛阳、宝鸡、兰州分别与我国京沪、京广、焦柳、宝成、包兰等重要铁路干线相连，具有广阔的腹地。至此，亚太地区运往欧洲、中近东地区的货物可经海运至我国连云港上桥，出我国西部边境站阿拉山口后，进入哈萨克斯坦国境内边境站换装，经铁路运至其边境站、港，再通过铁路、公路、海运继运至西欧、东欧、北欧和中近东各国。而欧洲、中近东各国运往亚太地区的货物,则可经东欧国家铁路(俄罗斯为主)进入我国西部边境站阿拉山口换装,经我国铁路运至连云港后,再转船运至日本、韩国、菲律宾、新加坡、泰国、马来西亚等国和地区。

新亚欧大陆桥使得亚欧之间的货运距离比西伯利亚大陆桥更为缩短,从日本、韩国至欧洲,通过新亚欧大陆桥,水陆全程仅为12000km,比经苏伊士运河少8000多公里,比经巴拿马运河少11000多公里,比绕道好望角少15000多公里。远东至西欧,经新亚欧大陆桥比经苏伊士运河的全程海运航线,缩短运距8000km;比通过巴拿马运河缩短运距11000km。远东至中亚、中近东,经新亚欧大陆桥比经西伯利亚大陆桥,缩短运距2700~3300km。该陆桥运输线的开通将有助于缓解西伯利亚大陆桥运力紧张的状况。

新亚欧大陆桥使得东亚与中亚、西亚的货运距离大幅度减少。日本神户、韩国釜山等港至中亚的哈萨克斯坦、乌兹别克斯坦、吉尔吉斯斯坦、塔吉克斯坦、土库曼斯坦5个国家和西亚的伊朗、阿富汗,通过西伯利亚大陆桥和新亚欧大陆桥,海上距离相近,陆上距离相差很大。如到达伊朗德黑兰,走西西伯利亚大陆桥,陆上距离达到13322km,走新亚欧大陆桥,陆上只有9977km,两者相差3345km,到达中亚的阿雷西,走西伯利亚大陆桥,陆上是8600km,走新亚欧大陆桥,陆上距离只有5862km,相差2738km。

由于运距的缩短,新亚欧大陆桥在运输时间和运费上将比西伯利亚大陆桥又有所减少,更有利于同海运的竞争。此外,新亚欧大陆桥的东端桥头堡自然条件好,位置适中,气候温和,一年四季可不间断地作业。在亚欧经贸合作中,新亚欧大陆桥具有重要作用。它的东西两端连接着太平洋与大西洋两大经济中心,基本上属于发达地区,但空间容量小,资源缺,而其辽阔狭长的中间地带亦即亚欧腹地除少数国家外,基本上都属于欠发达地区,特别是我国中西部、中亚、西亚、中东、南亚地区,地域辽阔,交通不够便利,自然环境较差,但空间容量大,资源富集,开发前景好,开发潜力大,是人类社会赖以生存、发展的物华天宝之地。这里是世界上最重要的农牧业生产基地,粮、棉、油、马、羊在世界上占有重要地位。这里矿产资源有数百种,其中,金、银、铜、铁、铀、铅、锌、铂、镍、钛、锑、汞、铬、镁、钠、钾、钒、铝、钨、锰、钼、磷、硼等均享誉世界。能源尤为富集,煤炭储量2万亿t以上,石油储量约1500亿t,天然气储量近7500亿ft^3($1ft^3=0.0283168m^3$),堪称世界"能源之乡"。因此,新亚欧大陆桥通过的区域,在经济上具有较强的相互依存性与优势互补性,蕴藏了非常好的互利合作前景。新亚欧大陆桥在我国境内全长4131km,贯穿我国东、中、西部的江苏、安徽、河南、陕西、甘肃、新疆6个省(区),还影响到山东、山西、宁夏、青海、内蒙、湖北、四川等地区。这个地区人口约4亿,占全国的30%,面积360万km^2,占全国的37%,在我国的社会经济发展中处于十分重要的位置。我国对大陆桥沿线地区进行的地质勘探和对两侧100km范围内的空中遥感勘测表明这一地带能源矿产资源相当富集,有开采价值的就达100多种,沿桥省区名列首位矿产有64种,其中保有储量占全国50%以上的有煤、铝、铜、镍、石棉等。铜、铂、铅、锌、金等有色金属及石油、电力等均在全国占有举足轻重的地位。特别是煤炭储量2000亿t,石油储量数百亿吨,不仅在我国,在世界上也屈指可数。仅塔里木盆地油气总生成量就有300亿t,相当于世界五大油田总和。该地带还有全国重要的粮食、棉花、油料和畜牧业基地。黄河为该区提供了最大的水资源补给,其中上游是水力资源的"富矿带",煤炭、石油和黄河水力资源构成了"中国能源之乡"。这里曾是全国156个重点工程及三线军工、重大企业集中分布地区,煤炭、石油、机械、航空、化工、电力、冶炼、纺织等产业具有可观的规模。科学技术力量也比较雄厚。这些优势决定了该地带具有巨大的开发潜力。

新亚欧大陆桥的畅通,有利于促进沿桥国家的经贸合作、亚欧经济的发展与繁荣。对于亚欧两大洲经济走廊的形成,对于开创世界经济的新格局,具有重要的现实意义。新亚欧大陆桥的贯通,有利于促进沿桥区域经济的平衡协调发展,对于推进沿桥地带的开发开放、加快工业化和城市化进程、提高各国综合国力,都具有重大的战略意义。新亚欧大陆桥的发展,有利于开拓中亚市场,对于扩大我国的对外经贸合作,有着不可忽视的重大作用。新亚欧大陆桥的开通与发展,有利于提高我国大陆沿海港口体系的国际地位。它将使我国港口从根本上解脱地理环境的制约,优化沿海港口区位,为它们开展国际贸易运输创造有利条件。

新亚欧大陆桥的劣势在于它经过多个国家,虽然它到欧洲的距离要比西伯利亚大陆桥短。但国家之间的合作不畅造成了口岸通过手续复杂,货物积压现象严重,而铁路标准等方面的问题也长期悬而未决。

4. 其他陆桥运输形式。北美地区的陆桥运输不仅包括上述大陆桥运输,而且还包括小陆桥运输和微桥运输等运输组织形式。

小陆桥运输从运输组织方式上看与大陆桥运输并无大的区别,只是其运送货物的目的地为沿海港口。目前,北美小陆桥运送的主要是远东经北美太平洋沿岸到大西洋沿岸和墨西哥湾地区港口的集装箱货物,当然小陆桥运输也承运从欧洲到美国西海岸及海湾地区各港的大西洋航线的转运货物。

微桥运输与小陆桥运输基本相似,只是其交货地点在内陆地区。北美微桥运输是指经北美东、西海岸及墨西哥湾沿岸港口到美国、加拿大内陆地区的联运服务。

三、海空联运

海空联运又被称为空桥运输,在运输组织方式上,空桥运输与陆桥运输有所不同:陆桥运输在整个货运过程中使用的是同一个集装箱,不用换装,而空桥运输的货物通常要在航空港换入航空集装箱。不过,两者的目标是一致的,即以低费率提供快捷、可靠的运输服务。海空联运方式始于20世纪60年代,但到20世纪80年代才得以较大的发展。采用这种运输方式,运输时间比全程海运少,运输费用比全程空运便宜,20世纪60年代,将远东船运至美国西海岸的货物,再通过航空运至美国内陆地区或美国东海岸,从而出现了海空联运。当然,这种联运组织形式是以海运为主,只是最终交货运输区段由空运承担,20世纪80年代,出现了经由香港、新加坡、泰国等至欧洲的航空线。目前,国际海空联运线主要有以下几条。

1. 远东—欧洲。目前,远东与欧洲间的航线有以温哥华、西雅图、洛杉矶为中转地的,也有以香港、曼谷、海参崴为中转地的。此外还有以旧金山、新加坡为中转地的。

2. 远东—中南美。近年来,远东至中南美的海空联运发展较快,因为此处港口和内陆运输不稳定,所以对海空运输的需求很大。该联运线以迈阿密、洛杉矶、温哥华为中转地。

3. 远东—中近东、非洲、大洋洲这是以香港、曼谷为中转地至中近东、非洲的运输服务。在特殊情况下,还有经马赛至非洲、经曼谷至印度、经香港至大洋洲等联运线,但这些线路货运量较小。

总体来讲,运输距离越远,采用海空联运的优越性就越大,因为与完全采用海运相比,其运输时间更短。与直接采用空运相比,其费率更低。因此,从远东至欧洲、中南美以及非洲作为海空联运的主要市场比较合适。

第三节 国际货运代理人

一、国际货运代理人的定义

货运代理人一词英文为"Freight Forwarder"、"Freight Forwarding"或"Ocean Freight Forwarder"、"Forward"等。近年来,随着国际贸易和多种运输形式的发展,国际货运代理的服务范围不断扩大,其在国际贸易和国际运输中的地位也越来越重要。目前,各国各地区对其称谓不尽相同,例如:"通关代理行"、"清关代理人"、"报关代理人"、"货运承揽人"、"承揽运送人"、"船货代理"等。在我国其名称也不统一,但通常统之为"货运代理人"、"国际货物运输代理企业"等,简称为"货代"。

国际货运代理原为一种佣金代理,系指代表进口商完成货物的装卸、储存、安排内地运输、收取货款等日常业务的代理机构,现为国际贸易和运输的基本联系机构,但至今国际上尚无一个可以普遍接收的定义。一些权威机构和工具书上以及一些"标准交易条件"中都有一定的解释,各国法律对此也有不同的定义。FIATA(菲亚塔)给国际货运代理人所下的定义是:"根据客户的指示,并为客户的利益而揽取货物运输的人,其本身并不是承运人,国际货运代理可依这些条件,从事与运输合同有关的活动,如储(寄)存、报关、验收、收款等事项"。2004年1月1日中华人民共和国商务部发布实施的修订的《中华人民共和国国际货物运输代理业管理规定实施细则》对货运代理的身份作了进一步的明确,即国际货物运输代理企业可以作为进出口货物收货人、发货人的代理人,也可以作为独立经营人,从事国际货运代理业务。国际货运代理企业作为代理人从事国际货运代理业务,是指国际货运代理企业接收进出口货物收货人、发货人或其代理人的委托,以委托人名义或者以自己的名义办理有关业务,收取代理费或佣金的行为。国际货运代理企业作为独立经营人从事国际货运代理业务,是指国际货运代理企业接收进出口货物收货人、发货人或其代理人的委托,签发运输单证、履行运输合同并收取运费以及服务费的行为。

二、国际货运代理的发展

早在公元10世纪,欧洲就出现了代理商(Factor),此即为当今欧洲国家货运代理业的前身,他们接收委托人的委托,以自己的名义,为了委托人的利益,代委托人进行动产的买卖或其他商业上的交易,并从中取得报酬。至公元16世纪,货运代理的业务范围扩大了。比如,货运代理人自己经营仓库,对托运人的货物进行看管,仓储,签发自己的提单、运单和仓储收据。18世纪,货运代理开始越来越多地把许多托运人运往同一目的地的货物集中起来托运,同时开始办理投保,随着此类业务的扩大,要办理的各类有关手续增加,于是就从行纪业中分离出今天的货运代理业。19世纪,货运代理建立了行业组织,并于1880年在莱比锡召开了第一次国际货运代理代表大会。在1926年5月,16个国家和地区的货运代理人协会在奥地利维也纳成立了国际货运代理协会联合会——菲亚塔(International Federation of Freight Forwarders Associations,简称FIATA)。其总部设在瑞士苏黎士,是一个非盈利性的货运代理行业的组织,其目的是保障和提高国际货运代理在全球的利益。

我国的外贸运输迅速发展,货运代理业也随之不断发展完善。1950年,经贸部成立了天津国外运输公司,统一承办货运代理业务。1951年与交通部所属的中国人民轮船公司的有关外贸运输业务部门合并,改名为中国海外运输公司,1955年又改名为中国租船公司。1953年,经贸部又成立了中国陆运公司,主要承办对苏联、东欧等社会主义国家外贸运输代理业务。1955年,改名为中国对外贸易运输公司。同年,中国租船公司与中国对外贸易运输公司合并,正式成立中国对外贸易运输公司,作为各专业外贸总公司的统一货运代理人,承办外贸运输业务,对外仍称中国租船公司,以适应对外开展租船业务的需要。20世纪60年代,我国开始发展自己的远洋船队,相继成立了中国远洋运输总公司及直属的广远、上远。20世纪70年代又相继成立了天远、青远、大远。我国远洋船队的发展,使货运代理业有了更进一步的发展。为了协调船货平衡,提高国轮承运份额,由经贸部中国外运总公司与交通部中国远洋运输总公司,定期召开船货平衡会,针对我方派船的货源,由外运总公司作为总的货运代理人向中远订舱配载,运力不足部分再由外运对外租船弥补。这一外贸运输体制一直延续到20世纪80年代初。1984年,经贸部决定将原来各自独立的外运系统和仓储系统合并,并于1992年正式成立中国对外贸易运输(集团)公司。我国在1984年以前,国际货运代理业务由中国对外贸易运输总公司独家经营。它作为各专业进出口公司的货运总代理,负责全国出口货物的发运和进口货物的接运,代表货主同运输承运人在码头、车站和机场办理货物交接、报关、报验等有关业务。1984年开始,国家允许中国远洋运输总公司和中国对外贸易运输总公司业务交叉经营。目前许多新的国际货运代理企业(包括部分外商投资企业)陆续成立,我国货运代理市场竞争非常激烈。

1992年9月20日,我国第一家货运代理协会在上海成立,定名为"上海国际货运代理协会",下辖35家货运代理企业。2000年9月6日,中国国际货运代理协会在北京成立(目前,共有16家地区性的货运代理协会)。第一批入会会员为430家(其中单位会员410家,团体会员20家),其中理事81家,常务理事21家。中国国际货运代理协会(简称CIFA)是经民政部批准登记,在国家工商管理局注册的社团法人,是由我国境内的国际货运代理企业自愿组成的、非营利性的、以民间形式代表我国货代业参与国际贸易运输事务并开展国际商务往来的全国性行业组织,接收原外经贸部的业务指导和民政部的监督管理。协会作为联系政府与会员之间的纽带和桥梁,宗旨是:协助政府部门加强对我国国际货代行业的管理;维护国际货代业的经营秩序;推动会员企业间的横向交流与合作;促进对外贸易和国际货代业的发展。

截至2003年底,我国经批准取得货运代理业批准证书的企业(不含分公司)已达2138家,将分公司计算在内,取得货运代理业批准证书的企业共计4384家,共批准外商投资国际货运代理企业(不含分公司)297家,占总数的13.89%,将分公司计算在内,货运代理业外商投资企业共计965家,占总数的22%。这些企业遍布全国各省、自治区、直辖市,分布于各个部门和领域,国有、集体、外商投资、股份制等多种经济成分并存,已经成为我国对外贸易运输事业的重要力量,对于我国对外贸易和国际运输事业的发展,乃至整个国民经济的发展作出了应有的贡献。

三、国际货运代理业务

国际货运代理人所从事的业务主要有以下几种。

(一)为发货人服务

国际货运代理人替发货人承担在不同的货物运输中的任何一项手续。

1. 以最快、最省的运输方式,安排合适的货物包装,选择货物的运输路线。
2. 选择可靠、效率高的承运人,并负责签订运输合同。
3. 安排货物的计重和计量。
4. 办理货物保险。
5. 负责货物的拼装。
6. 装运前或在目的地分拨货物之前将货物存仓。
7. 安排货物到港口的运输,办理海关和有关单证的手续,并把货物交给承运人。
8. 代表托运人/进口商承付运费、关税税收。
9. 办理有关货物运输的外汇交易。

10. 从承运人那里取得各种签署的提单,并把他们交给发货人或自行签发提单给发货人。

11. 通过承运人与货运代理在国外的代理联系,监督货物运输进程,并使托运人知道货物去向。

(二)为海关服务

当货运代理作为海关代理办理有关进出口商品的海关手续时,它不仅代表他的客户,而且代表海关。事实上,在许多国家,它得到了这些当局的许可,办理海关手续,并对海关负责,负责申报货物确切的金额、数量、品名,以使政府在这些方面不受损失。

(三)为承运人服务

货运代理向承运人及时订舱,议定对发货人、承运人都公平合理的费用,安排适当的时间交货以及以发货人的名义解决和承运人的运费账目等问题。

此外,国际货运代理人在集装箱运输中还可提供拼箱服务,在这种服务中,国际货运代理人担负起委托人的作用。集运和拼箱的基本含义是:把一个出运地若干发货人发往另一个目的地的若干收货人的小件货物集中起来,作为一个整件运输的货物发往目的地的国际货运代理人,并通过它把单票货物交给各个收货人。货代签发提单,即分提单或其他类似收据交给每票货的发货人;货代目的港的代理,凭初始的提单交给收货人。拼箱的收、发货人不直接与承运人联系,对承运人来说,国际货运代理人是发货人,而货代在目的港的代理是收货人。因此,承运人给国际货运代理人签发的是全程提单或货运单。如果发货人或收货人有特殊要求的话,国际货运代理人也可以在出运地和目的地从事提货和交付的服务,提供门到门的服务。

国际货运代理人可以充当多式联运经营人,它收取货物并签发多式联运提单,承担承运人的风险责任,对货主提供一揽子的运输服务。目前许多国际货运代理人正从事国际多式联运业务,它们充当了主要承运人,并承担了组织一个单一合同下,通过多种运输方式进行门到门的货物运输。它可以以当事人的身份,与其他承运人或其他服务提供者分别谈判并签约。但是,这些分拨合同不会影响多式联运合同的执行,也就是说,不会影响发货人的义务和在多式联运过程中,他对货损及灭失所承担的责任。

四、国际货运代理人的责任

(一)基本责任

1. 作为承运人完成货物运输并承担责任(由其签发货运单据,用自己掌握的运输工具,或委托他人完成货物运输,并收取运费)。

2. 作为承运人完成货物运输,但不直接承担责任(由他人签发货运单据,使用掌握的运输工具,或租用他人的运输工具,或委托他人完成货物运输,并不直接承担责任)。

3. 根据与委托方订立的协议或合同规定,或根据委托方指示进行业务活动时,货代应以通常的责任完成此项委托,尤其是在授权范围之内。如违反该准则而造成的损失,国际货运代理人应向委托方负责。

4. 如实汇报一切重要事项。在委托办理业务中向委托方提供的情况、资料必须真实,如有任何隐瞒或提供的资料不实造成的损失,委托方有权向货运代理人追索并撤销代理合同或协议。

5. 负保密义务。货运代理过程中所得到的资料不得向第三者泄露。同时,也不得将代理权转让与他人。

(二)责任期限

国际货运代理人责任期限从接收货物时开始至目的地将货物交给收货人时止,或根据指示将货物置于收货人指示的地点作为完成并已履行合同中规定的交货义务。国际货运代理人在货物运往或抵达目的地前后有告知义务,应及时通知收货人提货。

(三)对合同的责任

国际货运代理人应对自己因没有执行合同所造成的货物损失负赔偿责任。如果货物的灭失和损害能被证实由第三方的行为和疏忽造成时,货运代理人有义务将此种情况及有关证据告之委托人,并采取合适的措施保护委托方的利益,协助委托方向责任方提出赔偿要求。因此,仅作为代理人时,他对以委托人名义委托在第三者的运输、装卸、交付、结算、仓储、单据签发等方面的行为或疏忽造成的货物的损害,不承担任何责任,除非能证明他在选择代理人、承运人或其他第三者方面有失职行为。但当货运代理人作为承运人时,在不同的国家或地区对其责任的规定有较大区别。

(四)对仓储的责任

国际货运代理人在接收货物准备仓储时,应在收到货物后给委托方收据或仓库证明,并在货物仓储期间尽其职责,根据货物的特性和包装,选择不同的储存方式。如委托人对货物仓储有特殊要求和指示时,也一并给予执行。在已尽到其责后仍发生的货物灭失或损害,货运代理人不负责任,除非能证明该货物的灭失和损害是由于货运代理人在选择货物储存库、场方面有不当或缺陷,或由于他在存储过程中有过失或疏忽。

(五)权利

委托方应支付给货运代理人因货物的运送、保管、投保、报关、签证、办理单据等以及为其提供其他服务而引起的一切费用,同时还应支付由于货运代理人不能控制的原因致使合同无法履行而产生的其他费用。如货物灭失或损坏系属于保险人承包范围之内,货运代理人赔偿后,从货物所有人那里取得代位求偿权,从其他责任人那里得到补偿或偿还。当货运代理人对货物全部赔偿后,有关货物的所有权便转为货运代理人所有。

(六)除外责任

一般,如果货物在其掌握期间发生的损害或灭失由于下列原因所致时,国际货运代理人对该损害或灭失不负责任。

1. 由于委托方的疏忽或过失。
2. 由于委托方或其他代理人在装卸、仓储或其他作业过程中的过失。
3. 由于货物的自然特性或潜在缺陷。
4. 由于货物的包装不牢固、标志不清。
5. 由于货物送达地址不清、不完整、不准确。
6. 由于对货物内容申述不清楚、不完整。
7. 由于不可抗力、自然灾害、意外原因。

但如能证明货物的灭失或损害是由货运代理人过失或疏忽所致,则对该货物的灭失、损害应付赔偿责任。

五、无船承运人

(一)无船承运人的分类

根据经营业务范围及性质的不同,无船承运人可分为以下三类。

1. 承运人型。这类无船承运人是在自己确定的运输路线上开展运输活动,接收托运人的货物并签发提单,对运输过程中货物的灭失、损害承担责任。在实际业务中,无船承运人是契约承运人,它与托运人订有运输合同,但在实际上并非由自己完成运输,只能将货物交给实际承运人运输,并在目的地接收货物后,向收货人交付货物。

2. 转运人型。这类无船承运人专门从事转运,他们在主要的货物中转地和目的地,设有自己的分支机构(办事处)或代理,从托运人或陆上运输承运人手中接收货物,签发提单,然后办理接续运输、中转、发货,将货物交给海上承运人,由海上承运人完成海上运输,在目的港接收货物后,再向收货人交付。该类型与承运人型的主要区别在于它并不限定运输路线,不仅可选择合适的承运人,也可选择最合适的运输路线。

3. 经纪人型。该类无船承运人在揽取不同货主的货物后,原则上不直接对货主提供运输服务,而是采用"批发"的方法,按运输方式和流向,成批交给转运人型或承运人型的无船承运人,并由他们签发提单。由于这种做法具有明显的经纪人特点,所以称为经纪人型。这种类型的无船承运人一般不从事具体经营活动以及实际服务业务,只从事运输的组织、货物的分拨、运输方式和运输路线的选择及服务的改善,而其收入主要是中介费和由于"批发"而产生的运费差额。

(二)无船承运人的业务范围

各种类型的无船承运人的业务范围差别较大,一般情况下,承运人型无船承运人的主要业务包括以下几种。

1. 作为承运人与货物托运人订立运输合同,签发货运单据(提单、运单),并对从接收货物地点到目的地交付货物地点的运输负责。

2. 作为总承运人组织货物全程运输,制定全程运输计划,并组织各项活动的实施。

3. 根据托运人要求及货物的具体情况,代表托运人与实际承运人洽定运输工具(海运中,即为订舱或租船)。

4. 从托运人手中接收货物,组织安排或代办到目的地的运输,订立运输合同(以本人的名义),并把货物交给实际承运人。在上述交接过程中,代货主办理报关、检验、理货等手续。如有必要,无船承运人办理货物储存和出库业务。此外,无船承运人还应在目的地接收货物后,向收货人交付货物。

第三章　国际多式联运的海铁联运的SWOT分析

第一节　海铁联运的概念和特点

一、海铁联运的概念

海铁联运是海洋运输与铁路运输的联合,一般是指进出口货物使用集装箱由铁路运达沿海港口通过海运船舶出境,或者货物由海运船舶运输到沿海港口城市后由铁路运出的一种方式,海铁联运的通关是由货主在起运地申报,起运地海关直接进行报关查验,到目的地海关无需再次申报查验,实现通关报检中的"六个一"的要求,便捷地实现货物的运输及报关过程。

海洋运输和铁路运输在整个国际货物运输中都是运量大、运价低的主要运输方式,全球国际贸易货物80%以上是由海洋运输完成的,而铁路运输具有运量大、运距长、运价低、全天候的特点。通过海铁联运可以使沿海城市港口的运输作用拓展到更广、范围更大的内陆城市,吸引更多货源,为内陆地区国际贸易的发展提供畅通的物流通道。因此,集装箱海铁联运不仅是沿海城市港口发展的必然要求,也是推动内陆国际贸易快速发展的必要条件,我国集装箱海铁联运在技术、运行等方面还存在着一些问题。

海铁联运在我国还存着一些局限性,应用范围不广,就当前的统计数据来看通过海运方式运输货物到各港口再转运到内地的集装箱,大部分依靠公路运输到达目的地。一方面运输方式单一,可替代性不足,另一方面过于依赖公路运输,沿海港口城市所在地公路运输难免会出现拥堵的现象,一旦发生紧急情况,会影响港口的正常集疏。使用集装箱运输货物的货主对于准时性要求比较高,公路运输的随意性比较大,容易减弱整个货物运输环节的稳定性与准时性。发展海铁联运有利于提高经济效益、稳定物流系统,改善港口集装箱疏运的合理性,是优化我国集装箱国际货运运输的最有效途径。

二、海铁联运的特点

(一)提高效率降低成本

海铁联运是运输方式的优化结合,是海洋运输的低成本优惠与陆路运输的快捷效率的体现,例如我们以中美之间的航线来举例说明:中国出口商A公司要出口一批安防产品到美国东海岸城市,可以有两条路线选择:一条是使用海洋运输方式从青岛港口运输货物到美国西海岸城市,然后通过美国的铁路运输枢纽将货物运输到美国东海岸,这是海铁联运方式;一条是用海洋运输方式将货物从青岛运往美国东海岸,两者路线相比,使用海铁联运的第一条比第二条路程上少1/2,路途的减少意味着货物运输时间的缩短,对于提高货物在国际贸易中的周转效率、节约运输成本十分有利,更容易把握市场的导向而提高收益减少损失。

在海铁联运发展中,美国的大陆桥、小陆桥、微型陆桥起到了重要的作用,为海铁联运的顺畅进行提供了平台的保障,不仅有利于中美之间的贸易来往和货物运输,也可以承接中国到欧洲之间的货物往来,减少货物全部海洋运输的风险,提高货物运输效率,也间接地导致欧亚大陆桥起到更突出的作用。

(二)提高运输质量,增加港口吞吐周转率

海铁联运提高了运输质量,增加了港口的货源数量,使得港口的货物运输吞吐周转率得以大大提高,港口运输的优势带动了各种相关物流业的发展,使得港口的拼拆箱、理货、装卸等竞争力也水涨船高。海铁联运有利于内地城市的国际贸易运输,将国际贸易的产业链拓展到各个城市,而不再局限于沿海的几个港口,它的高效的货运通道为中西部地区的贸易发展、产业结构调整起到了不可忽视的作用。国际贸易在沿海城市饱和之后,成本不断飙升,原材料、劳动力都成为贸易发展的障碍,向西发展的优势逐步显现,内陆国际贸易的兴起是必然的趋势,集装箱海铁联运,对于贸易发展的转移,资源配置优化,带动区域经济发展有着至关重要的意义。

第二节 集装箱海铁联运的SWOT分析

与世界其他国家海铁联运的发展相比,我国的海铁联运刚刚起步,属于初级阶段,我国铁路运输的优势发挥不明显,相对于美国、西欧等国家集装箱运输中铁路集装箱运输所占的比重还远远不够,对照贸易统计中的几个数据来看,在美国集装箱铁路运输量占49%左右,大量的货物通过铁路运输在美国东西海岸之间通畅运行,法国这一比例是40%左右,英国大概是30%,亚洲国家中印度的比重差不多是35%,而我们国家比例不超过10%。这些数字一方面反映出我国集装箱海铁联运仍与发达国家存在着差距,但是另一方面也意味着海铁联运领域的巨大发展。[①]

一、优势

(一)海铁联运有广阔的发展前景

我国国土辽阔,国际贸易遍布全国各个城市,从运输便利角度出发,目前除了沿海各个

---

① 穆智良,李振福. 我国发展集装箱海铁联运的SWOT分析[J]. 港口经济,2010(10):47-49.

城市的港口使用大量海洋运输外,大部分内陆城市仍在使用公路运输集装箱到沿海,然后再通过其他运输方式运出国境,与铁路集装箱运输相比,同样作为陆路运输的主要方式之一,公路运输运量要小于铁路运输,一辆铁路集装箱列车可以有十几或者几十个集装箱,而一辆公路运输卡车只能运输几个集装箱,而且运价方面,公路运费高,仅次于航空运价,另外公路运输安全性较差,更容易受到天气因素或者公路路况的影响出现延迟,或者货运事故。

铁路运输的运量大是一个优点,除此之外铁路运输在初级建设阶段投入大,建设困难,尤其是内陆深远的地区,铺设铁轨开通铁路运输要难于公路运输,但是一旦建成,铁路运输相比公路运输的优越性就大大发挥出来了,对于一些路途长远、路况较差的地区,公路运输风险性极大,费用高昂,铁路运输却能克服这一困难,将货物安全运达。铁路运输受自然气候的影响是最小的,能够避免恶劣天气带来的运输延迟等事故,且铁路集装箱运输也可发展新型模式,例如美国的双层集装箱列车,可以增加货运量,降低货运成本,对于长期稳定的进出口货物量的货主来说,这是比公路运输和内河驳运更为诱人的优势。

(二)铁路运输发展态势良好,成为海铁联运的有力支撑

我国有着四通八达的铁路运输网络,根据国家的有关统计资料,我国的铁路集装箱运输已经在2009年就稳居世界第二,总的运输里程高达8.6万公里。2010年又在此基础上增加货物运输量1.8亿吨,全国总量达到35亿吨,比2009年增长5.4%。这些现有的铁路网络是硬件设施的基础,对于发展集装箱海铁联运有良好地支撑。除此之外,我国在铁路货物运输方面的优势有以下几点。

1. 铁路的综合物流服务功能强。物流业务是综合性的业务,它包括的功能非常多,有运输、仓储、装卸、配送、理货、拼拆箱、包装、简单加工等,我们国家的铁路运输公司主要是经营运输、仓储、装卸等基本物流业务,这种一体化的物流功能能够使铁路运输在海铁联运中更具有优势和可操作性。

2. 铁路货物运量大。在各种货物运输方式中铁路货物运输运量最大、成本最低、受气候和地理条件影响最小,在节能环保方面也占据很大的优势,特别为大宗货物运输及中西部地区的长距离货物运输所青睐。

3. 铁路货运站位于交通集散中心地区。铁路货物运输网络是几十年发展而来的,铁路运输货运站或者货物集散地都处于交通运输的中心地区,具有地理位置的优势,大量的货物需要通过这些铁路货运站或者货场分发到各地,也为铁路运输的繁荣提供了有力的保障。

(三)优惠的海关通关制度成为海铁联运的便利

运输方式能否顺利发展有一个重要的因素即海关的通关制度,会影响运输方式的选择。陆路运输的两种方式中公路运输的通关手续比较麻烦,货物在内陆城市的产地进行报关之后,进行装运到出口口岸海关,还要进行再次报关查验,双重报关手续繁杂而且时间长,增加了货物的在途时间和运输成本,在海关通关上成为公路运输的一个劣势。

海铁联运在两地海关应用统一通关信息联网系统的合作下,内地城市的出口货物可以直接在内地海关一次报关、一次查验就可以放行,在沿海港口海关无需再次进行报关查验,货物在进出口报关报检环节的时间减少、手续简便,货物不需要在途开箱检验,减少了货损,而且在报关报检的时候货物还在工厂或者其指定的仓储地,没有出运到港口,就不会产生一些港口的杂费,例如堆存、理货等项费用,也不会出现货物运输到港口后因为报关报检不合格而退运的现象,因此对于内陆城市的国际贸易企业和国际货运企业来说,海铁联运在这方面的优势比较明显。

二、劣势

(一)改善运输能力,拓展铁路运输通道

集装箱海铁联运在时间上通常会优于海洋运输,货主选择海铁联运也是希望能够将货物及时快速地送达收货人。一般来说海洋运输运量大,要配合海洋运输,需要铁路部门有发展较大的运输储备能力,在线路、设备、场站上进行保障。集装箱运量并不固定,在时间上有着较大的波动,进出口箱量不均衡,需要充足的线路进行调配,空箱运和适箱货物运输都对铁路运输储备能力提出更高的要求。

我国铁路集装箱货物运量最大的城市有北京、郑州、天津、上海、广州等,货运量大约占到全国总量的70%以上,很多中小城市的货物也经由此几处中转,主要的铁路运输路线有京沪线、京哈线、京广线、陇海线等,运输能力基本达到饱和状态,在运输繁忙的季节,还要与客运车、专列等争抢运行线,铁路集装箱运输的优势不能充分发挥出来,亟需拓展运输通道。

另一个问题在于铁路运输部门的管理机制,我国的铁路运输不是纯粹经济实体,而是公益性的基础设施,性质决定了它不能仅仅从经济效益的高低去安排运输。我们国家人口多、铁路客运一直占据重要地位,铁路的使用率在世界各国也是排行在前的,铁路干线的运输始终呈现繁忙饱和的态势,不能够充分满足集装箱海铁联运市场的需求。铁路运输部门进行管理时更多考虑的是社会效益,在联运遭遇客运、重点物资调拨的时候只能让位等待,会造成运输时间的迟延、合同违约等一系列负面影响,货主在选择运输方式的时候不可避免地会考虑该不利因素。

(二)集装箱型的差异造成运输风险及成本

集装箱运输最大的优点是不用换箱,可以从一种运输方式直接换装到另外一种运输方式。理论上虽简单,实际操作中却存在很多问题,以海铁联运为例,目前我国的铁路集装箱型主要是一、五、十吨的,海运集装箱型主要是二十、四十英尺的,集装箱箱型决定不能直接还箱,铁路货物运输到海运港口之后需要换成海运的国际标准集装箱才能进行联运,换箱增加了很多物流附加业务,货物在装卸过程中货损货差的风险性增大,相应的中转站和设备都要配套,这会大大增加物流成本,而且延长了货物在途的时间,运输时间延后,换箱过程中货

物损失风险加大,难以体现海铁联运的优势。

铁路集装箱货物运输中,标准集装箱保有量也不能满足运输需求,根据铁道部统计资料显示"至2009年底,全国铁路集装箱保有量中,一吨箱411877万个、十吨箱98055万个、20尺国际标准集装箱129961个、40尺国际标准集装箱有大约7285个,综合起算各种类项的集装箱合计约有647178万个。"上述资料显示铁路货物运输集装箱保有量中,20尺箱型占比例较多,然而铁路运输也有自己的特点,每一个20尺集装箱要与另一个20尺集装箱配对,毫无疑问必须是运往同一个目的地的,那么等待配对集装箱的时间就是货物在途时间,如果没有正好的箱型货物,滞留时间会比较长,另外海运中集装箱型大多是40尺箱,甚至像中美航线45尺箱更为普遍,集装箱箱型问题是海铁联运中最为迫切需要解决的难题。

表3-1 全国部分港口铁路集装箱运输量

港口	港口集装箱吞吐量(万TEU)	铁路集装箱运输量(万TEU)	所占比例(%)
大连	417	33.7	8.08
青岛	946	16.8	1.78
天津	710	11.2	1.58
深圳	2110	20.8	0.99
上海	2615	20.4	0.78

资料来源:铁道部统计年鉴。

(三)内陆地区集装箱中转场不足

海铁联运是最大货物运量的两种方式,要保证通畅运行需要配备完善的硬件设施,最大的硬件是内陆地区的集装箱中转场,一个专业的合格的集装箱中转场功能众多,包括铁路能够直接进场站,各项专业装卸设备齐备,有充足的存储空间,能够进行空箱调运,可以进行通关检验等,我国内陆地区除了武汉、郑州等地有较为专业的集装箱中转场,普遍缺乏该类基础设施,这也在一定程度上阻碍了海铁联运的快速发展。

(四)港口的基础硬件设施匮乏

沿海港口在长期的规划中对海铁联运的认识不足,对铁路运输缺乏重视,过于依赖公路运输的货物衔接作用,很多港口的建设规划中就缺少铁路运输衔接的一环,在集疏运的规划建设上都是以公路运输特点来考虑。

现在要发展海铁联运,港口的基础硬件设施匮乏问题就凸显出来,港口没有铺设铁轨,集装箱装卸船不能直接到铁路列车上,要在码头用拖车转运到港站。以上海港为例,货物从海运下船后要使用拖车,经过东海大桥至芦潮港站,然后装上铁路进行运输,这一段路程中,成本增加不少,货主不仅需要支付铁路费用,还要支付码头费用、装卸费用、过桥费、公路运输费等,费用增加而且运输环节增多,降低了货物的运输效率。

(五)铁路运价调控不能按照经济效益灵活进行

我国铁路部门和海运公司性质不同,铁路部门是政府管理的公益性部门,运价由国家统一管理,铁道部进行综合调控,实际从事铁路运输的各公司没有权力制定并调节铁路集装箱的运价,运价有变化需要制定方案报告一级级上报,等待批示完毕,或许该运价已经不符合市场的需求了。

海洋运输市场比较复杂,各项费用繁多,很多附加费在运输的淡季、旺季差别非常大,海洋运输的运价由班轮工会等组织进行调控,比铁路要灵活,铁路和海洋运输的运价调控步伐不能一致,铁路的调控趋于滞后,将会产生货物在中转场仓储时间增加,铁路干线运能不足,运输成本增加的现象。而与铁路运输竞争最大的另一陆路运输方式—公路运输相比之下,在该方面的灵活性优于铁路运输,能够及时根据海洋运输的运价调整等行情作出决策,这也是很多货主倾向于公路运输的原因之一,因此铁路运价制定调控方面的不灵活性也是制约海铁联运发展的一项劣势。

(六)通关业务操作尚需改进

进出口货物要经过海关查验放行才能合法,海铁联运的优势之一是通关的便利性,在多式联运经营人的负责下,货物在内陆城市交货地进行报关查验,到港口无需再次查验,实现铁路运输与海洋运输的无缝衔接,但在实际的通关业务操作中,这种理想化的状态并未实现,原因主要是海关的信息系统不完善,两岸海关之间信息交流缺乏通畅,互不相信对方的查验结果,近年来通关联网信息平台的使用和无纸通关的实行,大大改善了这一状态,但是仍然没有遍及每个省市,两地海关两次查验,只要其中一处查验结果不通过、有异议,货物通关就不能继续进行,货物退运的影响很坏,增加运输费用,影响货物交货时间和贸易合同的履行。一些内陆城市和港口海关使用统一平台系统的,也需要签订协议才能进行一次报关、一次查验放行。通关手续问题阻碍了货物的通畅运输,导致货主在进行选择时会产生顾虑,对海铁联运的发展产生了不利影响。

三、机会

(一)政府提供有力的政策支持

2014年我国在物流发展规划中多次提到了货物铁路运输发展的作用,要求加快铁路运输在国际货物运输中的作用,加强多式联运在贸易履行中的作用,构建更为快捷便利的货物运输方式,促进经济贸易的发展。从中西部大开发战略出发,完善集装箱集疏运系统,降低运行成本,节约能源消耗,提高运输安全,实现绿色环保运输等目标都需要完善铁路运输系统,发展海铁联运。

据国家有关资料统计,在十一五期间,国家在一些交通枢纽城市、经济发达区域,集装箱集疏量大的地方建立了大量的集装箱中转站,内陆城市有12个,沿海城市有6个。还建成了

40个左右辅助大型港口,便利城市运输的集装箱办理站,100个集装箱办理点,增加集装箱基础设施的配备,促进海铁联运的发展。

铁道部制定了八项措施大力推动铁路集装箱运输的发展,八项措施包括转变经营观念,改进集装箱列车的调度组织,完善集装箱箱型及运输,建立集装箱运输信息平台,发展多式联运,建立集装箱场站和设备设施,发展双层集装箱来保障海铁联运的顺畅发展等。在措施的推动下,到2010年我国铁路集装箱货物运输量数据大大提升,已经达到1000万TEU。计划到2020年,实现全国铁路枢纽以上海市作为中心,贯通已经建成的18个集装箱中转站,覆盖全国运输里程1.6万公里的高级别集装箱运输网络,有政府有力政策支持的平台,随着集装箱运输通道、设备设施的建立和完善,我国集装箱海铁联运的发展将会迎来高潮,这是海铁联运不可错失的机遇。

(二)中西部大开发推动海铁联运发展

货物运输是经济贸易发展的链条,对经济贸易发展起到推动作用,并受经济贸易发展程度的制约,我国为了均衡东西部经济发展水平,提出了中西部大开发战略,内陆城市的经济贸易在良好的环境中迅速发展,国际贸易也随之增加,尤其是一些资料丰富的地区更是得到了优先发展。

国家为鼓励该区域经济建设和对外贸易,增加了很多基础设施建设,为对外贸易的开展及货物运输提供了便利,沿海城市的企业竞争已经十分激烈,越来越多的国外投资商将目光投向了西部地区,加上部分重工业向沿海地区一些城市的转移,内陆城市向国外出口的件杂货商品种类很多,这些货物都是适合集装箱运输的,相对于公路运输方式,货物长距离运输使用卡车风险大,货物安全不能保证,集装箱铁路运输的优势就显得非常突出,中西部经济的发展和对外贸易的兴起,海铁联运的发展前景将会越来越广阔。

(三)港口深入发展借助海铁联运

沿海港口水平高低可以用集装箱运输发展来衡量。我国沿海港口密集,优质海岸线上资源多,港口腹地狭小竞争十分激烈,例如江浙地区的上海港和宁波港都是海运大港,常年处于激烈竞争状态。港口运输一直以来依赖的公路运输运量有限、运程也短,一般局限在临港地区,在近年的发展中也出现日趋饱和状态,不利于港口的深化发展。随着经济贸易的进一步发展,沿海港口城市推行"以港兴市、以市兴港"的战略,集装箱运输发展极快,各港口基础设施建设完备,有更多的能力增加港口自身的接货量,寻找货源只依靠沿海周边已经不能满足,必须深入内陆城市拓展货源才行。一些大型港口例如青岛、天津、上海等都开通了运往内地的集装箱班列,利用海铁联运拓宽沿海港口城市的经济辐射范围,增加港口的运输吞吐量,这也是海铁联运发展的重要契机。

四、威胁

(一)陆路运输存在另一强大竞争对手

由于长期依靠公路进行集装箱的运输,公路集装箱运输的市场和服务业也日趋成熟和完善,也成为铁路运输的有力竞争者。铁路运输发展还不够成熟,存在着这样那样的一些问题,例如铁路部门不仅仅包括货物运输企业,还是政府铁道部门管理,有些手续办理要比公路运输繁杂,货物在铁路部门承运后往往在铁路货运站待运时间较长,中间物流环节多,周转时间长,尤其是集装箱型号尺寸不同,货物要求不同,像一些20英尺的小柜,通常的做法是两个小柜拼满一个车厢才能达到起运的标准,有时需要等待合适的机会进行拼箱,会造成集装箱在港口货运站停留时间过长,贸易合同履约时间延后。

个别地区对于铁路集装箱专列要另行收费,铁路集装箱货物运输的低价格优势便荡然无存,价格优势的失去和运输环节的增加,给铁路集装箱货物运输带来了负面影响,目前相对较成熟的公路运输在各方面都给集装箱海铁联运带来不小的竞争威胁。

(二)海铁联运的第三方物流服务市场尚未完善

海铁联运的第三方物流服务市场未完全建立。现阶段,我国船代、货代市场虽然日趋发达,但相对比较成熟的第三方海运物流服务大都分布在沿海城市,并且主要提供的是公路拖车运输服务,对集装箱海铁联运业务熟练的第三方物流服务企业相当少,大多数第三方物流都倾向并习惯使用公路集卡运输,这直接导致货主选择铁路运输的可能性降低。

而在需要且适合集装箱海铁联运的内陆城市,第三方物流服务市场不够健全,缺乏货代、物流等服务行业,没有一个良好的市场环境,集装箱海铁联运的市场竞争机制不完善,给海铁联运的发展增加了难度,很多货主对海铁联运的优势心存疑惑,造成集装箱海铁联运失去了一些潜在客户。第三方物流服务业对海铁联运的陌生以及对公路运输的亲昵和依赖在一定程度上威胁到了我国集装箱海铁联运的发展。

(三)内河集装箱水运的发展也不容忽视

我国大江大河不少,内河运输长久以来一直也占据有利地位,发展内河集装箱运输,贯通江河联运,对于解决陆路交通运输拥堵、环境污染、土地浪费、基础建设投资等问题也起到重要作用,政府对内河运输日渐重视,也陆续出台了一些针对内河货物运输的规划、方案及相应的法规,例如长江内河运输是我国国内最重要的内河集装箱运输,交通部有专门的《长江三角洲高等级航道网布局规划》,这部规划内容主要是有关长江内河运输航道网络的建设和布局等规划。该规划落实实施后,收益甚好,相当大程度上提高运输经济效益,降低内河集装箱运输成本,基本上解决了运输中船舶堵塞的现象,提高了航道的利用能力。

但是由于内河航道通行经过不同省市,各地经济规划发展程度不一,资金调拨、政策支持都有不同,因此内河集装箱运输航道网络建设缓慢,中央相关部委高度重视并且已经着手解决这一问题,保证在投资、政策支持上的一致步伐,这对内河集装箱运输有着良好的发展助力,内河运输的开展也将会给海铁联运带来较大的威胁。

五、海铁联运SWOT组合分析

(一)SO战略(优势—机会战略组合)

SO战略又称为优势—机会战略组合,是SWOT战略中最理想的战略,利用外部良好的环境机遇,发挥内部优势的战略模式,在海铁联运中当运输行业发展到一定程度,具备相关的优势,而外部环境又能够为这些优势提供机会,促进其发展的时候,可以采取该战略。在我国海铁联运发展中,发挥内部优势就是要利用中西部大开发战略的契机,大力发展集装箱铁路运输,开拓运输通道,增加基础设施,创造良好的通关放行的平台,为中西部地区对外贸易的发展提供运输支持,为沿海港口城市深入腹地、拓展资源提供条件。

(二)WO战略(劣势—机会战略组合)

WO战略是劣势—机会战略,要充分利用外部环境的有利条件转化自身的劣势,通过改变劣势获得发展机会。海铁联运的劣势主要集中在铁路运输的集装箱箱型与海洋运输箱型的不一致,内陆集装箱中转站不足等几个问题上,要借助政府政策的有力支持,依托政府发展的运输平台完善集装箱运输的问题。

通过政府的调控政策,开拓集装箱海铁联运。还有一些外部机会因为内部劣势的存在而不能有效利用,这就要克服内部劣势,解决不足,谋求进一步发展。例如内地集装箱中转站不足,影响了中西部经济贸易发展和港口城市的腹地扩张,就要增加内陆集装箱中转站的建设,完善基础设备设施,转化劣势、克服不足、抓住机会,使得海铁联运在外部优良环境的际遇下能够获得长久的竞争优势。

(三)ST战略(优势—威胁战略组合)

ST战略是优势—威胁组合战略,是一方面努力发挥自身的优势,提高优势的影响力;另一方面指定政策时规避外部风险,减轻外部威胁带来的不利影响。集装箱海铁联运优势突出,在中远程距离运输上发展前景广阔,而且成本低,运量大,外部威胁最大的是同样可以作为海洋运输延续的另一陆路运输方式——公路运输,公路运输灵活能够实现门到门的运输,在近距离运输中尤其占有优势,在这些地区发展铁路运输,不仅需要铺设铁轨,还要建设配套基础设施,无论是从经济效益考虑还是从时间上、灵活程度上都受到公路运输的巨大冲击,因此在发展海铁联运时要尽量避开这一不利因素,主要集中于发展中远距离的内陆城市,同时也要避开内河航运的竞争,回避外部威胁影响。

(四)WT战略(劣势—威胁战略组合)

WT战略是劣势—威胁组合,是处于不利地位的战略,要力求降低内部劣势,规避外部风险,在内外部都不利的情况下保存实力,属于防御性战略。我国集装箱海铁联运主要劣势是铁路集装箱的条件匮乏、通道不畅、中转站不足,要进行基础设施的建设,打造良好的平台,在现有的通道和班列上做好调度安排,也可以通过汲取国外集装箱海铁联运发展的优点,例如铁路运输中使用双层集装箱等。要规避外部环境风险,就要避开近距离地区的公路竞争和长江等沿江地区的水运竞争。

表3-2

	优势—Strength	劣势—Weak
SWOT分析	1.海铁联运没有广阔的发展前景。 2.铁路运输发展态势良好,成为海铁联运的有力支撑。 (1)铁路的综合物流服务功能强。 (2)铁路货运量大。 (3)铁路货运站位于交通集散中心地区。 3.优惠的海关通关制度成为海铁联运的便利。	1.改善运输能力,拓展铁路运输通道。 2.集装箱型的差异造成运输风险及成本。 3.内陆地区集装箱中转场不足。 4.港口的基础硬件设施匮乏。 5.铁路运价调控不能按照经济效益灵活进行。 6.通关业务操作尚需改进。
机会—Opportunity	SO战略(发挥优势,抢占机会)	WO战略(利用机会,客服劣势)
1.政府提供有力的政策支持。 2.中西部大开发推动海铁联运发展。 3.港口深入发展借助海铁联运。	1.利用中西部开发平台,增加铁路中转站。 2.建立综合型物流园,增设基础设施。 3.拓展港口货源。	1.发展大通关平台,发挥一次通关查验优势。 2.改善铁路运输能力。 3.协调铁路运价的制定和调控。
威胁—Threatan	ST战略(发挥优势,转化威胁)	WT战略(减少劣势,避免威胁)
1.陆路运输存在另一强大竞争对手。 2.海铁联运的第三方物流服务市场尚未完善。 3.内河集装箱水的发展也不容忽视。	1.规避近距离公路运输的竞争。 2.不在沿江地区发展铁路运输。 3.健全第三方物流服务市场。	1.发展双层集装箱,提高铁路运输效益。 2.规避外部不利因素,避开公路与内河竞争。

第三节 海铁联运的发展趋势

一、国外集装箱海铁联运发展现状

海铁联运运量大、运距长、运价低、速度快、安全可靠,广受各国运输部门青睐,在国外海铁联运发展一直很迅速,各大主要港口都将发展铁路集装箱运输作为重要的目标,不断增加集装箱海铁联运的集疏能力。以下主要选取几个主要港口海铁联运现状进行说明,作为对我国发展集装箱海铁联运的启示和借鉴。

(一)荷兰鹿特丹港

荷兰鹿特丹港口铁路运输部门在政策和投资方面大力支持集装箱海铁联运的发展,港口管理部门和荷兰政府交通部门投资共达到121亿美元,建设集装箱铁路运输需要的设备、设施,沿途运输的中转站、仓库、停车场,运输的网络平台,铁路干线等。

荷兰政府在过去一向只偏重于水上运输,没有高度重视铁路运输的利益,现在发展海铁联运,一切铁路集装箱运输所需要的轨道、设备等都比较落后,难以满足需求,荷兰政府认识到这一不足,从2003年起开始大规模铺设新的铁路网络,铁路运输的作用得以发挥,铁路运输的优越性也日渐发挥作用。

荷兰的集装箱铁路运输与欧洲其他的国家不同,它的铁路运输与陆路运输是分离的,相比较铁路集装箱运输速度明显快于其他。荷兰政府认为是铁路线的成倍增长、集装箱堆场的大量建设、列车提速、中转站畅通,集装箱自身装卸能力提高带来的结果,高额投资带来的收益同样可观,据统计投资所带来的收益早已经翻了三倍以上。而到2010年铁路运输统计数据显示,从2001年到2010年,在十年的时间里,荷兰的铁路集装箱货物年运输总量从1000万吨发展到2400万吨,这都归功于铁路集装箱货物运输的发展,其他运输方式带来的增长量只占1.5%。

除了国内铁路集装箱运输发展外,在荷兰海铁联运的触角深入到德国等欧洲其他国家,目前鹿特丹到德国的铁路线已经竣工,有2个中转港可以供集装箱货物运输使用,货物从鹿特丹港口下船后可以直接通过铁路运往欧洲各地,运输时间以达到德国、比利时为例仅仅需要12小时,荷兰鹿特丹海铁联运的发展带来了巨大的经济效益。

(二)德国汉堡港

德国的汉堡港是欧洲最大的集装箱货物铁路运输港口,它的集装箱货物铁路运输各项条件都完备,属于传统类型的集装箱货物铁路运输港口,整个港口的所有码头都铺有铁轨,每天约160列国内外集装箱运输班列进出货物,港口设备设施相对比较齐全,货物运量大,作为德国最主要的贸易运输港口,海铁联运的比例占长距离运输全部的70%以上,汉堡港口铁路集装箱运量每年在150万TEU左右,并以高于港口集装箱吞吐量14%的标准增长,海铁联运是汉堡港的主要运输方式,集疏运系统及中转场站都比较完备。

(三)比利时安特卫普港

欧洲的第二大港口是比利时的安特卫普港口,港口四通八达,有多条集装箱铁路货物运输干线直通各地,铁路集装箱货物每天有多趟列车运输到欧洲各大城市,一般情况下每天的列车数发车120多,到达100多,进出列车多达200多辆,这些列车装运着货物来自或者到达欧洲的德国、瑞士、奥地利、西班牙、意大利等国家的城市。

随着欧洲经济的发展和铁路运输市场的逐步开放,越来越多的运输公司使用安特卫普港到欧洲各地的铁路线运输货物,沿海港口码头都铺设有铁轨直接运送货物到各个经济区或者工业区,沿途有多个集装箱中心站,安特卫普港口的海铁联运硬件设施完善,运营模式成熟,在日渐开放的欧洲市场的推动下,将会呈现出更优的发展状态。

(四)英国的集装箱海铁联运

英国四面环海,是个多岛的国家,海运非常发达,集装箱运输长期以来只是依靠驳船与海洋船只进行运输衔接完成,铁路货物运量还不到全国总量的20%,铁路运输不发达,但是另一方面潜力也大有可为。

伴随着英吉利海峡海底隧道的建设,英国政府投资了2180万美元在温特洛格城市修建集装箱转运站、铁路站等基础设施,目前早已投入运行,新的集装箱铁路运输车站比过去的彭伽马火车站规模还要达,几乎是它的两倍,铁路货物运输车站有配套的硬件设施,例如专门用于装卸货物的龙门起重吊车,最大的龙门起重吊车能够负荷38吨,港口一共有2台,有8336平方米的货物仓库,960TEU的集装箱场站,英国在大力发展海铁联运方面作出了巨大投资。

除此之外,该国的英格兰威尔七—苏格兰铁路运输公司也在南安普顿投资110万英镑,建设了集装箱专用的火车站,南安普顿也是英国重要的铁路运输的枢纽之一,每年约一亿吨运量的集装箱货物通过该车站运输,该站每年也通过增添龙门吊车,提高装卸效率等手段不断改善运输条件。每年的集装箱铁路运输量以8%左右的速度增长。据英国政府最新的统计数据表明,每年政府化在全国铁路货物运输基础设施建设方面的投资高达2.2270亿美元,这个数字足以表明英国对集装箱海铁联运发展的重视。

(五)美国的海铁联运现状

美国境内铁路总长占世界第一,约为全球铁路总量的1/3,总共达53.91万千米,铁路线分布主要集中在中东部地区。美国大型的铁路运输公司有6家,包括CSX公司、诺福克南方公司、伊利诺斯中部海湾公司、桑太菲南方太平洋公司、联合太平洋公司、密苏里堪萨斯得克萨斯铁路公司。

美国的海铁联运方式也比较集中,主要是MLB和IPI两种方式。MLB也称为微型陆桥运输,主要指从远东进口货物到西海岸的基本港口,例如洛杉矶、长滩、西雅图等城市后,直接卸货到铁路列车,通过铁路联运的方式运送货物到美国东海岸或者海湾地区的各个港口,通常途中要经过3~4次的换车,但是美国相对其他国家来说,在铁路运营方面有很大优点,他的铁路运营管理体制非常成熟,各个铁路运输经营公司之间有关于铁路换车和换线的协议,集装箱在不同的铁路运输公司之间转换的手续简便,而且铁路运输设备具有专业化和标准化的特点,铁路换车换线的实际操作时间较少,不会耽误运输时间,因而到达最终目的地的时间明显短于全程水运。IPI也称为内陆公共点运输,由此可见它的目的地是美国的内陆各城市,按照集装箱货物卸货方式的不同,IPI还有几种分类,像IPI和R-IPI,R-IPI是从美国东海岸港口卸货通过铁路集装箱运输到美国东海岸接近的内陆点。

美国东西海岸的各个港口港区内都有专门的集装箱铁路线，来完成MLB、IPI的运输方式，例如美国港口城市洛杉矶就是典型的一个城市，洛杉矶有三条BNSF铁路干线通往美国大陆各内地城市，海港与铁路及多式联运场站等紧密链接在一起，集装箱从海上运输卸船后可以直接装上列车，通过铁路运输至目的地，运输速度快，效率高。而洛杉矶附近的长滩港口有长达32千米的地下铁路线，就是著名的阿拉米达通道，因为是地下铁路运输通道，不占用地上运输通道，减少了运输的拥堵现象，提高了运输速度，据统计地下运输通道减少了陆地上近200多个交叉路口，同时对居民生活环境的污染减轻，成为广受欢迎的运输通道。

纽约港作为美国东海岸最大的集装箱运输港口，拥有非常完善的铁路运输网络直达码头，在其港口的主要码头有12个铁路站，可以进行集装箱拼箱装卸使用，很多货物经由该路线运往美国东部及加拿大的各个城市。然后比较长滩和洛杉矶来说，纽约港的运量比例远远不够，只占全国的10%左右，主要是其位于东海岸，而东海岸的R-IPI转运货物到东部内陆点是一种中短距离的运输，近程运输中，铁路运输优势明显不如公路运输，从而导致东海岸最大港口的海铁联运发展落后，这也是受海铁联运的特点所制约的。

美国海铁联运的集装箱比较先进，从上个世纪起就开始使用双层集装箱列车。双层集装箱列车在货物运输中的优点非常多，从费用上来看仅每只集装箱就可以节约200美元，节约的成本相当于单层集装箱的30%左右，除了普及双层集装箱，还使用4辆机车，每列可以装载集装箱300TEU，最明显的作用是提高了货物运输效率，降低了货物在途成本。在美国铁路集装箱运输已经成为运输行业发展最快的一部分，并且美国的铁路运输公司与海运船公司的合作及第三方物流的合作也非常融洽。例如美国西海岸最大的BNSF铁路公司就与其他多家国际著名的船公司有协议，在海铁联运的运价制定方面实行一体化决议。

二、我国主要海铁联运港口的发展现状

（一）上海港口

上海港口发展海铁联运比较早，最早的海铁联运专线是从上海到南京的五定班列，开始于1996年，第二年随即上海又开通了到成都的集装箱海铁联运，由上海港口转运至内地的中长距离运输开始。

多年的开拓与发展，截止到目前从上海出发海铁联运的节点有十几个，包括内陆地区各大主要省会城市及交通运输枢纽中心，例如西南地区的成都、重庆，西北地区的西安，中部地区的武汉、长沙、郑州，江浙一带的南京、合肥、蚌埠、义乌、宁波、南昌，华南地区的昆明等，四通八达，遍布各地，上海港务部门与铁路部门共同成立了两个港站：军工路港站和杨浦港站，进行集装箱货物海铁联运，将铁路受理站向前移到上海港区，为海铁联运发展铺垫良好的条件。

在全国铁路集装箱货物运输发展的政策下，上海芦潮港铁路集装箱中心站建成并投入使用,芦潮港铁路集装箱中心站是全国重点建设的18个集装箱铁路货运站之一,芦潮港铁路中心站的硬件设施配备良好,货物从洋山港区卸船到进入全国铁路运输干线,可以在2个小时内完成全部转运。

上海港口的海铁联运货物运输网络经过多年的发展已具规模,上海港口有从事货物运输国内外多家知名货运企业,中国的有中远、中外运,外资的有东方海外、美国总统川崎汽船、以星轮船、太平船务、铁打渣华等,像赫伯罗特、高丽运输公司也从事集装箱货物海铁联运,但是运量不如上述大公司,铁路运输代理公司有上铁集运、路港、铁洋等几家。从上面的公司规模可以看出,海铁联运是大势所趋,已经深受广大运输公司和货主的青睐。上海海铁联运集装箱运量逐年增长。

(二)青岛港口

青岛港口的集装箱货物海铁联运的发展也是较早开始的,青岛港口的五定班列主要是开往中部地区的郑州、西安、太原,西南地区的成都等地,五定班列开始的时候货物运量比较少,最初是一周一班次,发展到现在的每天一班次或者1.5班次。

为进一步拓宽海铁联运的发展范围,青岛港口建设黄岛港区码头作为集装箱海铁联运的专用码头,在基础设施上为海铁联运的发展打下良好的基础。为学习美国海铁集装箱联运的先进经验,2007年,在国家铁道部的推动下,青岛港口率先开通了双层集装箱班列,效果良好,获得巨大收益。目前青岛港口海铁联运进出港口的集装箱量超过20万标准箱,进出青岛港口的海铁联运集装箱货物60%左右都是来源于内陆城市,实现了中长距离海铁联运的组合。

(三)大连港口

东北内陆之间的第一条海铁集装箱联运班列始于大连港口,是大连至哈尔滨的集装箱运输,在大连港口海铁集装箱联运的发展中,不断进行班列运行模式和港铁合作模式的创新及突破。

2000年由大连港务局和沈阳铁路局共同合作的集装箱海铁联运产品,公共班列经营人模式率先退出历史,2002年又在大连与哈尔滨班列中退出了包租的模式,通过该模式吸引大量的大型物流企业、航运公司参加分包,共同进行市场推广。

创新模式保障了大连港口海铁联运的畅通发展。在集装箱铁路运输设备设施建设上,大连港口也投资不少,大连港务局与中铁公司进行合作,在大连至哈尔滨的集装箱货物运输专线中投资150辆铁路运输集装箱专用平车,继而又在第二年与中铁集团公司投资成立了"大连中铁联合国际集装箱有限公司",以大连、沈阳、哈尔滨三个城市的铁路中心站为主体建设一体化模式,成为大连港务局与中铁集团全面合作进行海铁联运建设的开始。

目前我国国内最大的"港前站"模式就在大连,从大连港出发的集装箱货物海铁联运线主要是通向东北各个城市:沈阳、长春、哈尔滨、满洲里、通辽等,共有7条集装箱货物运输海铁联运专列,总投资约7.12亿元,每周约有50余班运输货物,建成了较为完善的东北海铁联运网,货物运输量连续多年居国内沿海港口第一位。

(四)连云港港口

连云港港口地理位置得天独厚,是新亚欧大陆桥桥头堡,良好的地理位置给海铁联运发展带来了巨大的机遇,连云港港口充分发挥各方合作的优势,联合港口、铁路、运输企业,建设"绿色通道",积极发挥各自优势,近年来逐渐开通了到郑州、西安、成都的"五定"班列,在新亚欧大陆桥铁路线上最远通过阿拉山口运往国外,实现美国西海岸、地中海、东南亚、日本、韩国等国际贸易货物运输的畅通,国外的货物通过海洋运输到连云港港口,通过铁路运输能够在很短的时间内完成通关手续,进出港口,连云港集装箱通过海铁联运的运量占整个港口总量的4.7%,还有很大的发展空间。

(五)深圳港口

深圳港口是南方最主要的港口之一,海铁联运的发展始于2003年,最初是与成都联合开展五定班列业务,发展到今天,已经有通往成都、黄埔(广州)、大朗(广州)、长沙、昆明、韶关、南昌、常平(东莞)、醴陵等的海铁联运集装箱路线,最远的一条是从深圳经过二连浩特市有1.2万公里,行程遍及6个国家,最终目的地为捷克的国际海铁集装箱联运班列。

深圳市政府明确出台了一系列的奖励政策,鼓励海铁集装箱货物联运的发展,例如《深圳港航产业发展财政资助资金管理暂行办法》,鼓励在海铁联运中的世纪班列经营人。

另外大力推进通关手续的简化,为海铁联运的发展提供良好的报关报检平台,通过简化手续,提高货物的报关报检速度,为此深圳海关进行了海关监管模式的创新。

1. 实行"两点一线"的直通式监管。重点是简化海关手续,以到成都的五定班列为例子,货物进出口的申报、查验、征税、结汇、退税等手续,都是由成都海关办理,不再到沿海港口办理货物查验,出口可以在成都直接报关报检,并由海关查验后加贴封识,进口也一样在成都,货物在内陆城市办理通关手续的最大优点是压缩了货物在港口的时间,减少了沿海港口的货物滞留,通关手续简化也降低了海关查验放行的成本,方便了贸易货物的通行。

2. 整体转关,整体核销。以铁路运输的班列为一个单元,进行"整体转关,整体核销",海铁联运的货物可以作为一个整体进行货到核销,在时间上保证通关最短:进出口转关货物不管是来自内陆哪个城市,都可以由内陆铁路接运站的海关进行整列货物的出口转关核销,沿海口岸海关只负责核查货物的运输资料是否单据完整、齐全,海关封识完好无损,就可以办理货物放行,不再对转关货物进行查验。

3. 两地海关提供高效服务,提高办事效率。对海铁联运货物做到"即到即办",尽量减少滞后的存在。上述几点由深圳海关与内地合作的城市海关共同签订协议加以法律化、规范化,从制度上为海铁联运的发展提供了良好的平台,深圳港口海铁联运的集装箱运量以逐年14%的增速上涨,发展前景良好。

三、我国集装箱海铁联运的新趋势

我国集装箱货物运输的发展规模虽然与美国、西欧等国家相比,还存在着一定的差距,但是发展速度比较快,根据铁路部门的规划和建设,我国海铁联运相应的配套设施逐步完善,我国将进行集装箱铁路站点的布局建设,配合路网以及双层集装箱通道的建设,计划形成以18个物流中心为枢纽,40个专办站为结点,100个代办站为补给,以铁路货物联运集装箱班列为通道,建造辐射全国的铁路集装箱货物运输网络和支持平台。

这些铁路运输网络不仅是覆盖国内的各个城市,构成海铁联运的体系,而且通过边境延伸到欧洲、中西亚、东南亚等国家,为海铁联运服务的集装箱货运站遍布在每个运输节点,形成了我国海铁集装箱货物运输的优势,集装箱货物在海洋运输和铁路运输之间衔接转换,共同构成国际多式联运的一种方式。

我国内陆城市比较多,发展国际贸易不能仅仅依靠沿海几个港口的海运力量,根据中国国际海运集装箱(集团)股份有限公司的胡锦平研究,"在我国港口的集装箱吞吐量中,至少有20%以上货物的启运点位于内陆省区或者运距在600千米以上的远港地区,特别适合海铁联运的发展,铁路以中长距离运输的优势使港口的腹地范围扩大,是港口最佳的运输方式"。

(一)集装箱综合物流园区作为海铁联运基础

集装箱物流园服务海铁联运的试点在成都已经建成并初步使用,目前这是亚洲最大的铁路集装箱中心站,2010年3月建成后货物吞吐量达到2626万吨,成为西南地区重要的集装箱货物中心站。在物流园区内建设相应配套设施服务铁路货物运输,另外海关、税务、检验等职能部门与集装箱中心站之间都有统一的集装箱信息平台,用以保障信息传递的畅通,防止运输时间的滞后。最大限度的节约运输成本,减少运输时间。

除此之外,集装箱物流园区花费了巨额投资进行硬件设施的建设和配备,包括集装箱堆场、集装箱场站、专用的集装箱运输专用干线等,成立了专门的海铁联运部门,通过先进的信息平台,达到更好地发展海铁联运的目的。

(二)发展沿海快线提高海铁联运周转速度

海铁联运虽然是两段运输,主要的运输方式是铁路运输,郑明理,我国中铁集装箱运输有限责任公司董事长说:"进行沿海快线的建设及开通运行,能够降低沿海港口城市的企业成本,提高沿海港口城市集装箱运输能力,同时也能促进沿海城市和内陆城市之间的国际货物运输的联合发展。"

从2010年1月浙江省宁波市的铁路北仑港的运行来看,宁波到温州的沿海快线集装箱班列极大地推动了海铁联运在两处港口之间的发展。

该班列的起止点是宁波北仑港与温州的西站,货物在两地运输并进行装卸,运输班列为五定班列,五定的意思是定点、定线、定车次、定时、定价,一开指的是双向对开,五定班列使用的集装箱是新型集装箱专用平车,是目前我国国内速度最快的集装箱专用列车,速度可以达到每小时120千米,两地之间的运行时间最短是3小时57分。

该类沿海快线班列的使用将加快长三角地带各城市的经济一体化,沿海快线最北端在连云港,连云港为新亚欧大陆桥桥头堡,海铁联运衔接新亚欧大陆桥,所承担的陆桥运输量占我国总运量比例的90%左右,沿海快线的启动进一步优化了连云港港口的优势作用,使得海铁联运在江浙几省的发展更为迅速,沿海几个港口城市日渐成为海铁联运的重要港口城市。

(三)"一带一路"的发展

近几年国家国际货物运输中"一带一路"是新的发展趋势,中心内容主要是依托新亚欧大陆桥,充分发挥铁路运输的优势和枢纽作用,将我国曾经的贯通中西亚、欧洲的丝绸之路开通畅行,为国际货物运输的发展开辟新的道路。

"一带一路"的发展以我国天津港为起始地,目前最为先进快速。2010年1月,天津新港发往石家庄的第一列20标箱的集装箱班列出发,这是中铁总公司、中海集团与天津港的合作成果,突出特点是"一票核算,一站式全程服务",减少了多项中间环节,简化手续,集装箱货物运输效率提高,成本降低,货物的竞争力得以提升,天津港的该列班车集装箱采用20、40英尺自备集装箱装载货物,空重混编,能够满足货主的要求,是典型的海运、港口、铁路综合运输一体化发展的例子。

以前在海铁联运中一般需要船公司在来回程进行"计划、装车、置票、提箱、送箱"等流程,现在只需要进行一次全程物流服务就可以,船公司只要上网提交一个订单,后续的环节都交由铁路部门解决,货物运输快捷。铁路公司与船公司建立共享、合作的信息平台,每单货物运输都由专门的货运代表全程跟踪,在运输过程出现任何问题都可立即在信息平台得到反馈。相对于公路运输方式,不仅运量大,而且在恶劣天气的情况下,时效性也得到很大的保证。

运输成本方面,铁路运输是仅次于海洋运输的价格较低的运输方式,中海集团的总经理助理曾经算过,从天津新港运输一个20英尺的集装箱货物到石家庄,铁路运输价格比公路运输价格低10%左右,而且集装箱卸下船之后的所有物流环节都是铁路部门在进行,成本低,运输时间少,广受货主的欢迎。

天津、连云港、宁波等港口都有铁路线连通亚欧大陆桥,从发展"一带一路"的战略来看有着巨大的区位优势,可以利用这一点,大力发展海铁联运,重现丝绸之路的辉煌。

第四章　国际多式联运的陆桥运输的SWOT分析

第一节　陆桥运输的概念和种类

一、陆桥的概念

陆桥是把大陆东西两侧的海洋运输，用横贯陆地的国际铁路运输连接起来，进行国际货物运输的大动脉，主要的功能是便于开展海陆联运。目前陆桥运输主要有大陆桥运输、小陆桥运输、微型陆桥运输。

二、陆桥运输的类型

（一）大陆桥运输

在所有的陆桥运输中，大陆桥是运输距离最长的一种，是海—陆—海链接的方式，用横贯大陆的陆路运输方式将两段海洋运输连起来，即两段是海洋运输，中间是陆运，陆路运输是海运的桥梁，这也是陆桥运输的名称由来，其中连接两边海洋的陆路运输部分就是大陆桥运输，世界上主要的大陆桥有四条。

1. 北美大陆桥。北美大陆桥是世界上最早的大陆桥，源于美国西部经济发展的需求，第一条用于大陆桥运输的美国铁路线东起纽约、西至旧金山（圣弗朗西斯科），连接大西洋和太平洋，北美大陆桥全长达4500千米，它的贯通在运输上开辟了崭新的里程，极大的缩短了太平洋、大西洋两大洋之间的运输距离，结束了货物只能通过巴拿马狭长的运河通过的不便，使用北美大陆桥运输，国际货物运输如果要从日本向东运，可以先用海洋运输的方式运输到北美西海岸，再由北美大陆桥运输到东海岸，然后可以海运到达欧洲各个国家。

北美大陆桥有两个组成部分，一部分在美国为美国大陆桥运输，一部分在加拿大为加拿大陆桥运输。货物运量较大的是美国境内的大陆桥，它有两条运输线路：一条是贯通太平洋西部沿海和大西洋东部沿海的陆路运输，一条是从太平洋西部沿海出发连接东南部墨西哥湾的陆路运输。

北美大陆桥在陆桥运输史上有重要的地位，是陆桥运输发展中最早建立、运输量最大、贸易影响力最大的陆桥运输。北美大陆桥运输的开通具有划时代意义，结束了货物单一依靠巴拿马运河运输的历史，对于海洋运输也带来了深远的冲击作用，陆桥运输受自然条件影响小，而且不受运河通道狭窄、气候变化等不利条件的影响，以前要根据巴拿马运河的通过能力建造海洋运输船只的标准被打破,大型、巨型集装箱海洋运输船只蓬勃发展,集装箱运输的效率大大提高。

2. 南美大陆桥。南美大陆桥是南美洲的重要运输路线,南美大陆桥全长1000千米,东部从阿根廷首都布宜诺斯艾利斯出发,西部终止于智利首都圣地亚哥,将太平洋西部与大西洋东部连接起来,有利于南美洲各个国家之间的贸易合作和经济协同发展。

3. 亚欧大陆桥。亚欧大陆桥有两条已经运行,一条正在构想和建设中。

(1) 第一欧亚大陆桥(西伯利亚大陆桥,SLB):是最早的亚欧大陆桥,它东起于俄罗斯东部的符拉迪沃斯托克(海参崴),通过铁路运输线到莫斯科,然后通向欧洲各国,最后到荷兰鹿特丹港(中间可以绕过中国黑龙江和吉林)。

西伯利亚大陆桥全程达13000千米左右,横贯俄罗斯、哈萨克斯坦、白俄罗斯、波兰、德国、荷兰6个国家,日本、东南亚国家的货物或者通过日本、韩国进行中转,运往欧洲、中东地区的货物,可以先以海洋运输的方式达到海参崴,通过西伯利亚大陆桥运往欧洲及中西亚各个国家,货物上桥后有3种方式。

1) 铁—铁:俄罗斯境内全程使用铁路运输方式,运到俄罗斯西部国境站之后,经过中西亚、东欧、西欧等各个方向的铁路线运往目的地,或者相反方向的运输也是同样道理。

2) 铁—海:在俄罗斯境内先通过铁路运输方式到达莫斯科,再通过铁路运往波罗的海沿岸各港口城市,例如圣彼得堡、里加或塔林港,然后通过海洋运输运至西欧、北欧和巴尔干地区,或按相反方向的运输。

3) 铁—公:在俄罗斯境内通过铁路运输方式运往俄罗斯西部国境站,再使用公路运输方式运往目的地,或按相反方向的运输。

(2) 第二欧亚大陆桥:又称为新亚欧大陆桥,东起我国连云港港口,通过我国境内的兰新铁路、陇海铁路,在新疆阿拉山口出境,同哈萨克斯坦铁路进行衔接,这条铁路运输路线很大一部分路程是古代的"丝绸之路",是我国与中西亚、欧洲各个国家经济往来的便捷之路。

(3) 第三条亚欧大陆桥:这条亚欧大陆桥正在建设,还没有投产使用,建设规划以我国的深圳为起点,是中国、尼泊尔、欧盟合作共建的,起点计划从深圳港出发,辐射广东沿海各港口,经由昆明出境,贯通缅甸、孟加拉、印度、巴基斯坦、伊朗,从土耳其进入欧洲各国,最终地点止于荷兰的鹿特丹港。第三条亚欧大陆桥在规划理论上全程横贯亚欧20多个国家,全长约15000千米,相比经过马六甲海峡通过印度洋向欧洲运输的海洋运输里程缩短3000千米左右。

4. 南亚大陆桥。这条大陆桥在亚洲南部的印度半岛上,起点是东岸的加尔各答港口,终点是西岸的孟买港口,整个铁路线全程约2000千米的铁道,使得阿拉伯海与孟加拉湾之间的海洋运输可以改成铁路运输的方式。

(二)小陆桥运输

小陆桥运输简称MLB,主要是指货物使用国际标准集装箱为运输工具,集装箱货物先运至美国沿海港口,通过海洋运输转运至美国西海岸港口,卸船后换装铁路联运专线或者由公路运输方式运达美国东部港口或加勒比海港后以及相反方向的运输。小陆桥运输的特点是比大陆桥运输减少一部分,是海陆或者陆海联运的方式。

小陆桥运输主要是指北美小陆桥运输,是海洋运输与陆路运输的优势结合,一方面提高了运输效率,另一方面降低了贸易中运输成本,美国小陆桥运输发展以来,对于美国铁路集装箱货物运输发展起到了良好的推动作用,美国在陆桥运输中率先使用双层集装箱列车,还有货物集成运量大的超长列车,铁路运输的整体效率得以提高,根据有关数据统计,美国总统轮船公司的双层集装箱列车,比单层的集装箱列车每车降低1/3的成本。

(三)微型陆桥运输

微型陆桥是最短的陆桥运输方式,基本上是小陆桥运输的一半,所以也称为半陆桥运输,它是在小陆桥的基础上形成并发展的。

微型陆桥主要是在北美大陆,主要路线是从北美东西海岸以及墨西哥沿岸港口运输到美国以及加拿大的各个内陆城市。微型陆桥运输发展主要是为了解决小陆桥运输中的一些矛盾,比如货物由东海岸的内陆城市运往远东地区或者相反方向,首先要在美国经过国内运输,运输至美国东海岸后进行海洋运输,船公司签发东海岸的国际货运单证,再通过国内运输运至美国西海岸,然后通过海洋运输等方式运往远东等国家,不仅增加费用,而且浪费时间。

使用微型陆桥运输能够解决这一问题,可以通过一个例子来表明其基本运输路线,集装箱货物想从日本运往美国东部内陆城市譬如匹兹堡,先使用海洋运输方式将货物从日本运至美国西海岸某一港口城市譬如奥克兰,再使用铁路运输运往目的地,可以不用通过美国东海岸港口城市进行转运,节省了货物在途转运的时间和费用,避免了双重港口收费的现象。

二、比较OCP、MLB、IPI、SLB4种运输组织方式的区别

(一)OCP运输的含义

OCP运输也可以称为内陆公共点运输,它是使用铁路或者公路运输方式,将运至美国西海岸港口的货物运往美国内陆公共点,船公司的责任终止于美国西海岸,OCP运输运价非常优惠,广受贸易客户欢迎。

OCP运输方式非常特殊,它是一种联合的陆桥运输,但是从性质上来说并不属于国际多式联运,一般由海洋运输、陆路运输方式组成,但是责任人两段运输中分别承担各自区段的责任与风险,不是一个综合的责任人负责全程运输。因此,它不是真正意义上的多式联运。只是一种国际多式的联营运输。

实际上OCP运输是美国太平洋航运协会为争取日本/远东——美国中、东部地区的货物经由西部转运而采取的一种竞争措施。

1. OCP运输应注意的问题。

(1)OCP运输存在于美国或加拿大：OCP运输非常特殊，仅仅存在于美国或者加拿大的内陆城市，在贸易合同签订时候，选择OCP运输，货物的最终目的地必须属于它的界定范围之中，例如美国的OCP地区指美国的中部和东部各州，地理区位以落基山脉为界，落基山脉以东的各州均为OCP地区，以西的九个州为非OCP地区。

(2)OCP运输的操作模式：收货人将海运提单及OCP提单副本交内陆运输承运人在西岸基本港办理提货，并按OCP运费将货物送达收货人指定的地点，收货人凭OCP提单正本提货。

(3)OCP运输标志：为了区分OCP运输的货物在包装唛头以及贸易合同、信用证、运输单据上均应注明"OCP"字样，并同时注明卸货港、目的地。例如："Seattle OCP Detroit"。

(4)保税运输：进口保税运输需要在收到货物相关单证后10天内完成，由收货人进行申请，货物才能顺利运达最后交货地，如果上述程序没有按时进行，货物会被转至保税仓库，在保税仓库存储期间，增加各种费用。

(5)单证及相关文件：通过OCP运输方式运至美国内陆公共点的货物，会获得铁路优惠运价，前提是收货人要在货物卸离船舶起45天内，提供陆路运输单证、转运单、海关转口申请单等相关证明文件给铁路部门，超期则无法享受这一待遇。

2. OCP运输的特点。

(1)在成交订约方面：首先要确定收货人的目的地是否属于OCP区域，例如芝加哥(CHICAGO)，则原来的成交价为CIF或CFR CHICAGO可改为CIF或CFR美国西海岸指定港口。例如，西雅图(SEATTIE)，并在贸易合同中明确货物的运输方式是从中国口岸到美国西海岸指定港口转至OCP最后目的地的，即写明shipment from China to Seattle west coast OCP Chicago。

(2)贸易合同、信用证及货物运输标志方面：在制作OCP单证时候，贸易合同和信用证相应的目的地一栏都应备注OCP字样，在SMARK运输标志中，卸货港和OCP目的地也要同时注明，这关系到承运人责任划分，因而至关重要，如"SEATTLE OCP CHICAGO"。

(3)订舱与运输单证制作方面：在向船公司租船订舱时，应事先说明OCP运输，并将OCP地点与卸货港同时标注在相关的单证中。在提单制作时，提单上的交货地栏中应加注"OCP"字样，同时在提单正面的货物内容一栏内加注"转运至内陆点"字样。则应在卸货港栏内填写"SEATTLE"，目的地栏内填写"OCP CHICAGO"，货物内容栏加注"转运至芝加哥(In transit to CHICAGO)"。

(4)保税运输申请手续方面：货物抵达美国西口岸后，收货人应及时凭船公司签发的OCP提单等单据委托铁路公司代办"保税运输申请手续"。在美国集装箱货物通过海洋运输到达港口后,按照规定的时间办理相关保税运输手续,否则会增加额外费用。

(5)收货人应提交的单证:OCP运输其中一个优势是铁路运价优惠,可以极大降低运输成本,而为了防止某些不良货运公司假冒OCP名义,骗取优惠条件,收货人在货物运至港口后应在规定时间内提交相关单证等证明文件,如果不能按时提交证明文件,铁路部门要按当地费率调整运费。

(二)MLB运输

1.MLB运输的含义。MLB即小陆桥运输,是指从日本/远东出口至美国东部的货物先通过海运至美国西海岸港口,货物卸至岸上后,通过铁路集装箱货物运输方式运达美国东海岸各港口城市,或者运输至墨西哥湾沿海各港口城市,同样相反方向的运输也适合本规定。

MLB运输从组织方式上看与大陆桥运输并无大的区别,只是其运送货物的目的地为美国东部大西洋沿岸或墨西哥湾沿岸港口,本质上也是多式联运,但它比大陆桥运输少了一段美东—欧洲的海上运输,所以称为小陆桥运输。

北美小陆桥在缩短运输距离、节省运输时间上效果显著。还可享受铁路集装箱直达列车的优惠运价。从日本/远东出口至美国东部的货物,采用MLB运输,可节省1周左右的运输时间。

2.MLB运输的特点。

(1)MLB运输是国际多式联运的一种,运输经营人是多式联运承运人,负责签发全程联运提单,收取全程运费,并对运输全程负责。

(2)MLB运输方式中,集装箱货物在进行提单制作的时候应该标明Port of Discharge:×××;Place of Delivery:×××。

(3)MLB运输下的货物,如果是CIF或CFR贸易条款,则卖方承担的责任、风险、费用不是终止于卸货港,而是在最终交货地。

(4)MLB运输方式中,集装箱货物的海运费一般按照正常海洋运输运价进行收取,原则上没有优惠,或者运费回扣类,但可以享受铁路集装箱直达列车的优惠运价。

(5)MLB运输方式中,承运人是多式联运承运人,但是承运人不一定是运输公司本身,可以是货代公司,也可以是无船承运人,无船承运人本身不承担货物实际运输,则在其管理下,会出现两套提单,一是无船承运人与货主之间签订运输合同,承担责任风险的House B/L,一是船公司签发给无船承运人的Memo B/L,这种提单既不能用来结汇,也不能用来提货,只是供无船承运人在目的地的代理机构据此向船公司提货的凭证,而实际收货人可以凭借第一套提单向无船承运人在目的地代理人提货。

(三)IPI运输

1.IPI运输的含义。IPI运输即内陆公共点多式联运,是指从日本/远东出口至美国东部的货物先通过海运至美国西海岸港口,卸船后通过铁路或高速公路运抵北美内陆主要城市以及相反方向的运输。

IPI与MLB两者的运输方式、运输途径、运输经营人责任和风险完全相同。二者的区别是：MLB运输抵达的区域是美国东海岸和墨西哥湾港口城市，而IPI运输抵达的区域是北美内陆主要城市。

IPI与OCP运输相比，二者抵达的区域都是北美内陆主要城市。但IPI是一个承运人，一份运输单据负责到底，是完整的多式联运，而OCP运输则是多个承运人，几份运输单据分段负责，不是完整的多式联运。

2. 使用IPI多式联运方式时应注意的问题。

(1)在IPI运输方式下其提单应分别注明Port of Discharge:×××;Place of Delivery:×××;提单约定的运输方式为:IPI CY-CY。

(2)承运人是多式联运承运人，负责货物从交付到运往目的地全程的责任、风险。

(3)在IPI运输方式下，如同MLB一样，如果贸易术语是CIF或者是CFR，卖方的责任、风险、费用不是终止于港口，而是终止于最终交货地。

(4)IPI运输中使用两种不同运输方式，承运人签发一张全程提单，并且收取全程运费，是典型的国际多式联运。

(四)SLB运输

1. SLB运输的含义。SLB运输指西伯利亚大陆桥运输方式，货物使用集装箱，从日本、东南亚等国家通过海洋运输，然后使用西伯利亚大陆桥运输到欧洲、中西亚等国家。

2. SLB运输的基本方式。SLB运输主要采用以下三种方式。

(1)铁路—铁路方式：例如货物从日本或者东南亚的某一个国家出发，先使用海洋运输方式，货物运至俄罗斯海参崴之后，转西伯利亚铁路或者通过满洲里、二连浩特、阿拉山口等陆路口岸(经过第三国)进入俄罗斯，转西伯利亚铁路，到达俄罗斯西部边境站，再使用陆路运输方式运至欧洲、中西亚等国家。

(2)铁路—海运方式：是指日本/远东的货物先经过西伯利亚铁路运抵波罗的海和黑海的港口，再通过海运至北欧、西欧、巴尔干地区的港口。

(3)铁路—公路方式：是指日本/远东的货物，先经过西伯利亚铁路运抵俄罗斯西部边境站，再用卡车将货物运至东欧、中欧、南欧、伊朗等方向。

3. SLB运输业务程序。SLB运输中承运人可以是运输过程中某一运输区段经营人，由它来签发全程提单，承担全程运输责任。

SLB运输经营人主要的业务流程如下：申请计划—承运人接受委托—拼箱配载—报关报检—制单—口岸交接—国外交货等。

运费结算普遍采用全程包干、一次付清、以美元结算的形式。

SLB、OCP、MLB和IPI 4种运输组织方式的比较如下表：

表 4-1

比较项目	SLB	OCP	MLB	IPI
货物成交价	采用 FCA 或 CIP 应视合同中约定。	卖方承担的责任、费用终止于美国西海岸。	卖方承担的责任、费用终止于最终交货地。	与 MLB 相同。
提单签发	适用于全程运输区段。	仅适用于海上区段的货物运输。	适用于全程运输区段。	适用于全程运输区段。
运费计数	收取全程运费。	海、路运输区段分别计收运费。	收取全程运费。	收取全程运费。
保险区段	可全程投保。	海、路运输区段分别投保。	可全程投保。	可全程投保。
货物运低区域	不受限制	内陆公共点	美国东海岸和美国湾	内陆公共点
多式联运方式	是多式联运方试。	不是多式联运方试。	是多式联运方试。	是多式联运方试。

第二节 陆桥运输的发展和意义

一、我国陆桥运输的发展

(一)初步认识和理论研究

中国刚刚改革开放的20世纪80年代初,世界各国学者开始将研究的目光投向大陆桥运输,我国相关专业的专家学者们从一些译著中也逐渐开始了对大陆桥运输的经济效益研究。

1984年时根据亚欧大陆桥的发展经验,中央提出了打通北疆铁路,与前苏联的土西铁路相连,建设第二条亚欧大陆桥的规划。关于新亚欧大陆桥的理论课题有很多,例如新海大陆桥的运输前期研究;新海大陆桥东端桥头堡:连云港等,大部分是一些学者与铁道部门科学研究院合作的课题。此后第一份研究新亚欧大陆桥的期刊《大陆桥经济》也诞生,与此相关几十部专著也陆续出版,例如《新亚欧大陆桥》《新亚欧大陆桥经济方略》《亚欧新海大陆桥研究》《连云港与海上丝绸之路》《新亚欧大陆桥政策评估与优化》《论新亚欧大陆桥与苏北的振兴》等。

在课题专著等的研究下,陆桥运输理论逐渐形成了流行的"三个经济时代"论调,也就是所谓的"江河经济时代、海洋经济时代、陆桥经济时代",另外还有"三大"理论,三大指大港、大市、大陆桥,这是中国陆桥运输理论研究的基石。

(二)建设新亚欧大陆桥和启动运营阶段

启动运营阶段有两个事件作为标志性事件,一个是中国铁路与哈萨克斯坦铁路1990年在德鲁日巴接轨,一个是首列货物集装箱运输班列1992年从连云港出发,开始国际货物运输,此后新亚欧大陆桥运输渐渐开通多个班列,通往俄罗斯以及欧洲的主要城市。

(三)以新亚欧大陆桥为载体的陆域开发阶段

新亚欧大陆桥从连云港出发,一直向西迈进,直接通往甘肃和新疆国境线,中间横贯东西中三大经济带,从二连浩特、阿拉山口、满洲里等城市,途中经过包兰线、兰青线,铁路运输区域覆盖整个宁夏和青海省,甚至包括整个西部地区。

新亚欧大陆桥的发展使得中国的生产力布局出现了两条明显的轴线:一条是长江经济带,长江沿线各城市地形较复杂,地区经济向西可以辐射四川盆地和云贵高原地区;另一条就是我们常说的新亚欧大陆桥经济带,沿桥地区平原比较多,地理位置优越,向西出境可以与中亚、欧洲的多个国家进行运输衔接,在国内沿途运输辐射能力遍及中西部的十几个省区。

与新亚欧大陆桥运输相关的各项政策与发展规划也层出不穷,主要有:东部率先发展战略、中部崛起战略、西部大开发战略、江苏沿海开发、关中天水经济区、中原经济区、兰州新区等。国家战略与新亚欧大陆桥基础设施平台相辅相成,为中西部经济与贸易的繁荣发展提供了有力的平台。

(四)以新亚欧大陆桥为理念的区域经济高效发展阶段

新亚欧大陆桥从开通运营到现在已经有20多年的时间,中国的经济贸易发展和区域经济特色都发生了巨大的变化。1995年我国政府提出将沿桥(中国段)可持续发展这一议题列入21世纪优先发展的项目计划;同年中央的会议中首次提出要以沿桥的中心城市和交通运输要道为依托,凝聚多个省(区、市)形成有特色的统一发展的经济区域。

国家在"十五"规划时就曾提出:"要依托欧亚大陆桥、长江水道、西南出海通道等交通干线,发挥中心城市作用,以线串点,以点带面,有重点地推进开发。"

国务院在实施西部大开发若干政策措施的通知中也提出:"实施西部大开发,要依托新亚欧大陆桥等交通干线,发挥中心城市作用,以线串点,以点带面,逐步形成有特色的陇海铁路线等跨行政区域的经济带。"

伴随新亚欧大陆桥的20多年发展,中国的区域经济特色也实现了革新,从发展理念和发展模式都进行了变革,一方面区域之间的合作层次不断提升,区域经济特色越来越明显,竞争力不断增强,另一方面也推动了中国东中西部的贯通和协调发展,沿桥各省市特色互补,区域经济得以快速提升。

多年以来在政府和各运输企业的共同努力下,新亚欧大陆桥在运输中越来越发挥着重要的作用,不仅是国际货物运输的重要渠道,而且货物运输相伴的是资金、人才、信息等的流通和协同,在沿桥地区经济贸易发展的同时,发挥了经济和文化交流的功能,推动了海铁联运等多式联运方式的变革,为了发展运输沿桥的铁路、场站、中心站、物流园区都得以逐步发展壮大,从无到有,呈梯队式递进发展。

二、陆桥运输发展的意义

陆桥运输中有一理论称为"三个经济时代":即江河时代、海洋时代、陆桥时代,从目前的经济发展及区域结构来看,"江河时代"尚未过去,"海岸时代"方兴未艾,"陆桥时代"已经来临。

(一)极大提高了物流速度,提升了运营效益

陆桥运输的发展对于沿桥的经济发展和国际贸易繁荣起到了重要的作用,沿桥的国际货物运输速度大大加快,实现了快速崛起和跨越式发展。

大陆桥的发展之初是为了国际货物运输更流畅,国际贸易能够顺利完成,大陆桥运输服务物流的宗旨促进了现代物流方式的革新,在大陆桥运输的发展推动下,中国的物流业发展也蒸蒸日上,速度急剧增长,发展势头良好,物流的良性发展反过来也带动着大陆桥市场的更加完善,使得大陆桥运输在我国的运输中发展前途更为广阔。

目前的大陆桥运输为了进一步提高速度,进行信息化平台的建设,这会涉及到制造业、运输业、银行业、航空业等多个部门,物流信息平台的建设,信息的畅通有利于沿桥各节点的城市和地区部门进行科学的决策和分析,提高物流速度,实现最大的经济效益。

(二)陆桥运输带来了模式的更新

陆桥运输是国际货物运输经济发展的新模式的更新,促进了国家经济政策的倾斜和产业空间的布局,对于经济发展战略规划的实施和经济发展模式的开拓都有着深远的意义。

陆桥运输不是单纯的运输,与运输相关的物流配套服务都随着兴起,这带动了中国物流园区的发展,中国物流园区基本是与新亚欧大陆桥同步产生发展,相互带动,期间经历了从经济特区、沿海开放城市、中西部发展、西部整体发展的全过程。

我国的经济园区目前主要包括两个方面:工业园区和商务园区。沿桥的中西部地区城市曾经是我国重要的军工产地和重点工程所在地,大企业的集中区,有着能源、化工、航空、冶金、纺织等关系国民命脉的产业,科学技术水平较高,研究力量雄厚,这既是中西部地区特色和优势,也是未来开发的潜力所在。

在大陆桥沿线建立了无数的园区,包括工业园区、商务园区、生态园区、物流园区,高新科技园区,还有无水港等,园区经济得以蓬勃发展,经济与贸易总量得以大幅度增长,成为一条有特色的跨度长的特色区域。

(三)陆桥运输带动点、线、面的区域全方位发展

陆桥运输不是个体的发展,而是以桥为纽带,能够带动点、线、面结合的区域,例如中国以新亚欧大陆桥为纽带建立区域经济带,是以大陆桥铁路干线为主轴,沿桥的中心城市为支撑点,内陆各城市腹地为陆桥运输辐射面,成为具有强大凝聚力的经济长廊。他对经济的影响是全方位的、长远的。

新亚欧大陆桥是我国、中西亚、南亚和欧洲之间经济贸易贯通的重要桥梁,主要是贯通与中亚、西亚、欧洲各个国家的贸易往来,新亚欧大陆桥途经我国三大经济带,在我国贸易与对外交往中起到非常重要的作用。

我国的新亚欧大陆桥大致贯穿中国东中西部十几个省区,专家曾经对大陆桥沿线地区的资源进行了科学的地质勘探,并通过高科技的空中遥感勘测,对沿桥100千米范围进行勘探,发现该区域能源丰富,矿产多样,其中有开采价值的高达100多种,该沿桥区域存储量排名在前的矿产大约有64种,重要的物资例如煤、铝、铜等含量占全国总量的50%,煤炭的存储量是最多的,高达2000亿吨,石油的存储量达数百亿吨。除了能源矿产等自然资源外,沿桥区域也是全国的粮棉、油料和畜牧业基地,被称为"中国能源之乡"。

丰富的资源要参与经济贸易的发展,与其他国家互通有无、扬长避短,经过20多年的发展,新亚欧大陆桥沿桥地区的货物运输量从最初的431219万吨,发展到目前的1950994万吨,每年的平均增长速度大约是79560万吨,铁路货运量也增长迅速,从81037万吨增加到264429万吨,每年的增长速度大概是9466万吨。引用国家统计的几组数字如下:"1992—2010年沿桥地区社会消费品零售总额比重从35.24%增加到45.24%;1992—2010年沿桥地区货物运输量比重从37.07%增加到52.77%,其中,沿桥地区铁路货物运输量比重从49.84%增加到62.44%;1992—2011年沿桥地区的货物周转量从8148亿吨千米增加到61205亿吨千米,年均增加2653亿吨千米。其中沿桥地区铁路货物周转量从5324亿吨千米增加到15886亿吨千米,年均增加528亿吨千米;1992—2010年沿桥地区货物周转量比重从27.8g%增加到38.42%,其中,沿桥地区铁路货物周转量比重从45.gg%增加到53.91%。"

(四)带动沿桥地区城市经济贸易的发展

运输业的通畅对经济发展影响力很大,开始于19世纪中期的北美大陆桥运输曾经对美国经济发展,尤其是西部经济的开发起到了巨大的推动作用,它将当时繁荣的东北部地区与落后的西部地区连接起来,而欧亚第一大陆桥——西伯利亚大铁路的开通,为前苏联的60多座工矿城市的发展提供了机会,经济发展,城市人口也随之增加了几倍。

与我国古代的丝绸之路也曾使西域出现众多新城一样,新亚欧大陆桥的发展将使得其主轴线上的城市获得更为便利的条件,它的桥梁作用连接各城市、区域以及国家,并为经济贸易发展提供通畅便利的渠道,以沿桥地区经济发展为核心,构建经济发展中心,辐射经济欠发达地区的较大范围的区域经济,形成有序的区域经济网络。

新亚欧大陆桥将推动沿线国家之间的经济贸易交往更加深入,20多年来,在陆桥运输的带动下,沿线各国家和地区本着信任彼此、共同发展、沟通合作的理念和原则,积极开展多层次、多范围、多领域的交流合作,共同面对制约经济贸易与运输发展的不利因素,探索完善陆桥运输的途径,有力地带动了各国及地区资源开发和经济贸易发展,为中国内陆与中亚、欧洲的交往合作,为日本、韩国、东南亚与欧洲、中南亚国家的贸易开展开辟了畅通的桥梁。

第三节 我国陆桥运输发展的SWOT分析

我国陆桥运输有得天独厚的条件,新欧亚大陆桥起点在我国连云港,向西经过中、西部多个城市,沿着陇海、兰新铁路在新疆阿拉山口与哈萨克斯坦的德鲁日巴站接轨,新欧亚大陆桥的路线与我国古代的丝绸之路极其相似,因此有着新丝绸之路的称号,是中欧、中国与中亚、西亚国家贸易的主通道,在全球物流贯通的情况下,大力发展中国的陆桥运输,联接太平洋、大西洋的海洋运输,开发国际贸易运输的新途径是有着深远意义的。新欧亚大陆桥是目前世界上最长的一条大陆桥运输路线,经过欧亚30多个国家和地区,全长约10800千米。[①]

新欧亚大陆桥具体可分为三条运输线。

北线:通过哈萨克斯坦的阿克套与西伯利亚大铁路接轨,北线沿途经过俄罗斯、白俄罗斯、波兰直接通往欧洲各个国家。

中线:通过哈萨克斯坦连接俄罗斯、乌克兰等国家,通过铁路运输至欧洲的斯洛伐克、匈牙利、奥地利、瑞士、德国、法国,最终可以到达英吉利海峡港口转海运,或者从哈萨克斯坦阿克套南下,沿吉尔吉斯斯坦边境经乌兹别克斯坦及土库曼斯坦西行至阿塞拜疆,再经格鲁吉亚第比利斯一线进入罗马尼亚、匈牙利通往中欧诸国。

南线:通过土库曼斯坦向南进入伊朗境内,然后再经由铁路运输向西进入德黑兰,新欧亚大陆桥的贯通进一步加强了环太平洋经济圈各国与欧共体、中东、东欧、独联体和西亚诸国的国际贸易合作。

目前,在新欧亚大陆桥的运输范围内,有共有的区域经济集团约9个,包括欧共体、独联体经济联盟、东南亚国家联盟、比荷卢经济联盟、经济合作组织、维谢格拉德集团、南亚区域合作联盟等。给沿桥各国贸易发展、区域经济结构调整和工业的重新布局都带来良好的发展机遇。

国内著名的经济学家、地理学家对新欧亚大陆桥的建设和经济效益都非常关注,中国著名地理学家罗开富认为:"国际社会关注现代丝绸之路建设,中国政府高度重视新亚欧大陆桥的发展,使得新亚欧大陆桥运输基础设施日趋完善,新亚欧大陆桥国内段东西桥头堡加快发展,建设新亚欧大陆桥沿桥国内段国际走廊的步伐加快,有力地促进了中国西部和中亚市

[①] 李敏. "一带一路"下的国际多式联运SWOT分析[M]. 现代教育出版社,2016.

场的发育和繁荣。"

武汉理工大学管理学院郭凤霞认为:"随着现代科学技术的迅猛发展和世界经济一体化进程的加快,大陆桥因运距短、速度快、时间省、质量高等优势,运输前景广阔,越来越多的商贸和物流企业选择亚欧大陆桥运输来代替传统的海运。"

新欧亚大陆桥对我国国际贸易发展是有深远意义的,综合新欧亚大陆桥目前的一些内外部环境及优劣势,对新欧亚大陆桥发展进行SWOT分析。

一、优势

(一)缩短运输距离,减少运输时间,促进贸易发展

使用新欧亚大陆桥进行国际货物运输能够缩短运输距离,减少货物在途时间,新欧亚大陆桥联接两边的海洋运输,总线的运输距离,远远小于单纯使用海洋运输的距离。而且对于我国新欧亚大陆桥很长的一段在国境内,内陆运输的运途时间更加短,运输更加灵活。

新亚欧大陆桥作为亚欧第二大陆桥,运输里程上优越于西伯利亚大陆桥,根据统计标明,新亚欧大陆桥运输里程为10870千米,相比于西伯利亚大陆桥的11880千米,从远东到欧洲缩短近900千米,而从远东到中亚近2700千米。我国运输货物经过新疆阿拉山口口岸至中亚各国及欧洲地区,运输里程比经西伯利亚大陆桥通道可缩短2000多千米路程,相比于海上运输通过马六甲海峡从印度洋到欧洲,整个运输里程缩短了近万千米,距离近,铁路运输速度快,货物在途时间少。

假如从日本、韩国运输货物到西欧,如果用新亚欧大陆桥运输,全程为12000千米,还可以通过好望角进行海上运输,运距增加15000千米,如经苏伊士运河进行海上运输,运距增加8000千米,经巴拿马运河进行海上运输,运距增加11000千米,经北美大陆桥运输,运距增加9100千米。韩国、日本、中国到中亚国家的货物使用新亚欧大陆桥比西伯利亚陆桥近约3000多千米,到欧洲的货物走新亚欧大陆桥比海运缩短距离上万千米。

从日本、韩国主要港口城市运输货物达到中亚的5个国家:哈萨克、塔吉克、乌兹别克、土库曼、吉尔吉斯以及达到西亚的伊朗、阿富汗,三条线路:西伯利亚大陆桥、新亚欧大陆桥、海洋运输距离差别很大,以到达伊朗的德黑兰计算,使用西伯利亚大陆桥,陆路运输运距大概是13322千米,使用新亚欧大陆桥,陆路运输运距只有9977千米,两者相差3345千米,到达中亚的阿雷西,使用西伯利亚大陆桥,陆路运输运距是8600千米,使用新亚欧大陆桥,陆路运输运距是5862千米,相差2774千米。

(二)陆桥运输受自然因素影响少

海洋运输受气候影响相对比较严重,海上风浪、暴雨、冰冻等都会对运输造成相当大的影响,尤其是北半球在冬季的时候因为天气的原因会进行封海,海洋运输极为不便。而国际铁路联运就不需要考虑这一问题,一般的雨雪、气候冷暖的变化不会给铁路运输带来影响,

相对北方海上不能运输的冰冻期,国际铁路联运整体运输期就会比海上运输长达4到5个月,这是国际铁路联运的优势。

我国新亚欧大陆桥沿桥地区气候良好,全线无高寒地带,港口没有冰冻期,自然条件好,沿线港口的货物吞吐量大,大陆桥起始点连云港口位置在中国东部沿海中间,位置适中,自然条件好,气候温和,一年四季几乎没有恶劣天气影响货物运输作业。而亚欧大陆桥的桥头堡纳霍德卡港靠近北极,为季节性的港口,冬季寒冷风大,气候恶劣,装卸作业及运输困难。

(三)沿桥自然资源丰富,适合发展国际贸易

新亚欧大陆桥沿桥经济区域覆盖面积广大,距离长,在我国境内约4131千米,国内段从连云港开始向西途经江苏省的徐州、淮安、盐城、宿迁等市,安徽省的阜阳、淮北,河南省的商丘、开封、郑州、洛阳、许昌、焦作、三门峡等,向西一直经过陕西、甘肃、新疆出国境,共经过六个省区,沿桥周边辐射山东、山西、湖北、四川、青海、宁夏和内蒙古等省区,辐射区域近360万平方千米,约占国土总面积的37%,沿桥区域内人口高约4亿,约占全国总人口比例的30%。国外部分可以延伸到日本、韩国、东南亚各国以及澳大利亚、新西兰等国家,包括我国的台湾、港澳地区,均可利用此条路线进行国际贸易,开展集装箱多式联运。

新欧亚大陆桥沿桥区域的自然资源丰富,适合国际贸易的开展。仅就矿产资源来说,有开采价值的高达100多种,种类繁多,其中镍、铝、氯化纳、稀土、煤、石油等40多种的资源储量均占全国第一位。煤炭存储总量占全国总存储量的60%,石油的总存储占全国总量的40%。在农业资源方面,东部沿海城市盛产有海产品,江苏、山东、安徽、陕西、河南各省市是粮食和棉花的主要生产地。中国新亚欧大陆桥沿桥城市很多在古代就是"丝绸之路"上的重镇,例如连云港、徐州、商丘、开封、郑州、洛阳、三门峡、西安、咸阳、宝鸡、天水、兰州、金昌、嘉峪关、乌鲁木齐等,有着繁荣的经济,自古以来与欧洲各国家之间有着良好的经济贸易及文化交流。

在亚欧国家的经济贸易合作中,新欧亚大陆桥一直发挥着举足轻重的作用。新亚欧大陆桥的东端有日韩、美国等国家,西端有欧洲等国家,基本上都是发达国家,分属于太平洋经济区域和大西洋经济中心,经济发达但国家区域面积狭小,有些国家自然资源不丰沛,而沿桥地区辽阔狭长的中间部分大多数是欠发达国家地区,自然环境较差,但区域空间容量大,能源矿产丰富,有巨大经济发展潜力,农牧业发达,是世界上重要的农牧业生产基地,出产的粮食、棉花、油类及畜牧业的马、牛、羊等产品在世界上占有重要地位。

沿桥区域的矿产资源及其丰富,各类矿产资源例如金、银、铜、镍、钛、锑、汞、钾、钒、钨、锰、铁、铂、铝、铅、锌、钠、钼、铬、镁、铀、磷、硼等均享誉世界。能源储备极为丰富,该区域的煤炭存储量在2万亿吨以上,石油存储量大约有1500亿吨,天然气存储量非常丰富,高达7500亿立方英尺,被称为世界"能源之乡"。新欧亚大陆桥各个国家之间通过区域合作,在经济上相互依存、产业之间优势互补,有着非常美好的互惠互利的合作前景。

(四)运输的外部风险小

除了自然因素以外,国际贸易中货物运输还受到外部风险的威胁和影响,比如国际海洋运输中比较严重的海盗问题,铁路运输途中很少有类似的情形出现,更不用提防海盗,在海洋运输中,北纬10度线是重要的海洋运输通道,被称为"黄金航道",但是这一航海领域又是世界海盗聚集的地区,极为恐怖。其中亚洲的马六甲海峡、北非的索马里海域和几内亚湾的尼日利亚海域最为出名。据统计显示,2007年一年马六甲海峡发生21起海盗事件,索马里31起,尼日利亚42起,2008年索马里海域发生87起海盗事件。这些风险在铁路运输中是不存在的。

(五)国内物流业发展迅速

我国的物流业发展势头良好,涨幅较大,连续几年的涨幅都在20%以上,物流业的发展速度有望推动物流的跨越式发展。物流业发展需要运输的支持,我国国土辽阔,陆路面积大,三面毗邻国境,铁路运输尤为重要,新亚欧大陆桥从连云港出发横贯我国东西部,一直到甘肃、新疆出运至国外,是我国发展国际运输的大动脉,物流业的发展需要它的带动,反过来物流的发展也会促进它的运输能力,使得新亚欧大陆桥能得到良性的发展。

(六)西部大开发战略的支持

2000年开始我国启动西部大开发战略规划,在此推动下建设了许多物流运输基础设施,包括铁路和公路的工程建设,这些建设主要是围绕陇海线进行,有的通过陇海线与其他沿线地区联系在一起,起到了陇海线辅线的作用,这些建设为新亚欧大陆桥提供更多的经济贸易和国际货物运输机遇。新亚欧大陆桥的建设,西部城市的经济发展,国际运输货源增加,可以不经过东部沿海港口提供,直接是西部地区的货物,通过国际贸易,使用集装箱运输运往欧洲。

二、劣势

(一)运输费用相对高

相比较海洋运输,国际铁路运输的成本要略高,计算一个20GP的集装箱从大连港运送到鹿特丹港,单纯使用海洋运输费用平均为1020元,而使用铁路运输费用为7412.8元。一个40GP的集装箱从大连运送到鹿特丹港,海运费用平均约1930元,而铁路运输费用为14492.2元。

(二)铁路运输基础建设前期投资大

铁路运输基础投资在各类运输方式中是最大的,铁路列车不能随地行走,需要铺设专门铁轨,尤其是新欧亚大陆桥涉及的国家多,各国之间对于铁路铁轨的轨间距要求也不同,例如俄罗斯、哈萨克斯坦、芬兰使用的是1.520米或1.524米的宽距铁轨,中国、瑞典、挪威使用的是1.435米的标准铁轨。轨间距不同增加了货物在途作业的工作,不同铁轨需要转运、换车或者重新装箱,运输复杂性增加。目前,针对这一问题,北欧提出了一种新的建设思路,即建设一条宽距铁轨作为专用通道,例如从挪威纳尔维克到芬兰边境,来解决这一铁路运输对接的问题。

新欧亚大陆桥建设不是一个国家能够承担的,虽然欧盟相关国优先国家基础设施计划,但在重重债务危机的情况下能否有足够的资金投入仍然是个难点。

(三)国家之间分工协调存在困难

新欧亚大陆桥沿线30多个国家和地区,途径哈萨克斯坦,再经俄罗斯、白俄罗斯、波兰、德国、荷兰6个国家。范围辐射亚美尼亚、阿塞拜疆、白俄罗斯、摩尔多瓦、哈萨克斯坦、吉尔吉斯斯坦、塔吉克斯坦、伊朗、罗马尼亚、匈牙利、捷克、斯洛伐克、波兰、德国、奥地利、比利时、法国、瑞士、意大利、英国等27个国家。经过的国家越多,需要协调的政策也越复杂,各国在国际铁路运输及通关政策方面有着很大的不同,而且欧洲与中东亚的部分国家民族信仰、宗教信仰影响深,货物的种类和包装方面会不可避免存在着冲突。

(四)铁路运输在陆上运输污染比较大

铁路运输的污染包括机械设备的污染、噪声的污染、有毒有害气体排放的污染等。其污染的广度和深度视不同类型和与被污染对象的距离远近而异。

负担运输设备的制造工厂,生产站、段和维修、整备的车间排放的废水、废气、废渣对周围环境的污染影响也很大。还有运载工作人员和货物对环境的污染,运送工作人员的列车在运行中排放的生活污水和垃圾粪便、运输各类物资储运和装卸过程中造成的污染、释放出的有毒有害气体和飘散粉尘对环境的污染等。

(五)换轨问题

新亚欧大陆桥从中国境内通往是从阿拉山口口岸出境这一条路线,由于中国和哈萨克斯坦的铁路轨距不同,经常产生因为阿拉山口到哈萨克斯坦的多斯托克的换装问题造成运输堵塞,换装不仅仅是运输时间增加,还有集装箱的货运代理人增加,复杂性使得运输失去了优势。

因为换轨问题,大陆桥运输时间远远长于所预想中的时间。其中,全程运输时间中约有30%是货物滞留时间,是非有效运输时间,这里除了办理通关手续外,换装能力不足是严重的影响因素。

新亚欧大陆桥目前通过的7个国家使用两种铁路轨距:独联体国家仍使用1520毫米宽轨铁路占陆桥全长的48.8%,欧洲和中国所使用的国际标准1435毫米铁轨占37.6%。不同的铁轨轨距,也有不同的技术标准,沿桥运输在边境需要换轨,给连接T作造成了困难,造成了货物运输全程速度减慢,货物费用增加,运输低价优势不能凸显,运输复杂性增加,货物在口岸滞留时间过长。

(六)运输速度慢

新亚欧大陆桥运输里程虽然短于海洋运输及其他陆桥运输方式,但是货物因为换装等原因,造成沿桥装卸次数较多,货物的日运行距离较短,货物在港停留时间过长,造成了长途运输时间成本过高,一定程度上抵消了运输距离缩短带来的时间节约。在新亚欧大陆桥运输全程中,短途运输相对较多。

(七)铁路运力紧张

国际贸易的繁荣导致货运量不断增加,也带来了很多问题。首先新亚欧大陆桥通道上双方向货源一直严重不平衡,集装箱使用不均衡导致空箱回运问题严重,空箱回运增加了运输成本,也挤占了运输资源,降低了该通道的竞争力。

其次,随着中国及周边国家经济的快速增长,一些边境口岸站接运能力不足严重制约了运量的进一步发展。另外,新亚欧大陆桥一些口岸的实际通货量远大于理论预测的通货量,此差异直接延长了压车时间。铁路运力紧张造成的货物滞留大大影响了新亚欧大陆桥过往货物的速度。

三、机会

(一)"一带一路",线串点,点带面,推进整体联动发展

新欧亚大陆桥串联30多个国家和地区,在经济效益上潜力巨大,国际运输道路畅通能够极大带动国际贸易的发展,促进沿线各国经济互补,加快商品交流,推动各国国际贸易的合作发展。

在新亚欧大陆桥国内段,从东向西跨越中国东部、中部和西部三大经济带,各经济带上城市之间经济贸易水平存在很大差距,在国家"一带一路"整体战略推进的同时,要实施"以线串点、以点带面"的发展战略。

具体来说就是要进一步促进沿桥重要省会城市及交通枢纽地区,如西安、郑州、兰州、乌鲁木齐、徐州、连云港等的开发,将交通优势和地位区域优势转化为经济优势,加快培育沿桥地区更多的经济增长点,支撑和带动整个区域经济的全面发展。其中各经济带有不同的区域特色,像黄淮海经济区、中原经济区、关中经济区、黄河干流经济区、天山北坡经济区等。整个新亚欧大陆桥经济带要形成联动发展的格局取得综合开发的整体经济效益。

(二)建设"一带一路"核心区,带动欧亚国际贸易发展

在中国国际贸易中,欧盟是重要的贸易伙伴,截至2010年7月欧盟已取代美国成为中国第一大国际贸易伙伴。欧盟与中国的贸易额上升至3060亿美元(20578亿元人民币),而同期的美中贸易额为2430亿美元(16342亿元人民币)。新欧亚大陆桥运输的发展将进一步推进中国与欧盟各国的贸易往来。

建设"一带一路"核心区,推动国际贸易的良性发展。选择和建立核心区要考虑几个方

面的因素。

1. 地理位置便利性。核心区的地理位置要设在"一带一路"沿线重要的战略通道和开放门户上,并且能够与其他国家做到互联互通,周围需是自然资源丰富、具备优势互补条件的地区。

"一带一路"上最佳核心区一是新疆,一是福建。新亚欧大陆桥从新疆的阿拉山口通往中亚、俄罗斯直至欧洲,通往西亚的通道还可以链接非洲的陆路运输通道。新疆地域辽阔,边界与中亚国家直接接壤,很多产品、领域和部门都与中亚国家有着密切联系,是"一带一路"较佳的核心区。福建是东南沿海航运及海上交流的重要通道,海运可以链接美国、澳大利亚、新加坡等各国,长三角沿海快线的开通,海运至福建的货物通过沿海快线一样可以链接新亚欧大陆桥,贯通亚太与欧洲经济圈。

2. 自然资源及海外交流条件。"一带一路"核心区的建设与当地的自然资源条件密切相关。地理区位交通条件是一方面,与新疆和福建有相同地理条件的省区还有东北三省、西藏、内蒙古、云南、浙江、江苏、广东、广西、山东等,均有着核心区所需要的地理条件,但是却落选了,原因在自然资源条件不合适,没有足够的海外资源和国际影响力,例如广西、云南,或者地处偏僻、交通条件落后,例如西藏、内蒙古。

与此不同的是,新疆和福建历来都是与国外沟通联系的重要通道,新疆在语言、宗教和经济交流方面,与中亚各国一直有着长远深厚的合作。福建被称为"侨乡",与东南亚国家交往密切,海外华侨遍布世界各地,这些都是建立核心区的重要条件。

3. 经济发展水平。经济发展水平高低都会影响核心区的选择,部分经济贸易水平较高的地区,例如广东、上海、浙江、江苏、山东等沿海省市,有些城市的经济贸易水平已经接近发达国家,并不适合设立核心区,因为他们的经济水平与"一带一路"沿线国家在发展上已经有很大的差距,发展水平和步伐不一致,在很多问题上很难达成共同意见,缺乏共同合作的平台。

而在经济贸易水平较低的省份及城市,如西藏、青海、甘肃等地,则不具备对外交流的经济条件。新疆和福建有一定的经济发展水平,还未达到广东、浙江、上海那样的发达程度,与中亚、东南亚等国家之间的差距不大,联系密切,有着较大的合作空间,而且在居民的语言和宗教沟通方面也存在优势,因而是"一带一路"的最佳核心区所选。

(三)发挥比较优势,优化产业分工

长期以来我国国际贸易中出口产品的比较优势主要集中在劳动密集型产品上,最典型的是纺织品,国际贸易的比较劣势集中在资本密集型和资源密集型产品上。根据大卫李嘉图的比较优势理论,欧盟在机械和运输、化工和钢铁等资本密集型的产品的比较优势非常明显,我国应该向欧盟大量出口劳动密集型产品,而从欧盟大量进口资本密集型产品。

一国的比较优势也不是一成不变的,随着我国高科技行业的发展,近年来我国的资本密

集型的产品像机械和运输设备等的比较优势也不断增强,我国与欧盟贸易结构逐渐发生变化,正从出口劳动密集型产品为主渐渐转向出口资本密集型产品为主,对外贸易结构得到优化。

进行全球化的经济发展,意味着国家之间的经济互补性越来越大,相互依存度增加,一国的经济利益取决于国际贸易的发展状况。亚太经济与欧盟经济是国际贸易发达的地区,新亚欧大陆桥紧密链接两大经济圈的亚欧等国家,同时也为远东国家、东南亚地区与东西欧、中西亚等国的贸易开辟了一条通畅的国际性大通道。

新亚欧大陆桥沿桥的亚欧地区,是国家贸易的两大重要经济实体,双方之间经济利益的互补性较强。一方面,新亚欧大陆桥连接的东西两端,基本上发达国家占大部分比例,东部的日韩、美国和西部的欧洲是世界两大经济中心,但其空间容量小,资源缺。

对于这些发达国家来说,新亚欧大陆桥的中间区域,尽管经济不发达,但是发展潜力大,极具开拓价值,同时该区域拥有丰富的人力资源。另一方面,亚太地区的深入发展需要利用欧盟较强的经济和科技实力以及其资金和技术,吸收欧盟在经济和社会发展、能源开发、环境保护等方面的丰富经验。因此,新亚欧大陆桥的中间区域是欧洲、美国等国家进行全球化经济深化发展的绝佳之地。

(四)大力发展外向型经济,提高国际竞争力

大陆桥沿线地区发展对外经济贸易要充分发挥比较优势的作用,与沿桥国家扬长避短、协同合作,积极利用国内外市场,利用国内外丰富的自然、资金、人力等资源,广泛地参与国际分工,进行全球经济合作,逐渐建成一批有区域经济特色的、国际竞争力较强的产品,形成我国较强经济实力的区域。

具体的做法可以灵活多样,例如我们可以与经济发达国家和地区进行合作,引进其丰富的资金、先进的技术和管理经验,在沿桥中间地带利用充足的自然矿产能源等,兴办出口加工区、边境合作区等,主要以资源开发和加工制造为主导,可以通过合资的形式吸引国外跨国公司从事产品的生产加工等业务,开拓中西亚、欧洲等国家的贸易市场。

沿桥两端的口岸城市可以通过转口贸易、出口加工和保税仓储等形式,不断完善口岸的服务功能。沿桥地区中西段自然资源丰富,一直是工业生产的原材料上游链,可以此为重点和突破口,利用区域协作的力量,结合大城市的高科技技术优势,逐步发展深加工和精加工的下游产品,形成科技工业园区,园区内主要以能源、矿产品加工为主,而在内陆的铁路交通枢纽城市如兰州、郑州、西安、乌鲁木齐等进行铁路集装箱口岸试点,保障国际贸易中货物运输的通畅无阻。

沿桥地区的开放,中国与中西亚、欧洲等国家有更多的机会互相合作、吸收外资和先进管理经验,发展经贸,新亚欧大陆桥中间地带的国家经济欠发达,交通不便,自然环境较差,而矿产能源种类多,存量大,又是世界上最重要的农牧业生产基地,劳动力资源丰富,市场广

阔,符合与我国经济互补的条件,双方合作前景良好。

从沿桥的各个国家角度来看,新亚欧大陆桥的使用能够贯通彼此之间的交通网,也能大大促进国与国之间的商贸和经济往来,推动进出口贸易,是共同的发展契机。

四、威胁

(一)宏观政策因素的制约

新亚欧大陆桥的良好的经济效益和经济辐射作用亟待宏观政策激活。中国国际货运代理协会顾问罗开富说:"新亚欧大陆桥目前的主要问题是物流不畅,而物流不畅主要原因在于目前没有一个符合国际惯例的政策来激励和规范。"沿线的各个国家只有在宏观政策层面上实行统一开放的政策,消除行政壁垒对贸易的影响开放市场,使得资本、信息、技术、人才等能够在各区域内自由流动,才能减轻新亚欧大陆桥货物运输的瓶颈制约,最大程度地发挥其作用。

(二)运输量受到限制,无法完成超级大量的货物运输

相比海洋运输方式,陆桥运输的量较小,单次运输海上运输的量约为铁路运输量的20到25倍。因此,在面对大量货物的运输的时候,一般选择的是海运。

而且海洋运输也在不断发展,大型集装箱运输船舶吨位逐年上升,超巴拿马型运输船只在海洋运输中处处可见,在过去大西洋直通航线的大型集装箱运输船的运载能力最大仅仅是4800TEU,而目前已经出现了超过1万TEU的巨无霸集装箱船舶。从理论上讲,集装箱船的吨位越高,箱位数越多,规模经济效益也越大,因为平均单箱分摊到的燃油成本、运河吨税费用都将降低。因此一段时间里海洋运输仍然处于国际货物运输中不可动摇的龙头地位。

(三)西伯利亚大陆桥的竞争威胁

理论上与西伯利亚大陆桥相比,新亚欧大陆桥是比较理想的亚欧之间的货物运输通道,西伯利亚大陆桥存在着不少问题,如港口吞吐和装卸能力不足,铁路集装箱车辆不足,运量东西向严重不平衡以及运力易受冬季严寒气候大影响等问题。

而与其相反,新亚欧大陆桥具有天然的比较优势,但实际上,新亚欧大陆桥自1990年开通20多年以来,并没有发挥完全应有的优势,多以中国和日韩到中亚五国的进出口短途运输为主,没有扩展到西欧、北欧等欧洲大贸易中心。根据有关部门贸易统计数据,远东及中国东南沿海城市运往欧洲的大部分货物仍然在西伯利亚大陆桥运输线上,其中韩国比例为92%,日本比例为70%,中国东南沿海地区的各省市比例为50%。中国到欧洲的货物几乎绝大部分仍然通过马六甲海峡、苏伊士运河等使用海洋运输运到欧洲目的港口。

(四)各国政治和经济等复杂因素的影响

1. 政治因素、民族主义影响。一些路段经过经济和技术较为落后的亚洲国家,有一些不安定的政治因素,极端的民族主义、宗教势力和国际恐怖主义对中亚各国造成了现实威胁,沿桥地区经常发生政治骚乱、战争、各种建设工程经常停顿。

2. 沿线国家国际运输法规和惯例不统一。通关手续按不同的法规和程序办理,增大了沿桥畅通难度。采用和遵守统一的国际惯例和法规,是新亚欧大陆桥的行通和亚欧经济一体化对亚欧陆桥国际运输的共同要求,只有把具有不同经济政策、不同的商贸和运输规章以及在运输和贸易政策目标不总是一致的多个国家组织起来,签订多边协议,新亚欧大陆桥才能畅通。

根据以上的SWOT分析结果,可以看出运输距离短,在途时间少,是新欧亚大陆桥最大的优势。在高速发展的经济时代,效率是最为重要的,恰恰是这一点,成为了新欧亚大陆桥建立的基础。

快速的大陆桥运输,使得欧亚贸易的运输方式更加多样化,与海上运输形成互补,使得货物周转更加有效率,资本的灵活度上升,贸易周期更短。另外,新欧亚大陆桥为铁路运输,季节性因素对其影响较少。新欧亚大陆桥沿线经过俄罗斯等6个国家,覆盖区域达到30多个国家和地区,各地区矿产含量各不相同,种类丰富,有易于沿线各国的矿产贸易。同时,可以加快扩大中国对欧贸易市场的占有,降低能源、矿产垄断对中国经济造成的无形压力。

而运输费用较高,是新欧亚大陆桥较大的劣势。相同的货物运输,在不考虑运输时间的情况下,大陆桥的运费要远远高于海上运输。如何降低铁路运输的费用,将是欧亚大陆桥面临的最为严重的一个问题。另外,沿线各国的政策有所不同,这需要各国之间进行积极沟通,共同推进欧亚大陆桥的建设。

新欧亚大陆桥所带来的机遇,是空前巨大的。整个欧亚大陆桥以带状出现在欧亚大陆上,交通便利有助于实现商品在国际之间的流通,也可以增加资金、信息、人力等资源的合作,更可以降低成本。促进沿线各国经济互补,加快商品交流,推动沿线各国政治经济文化等方面的合作。同时更有利于增加中国对欧的贸易总量,中国与欧洲各国在欧亚大陆桥的两端,在贸易方面更加具有优势。

新欧亚大陆桥的铁路运输线路有很好的发展前景,有着广阔的机遇,在发展过程中只要能转化劣势,化解挑战,一定能够对海上集装箱运输造成强有力的冲击,对亚欧的经济贸易互补,产生巨大的积极作用。

五、陆桥运输的SWOT分析

(一)SO战略(优势—机会战略组合)

SO战略最理想的战略模式,在陆桥联运中当陆桥运输发展到一定的成熟阶段,在沿桥各区货物运输中占据优势地位,而外部环境又能够为这些优势提供机会、促进其发展的时候,可以采取该战略。在我国陆桥联运发展中,发挥内部优势就是要利用沿桥各区地理位置的便利性,发展国际贸易,通过各区域之间在自然资源、技术、信息等的比较优势分工,在中西部大开发战略的支持下,大力发展铁路运输与其他运输方式的联合,缩短运输距离,提高运输效率,推进"一带一路"核心区的发展。

(二)WO战略(劣势—机会战略组合)

WO战略是劣势—机会战略,要充分利用外部环境的有利条件转化自身的劣势,通过改变劣势获得发展机会。陆桥联运的劣势主要是铁路集装箱运输的基础设施配置落后,沿桥各个国家的铁轨型号不一,存在换轨问题,影响了陆桥运输的深度发展。要借助外部环境的优势,在国家"一带一路"政策的推动下,加强国家之间的对话合作,发挥沿桥国家自然资源的优势,大力发展对外贸易,促进陆桥运输的发展。

(三)ST战略(优势—威胁战略组合)

ST战略是优势—威胁组合。陆桥运输优势突出,比较海洋运输、西伯利亚大陆桥等在运输距离上明显缩短,速度能够带来市场机遇,速度影响物流进而对国际贸易成败也是关键因素。陆桥运输外部威胁主要是铁路集装箱运输发展滞后,铁路基础设施阻碍了物流的进一步发展。因此在发展陆桥联运时要尽量避开这一不利因素,运用优势弥补不利之处,通过加强国家间合作,减少通关放行带来的不便,在沿桥地区寻找贸易发展机会规避外部威胁。

表4-?

	优势—Strength	劣势—Weak
SWOT分析	1.缩短运输距离,减少运输时间,促进贸易发展。 2.受自然因素影响少。 3.沿桥自然资源丰富、适合发展国际贸易。 4.运输的外部风险小。 5.国内物流业发展迅速。 6.西部大开发战略的支持。	1.运输费用相对高。 2.铁路运输基础建设前期投资大。 3.国家之间分工协调存在困难。 4.铁路运输在陆上运输污染比较大。 5.换轨问题。 6.运输速度慢。 7.铁路运力紧张。
机会—Opportunity	SO战略(发挥优势,抢占先机)	WO战略(利用机会,克服劣势)
1.一带一路,线串点,点带面,推进整体联运发展。 2."一带一路"核心区,带动欧亚国际贸易发展。 (1)地理位置便利性。 (2)自然资源及海外交流条件。 (3)经济发展水平。 3.发挥比较优势,优化产业分工。 4.大力发展外向型经济,提高国际竞争力。	1.利用地理位置便利性,发展沿桥国际贸易。 2.西部大开发战略支持,发挥比较优势,优化产业分工。 3.缩短运输距离,提高运输效率,推进"一带一路"核心区发展。	1."一带一路"政策推动物流基础设施建设。 2.沿桥国家加强合作,解决换轨问题。 3.利用充沛的自然资源优势,发展对外贸易。
威胁—Threaten	ST战略(发挥优势,转化威胁)	WT战略(减少劣势,避免威胁)

1.宏观政策因素的制约。2.运输量受到限制,无法完成超级大量的货物运输。3.西伯利亚大陆桥的竞争威胁。4.各国政治和经济复杂因素的影响。(1)政治因素、民族主义影响。(2)沿线国家国际运输法规和惯例不统一。	1.加快铁路基础建设,便利陆桥运输。2.提高运输速度,带动整体物流发展。3.本部大开发战略支持,加强沿桥国家间协作。	1.加强各国间合作,避开民族政治宗教等阻碍。2.提高铁路运输效率。

(四)WT战略(劣势—威胁战略组合)

WT战略是劣势—威胁组合,该种战略属于防御性战略。我国的陆桥联运主要劣势是铁路集装箱的硬件设施匮乏,落后于公路运输、海洋运输等,陆桥运输途径的各个国家民族、宗教、政治存在很大差别,在对外贸易和运输中容易产生分歧。在发展陆桥运输的时候要充分认识到目前存在的不足,避开外部环境所带来的不利因素。

第四节 新亚大陆桥运输发展

一、新亚欧大陆桥运输发展的对策

根据上述新亚欧大陆桥的SWOT分析,探索加快发展新亚欧大陆桥的建议,主要有以下几个方面。

(一)加快发展陆桥出口口岸的物流业

新亚欧大陆桥连接国外的出口口岸有阿拉山口、二连浩特、满洲里等,加快发展口岸的物流业,建立综合性物流园区,为国际货物通关、堆存、换轨等奠定良好的平台。

新亚欧大陆桥东起连云港西至荷兰鹿特丹,全线给我国中西部发展带来了前所未有的机遇,是我国中西部大开发战略的执行地,沿桥货物都可以参与国际贸易,为了实现贸易运输中的"门到门"理想状态,外贸进口的集装箱常常要在口岸进行重新拆装组合,这样陆桥口岸几个城市的物流业发展,建设集装箱中转站、配套现代化的换装设备、货运设施等就显得非常重要,有时出口的国家铁轨型号不一,还要进行换箱、换轨,物流业发达,能够为出口做好充分准备,缩短运输时间耗费,提高运输效率,增强新亚欧大陆桥运输的竞争力。

(二)降低集装箱空箱调运带来的成本浪费

长期以来新亚欧大陆桥运输线上集装箱空箱返程率居高不下,主要是大陆桥两端的贸易不平衡造成的原因,欧洲、中西亚国家和其他环太平洋国家对我国的出口规模、货物种类受多方因素影响差别很大,除去其他原因,降低运输成本对于增加陆桥运输量的效果还是很明显的,可以通过一些运杂费的优惠政策来带动陆桥运输发展,降低集装箱空箱调运带来的资源浪费。

(三)完善港口的物流功能,提高运输效率

新亚欧大陆桥一端是陆地,一端是海洋,港口的功能建设对整体运输能力的提高也很关键,连云港港口是新亚欧大陆桥起点,港口物流功能发展对于陆桥运输有很重要的影响,要采取措施将港口的集装箱运输能力建设好,完善港口布局,促使港口发展模式的创新和改革,转变港口生产方式,优先发展集装箱运输,增加大宗货物的运输体系,降低运输消耗,降低运输费用,注重环保,建设绿色清洁港口,发挥保税物流园区的作用,推动运输发展。发展基础设施建设离不开资金支持,多增加金融融资渠道,加强港口与金融部门之间的合作,增加对港口的建设投资,另外进行现代化管理转型。

对于大陆桥运输沿桥地带,规划发展内陆"无水港",在内陆中心城市和交通枢纽城市如兰州、郑州等地进行建设,无水港是内陆集装箱中转的重要场地,能够起到与沿海港口相同的作用,除了集装箱的运输业务外,还可以推动物流产业内部的联动发展,成为内陆自然资源诸如煤炭、石油、有色金属等产品的配送中转基地。

(四)建立大通关机制,简化沿桥海关手续

新亚欧大陆桥作为运输通道以前受到沿线上"关卡林立,堵塞重重"的制约,有些国家故意设立关卡,办理手续收取费用,手续繁多、费用高昂。要畅通运输就必须解决这一问题,建议各国之间加强沟通合作,可以组建协同发展、处理争议事务的一些国际性组织,如国际商贸组织、物流集团等,共同研究制定能够保证新亚欧大陆桥货物运输安全、畅通、便利的政策、措施,提高新亚欧大陆桥运输在欧亚大陆运输上的竞争力,制定有关货物运输的物流政策,为新亚欧大陆桥沿桥贸易合作的国家之间提供可以相互沟通、协商的国际组织,搭建运输服务的平台,监督督促良性政策的执行,协助解决运输中出现的问题。

这一方面可以借鉴西伯利亚大陆桥的经验,为更好地协调运输中的通关等问题,西伯利亚大陆桥在运行过程中成立了"国际运输协调委员会"机制,专门用于协调沿桥各国家贸易货物通关的问题。目前中国政府已经建立了"新亚欧大陆桥协调机制",并运行良好,建议在国际合作及对话中,将该协调机制仿照西伯利亚大陆桥扩展到国际范围内,由沿桥国家共同参加,形成政府之间高层次的协商会议,定期解决在新亚欧大陆桥运输期间出现的种种问题,从政府层面上保障各国货物通关畅通无阻。

(五)加强基础设施建设,改善铁路运力

新亚欧大陆桥铁路运输段存在着不少问题,例如铁轨不同、集装箱标准不一、运输单据多样等,需要一个统一的标准来为运输通畅扫清道路,中国可以与沿桥其他国家通过国际组织、政府间对话、协商等进行密切合作,从长期共同发展的目标出发,制定铁路运输的发展规划,改善新亚欧大陆桥铁路运输的劣势,增加铁路基础设施建设,加大资金投入、改造传统铁路干线、铺设铁路复线,或者规划建设国际高铁网等,为新亚欧大陆桥运输打下良好的基础。

建议全线采用统一的标准轨道,减少集装箱货物在中国、哈萨克斯坦、俄罗斯、欧盟等国运输的换轨,同时辅助使用口岸的公路资源进行近距离的运输,双管齐下,以提高口岸运输效率,减少货物在口岸停留的时间,保证货物及时、完整到达目的地。

(六)积极协调运价机制,降低物流成本

新亚欧大陆桥运输具有一定的复杂性,沿桥的运输环节多,经过的国家地区多,而且各国适用的国际规则、运价制定的规范都有差别,因此在运输价格上出现参差不齐、很难统一的情况,在以前的运输中,甚至要分段核算运费,发生运输索赔事故时也需要依据不同路段的规则法律来调整,导致运输成本的构成比较复杂,不利于运输的通畅。为解决运费的混乱现象,需要有一个类似海洋运输中班轮公会的组织,专门协调运价及各项杂费的制定、调整,可以根据市场实际变化情况和运输的淡旺季,统一沿桥各国的运费费率,统一运费也是国际多式联运本身的要求,在运杂费上加强国家之间的合作,建议从各国国际贸易发展的角度出发,减少不必要的运杂费,以充分发挥新亚欧大陆桥运输的优势,鼓励贸易及国际货运的发展。

(七)加快沿桥国际物流信息平台建设,建立现代化物流信息网络

物流信息平台对现代物流业的作用巨大,货物起运到达的时间、运输途中的追踪,单据的流转等需要良好的信息平台支撑,尤其是新亚欧大陆桥这种运距长、遍及国家多的运输方式,信息网络不可或缺。

建立统一的信息机制,如车辆、集装箱定期追踪制度,信息网络自动更新制度等,及时把握运输中信息状况,方便客户实时查询,提高新亚欧大陆桥运输信息服务水平和竞争力。

参考国内物流业的做法,建立一个国际运输查询信息系统,货主、运输部门、代理都能够接口使用,满足客户随时上网查询货物的要求,并保证对运输过程中的动态状况及时更新,这样货主登录该系统就可以随时关注货物当前所在的位置和目前的物流状态。除了查询之外,信息平台更多的是用于港口、铁路运输部门、海关、货代、船代等业务关联部门之间信息的连接和沟通,更好地实现无纸化办公,实现多国陆桥联运跟踪的沿线国际信息网络格局。

(八)建立国际交流与合作的平台,加强沿桥国家国际运输的协调

与新亚欧大陆桥沿桥国家之间通过建立协商机制,签订国际规则等方法,加强各国政府

相互间的交流、沟通、对话,通过国际交流与合作平台,推进国际运输的组织协调,淡化竞争关系转变为战略合作伙伴关系,努力发展沿桥国家和地区互利互补的经贸合作,开辟多条合作渠道,扩大双方的经贸合作类型和规模,积极开展在国际能源资源、贸易加工等方面的互利合作,扩大金融投资的规模,减少贸易壁垒,创造有利于大陆桥运输发展的融洽的国际环境。

当前中国已经建立的新亚欧大陆桥协调机制运行良好,积极推动新亚欧大陆桥铁路运输一体化的组织结构的建立,推动有沿桥相关国家和地区参加的亚欧新合作机制的形成和发展,利用已有的铁路运输组织与各国政府特别是俄罗斯政府、铁路部门和西伯利亚大陆桥经营商之间加强对话与磋商,扩大共同利益的辐射范同,力求在价格、安全、时效、运输政策、信息、客服、投资、索赔、运输能力、换装设备等方面进行全面交流并达成共识,解决陆桥运输中的通关、检验、运价、结算、技术服务、调度等方面的问题,提高运输的效率,使陆桥运输成为安全顺畅的货运通道。

新亚欧大陆桥的发展有20多年,从1992年首列集装箱运输列车开启了运输之路开始,经过10年左右的准备与起步阶段,10年左右的成长与发展阶段,正在以加速发展的状态步入稳定与成熟阶段,如何充分发挥新亚欧大陆桥这条国际大通道的优势,实现太平洋、大西洋经济圈的贯通问题已经迫在眉睫。然而要做到这一点,真正使新亚欧大陆桥沿线成为经贸发展的现代丝绸之路,单个国家和地区很难独立完成,需要沿桥所有的国家和地区加强政府合作,从政策制定及规划上进行推动,通过新亚欧大陆桥的发展,建设国家之间国际经济贸易的有效合作新秩序,实现沿桥国家经济的共同飞跃。

实施新亚欧大陆桥沿线开发开放战略,是实现东西经济平衡发展的重大战略举措的前提条件,是我国总体发展战略框架的一环,它的良好运行是我国沿桥各省区和人民的共同心愿。对于中国加强与中西亚、欧洲国家的经贸往来,产业结构的合理优化,社会的健康有序,与沿桥国家和地区的经贸合作与繁荣起到良性推动作用;对于改变东西经济不平衡,促进中国区域经济的协调发展,最大范围的开拓中西亚市场,牢固树立中国大陆在沿海港口体系的国际地位起着不容忽视的作用。

二、陆桥运输中集装箱列车的种类

(一)集装箱直达列车

1. 定期直达列车/不定期直达列车。这是从行车组织上来划分的,定期直达列车的主要特点是定点定线定期运行,运送货物的时候事前预约列车箱位,对货物准时发货要求比较高,因为该列车是按时按点发的,发送和到达都有确定的限制,是一种运行速度较快、可为货主提供可靠的货物运输的方式。

不定期直达列车主要是港口之间、港口与内陆地区的集装箱集疏运使用,是临时调派的、没有计划安排的集装箱列车,货物运输量大时,每个港口每天需要几列或者几十列这样的车进行集疏运,也叫专用直达列车,因为时间并不固定,没有铺设专用的运行线,它的运行时间和线路完全取决于当时的货物,因此速度会受到影响。

2. 短列直达列车/普通直达列车/组合直达列车。这是从列车编组上进行分类的。短列直达列车是在短距离运输、货物零散的情况下,为尽快完成货物集装而开行的列车;普通直达列车用于货物运输量大、距离长的情况下;组合直达列车用于货物运输集中到某地、距离较长的运输。中西亚的一些小陆域国家主要以短列直达列车为主,短列直达列车的特点主要是灵活、速度快,因为是短距离运输,运输周转快,时间间隔小,非常适合货物在内陆城市之间的中转。

普通直达列车适合货源比较集中的港口起运,到内陆城市的情况,货物运量大、运距长,一般亚欧大陆国家,从沿海到内地可以选择开行普通直达列车。组合直达列车或重载列车适合港口之间的集疏运,尤其是长三角地带,沿海口岸多、货运量大。例如从宁波港口集疏运货物到连云港,然后通过新亚欧大陆桥铁路运输至内地,在港口之间可以使用该类列车,尤其是双层集装箱列车的使用和发展,集装箱列车的装箱量有了很大改善,组合直达列车使用有了更好地支持。

3. 固定车底循环/不固定车底。上述两类是从车底组成上进行划分的。固定车底循环直达列车由可以开行的集装箱专用车组成,主要用于运量较大、货源稳定的车站(港口)之间。这种列车优势很明显,它可以不进行改编而通过所有的编组站,一方面列车运行速度提升,一方面可减轻编组站的负担。

不同定车底的直达列车用于集装箱直达列车的一端或两端货物到站比较分散的情况下,列车到达某一个地点只能重新编组,才能完成接下来的运输任务。

4. 一站到达/途中作业。这是从集装箱的作业方式上划分的。一站直达是指货物从装运站装车后直接运送到目的地,途中没有货物运输作业任务的方式。

途中作业在日本铁路运输中使用较多,主要优势在于能够为运量较小的铁路货运站提供集装箱直达列车运输,集装箱货物列车在途中不解体,当货物从装运站到目的站途中有货运作业,经过货运站时,可进行集装箱的装卸作业。

(二)集装箱专运列车

集装箱专运列车要与集装箱船到达的时间相配合,因此常与海运船期表相一致,是不定期的,集装箱专运列车多用于运距较长、货运量大的运输,集装箱船虽然是定期航线的,但是容易受气候等自然条件的影响,到达日期也并一定准确,货物卸下港口的目的地又不一致,所以也只能不定期开行,相应的集装箱专运列车也是不定期的。

例如,英国集装箱定期直达列车公司在南安普敦港,由于来自远东,到达国内伦敦、利物浦、曼彻斯特、伯明翰、里兹及苏格兰的集装箱较多,因此与海运公司签订了合同,编开合同列车。这种不定期的集装箱专用列车可以解决货源不均衡或者船期不定的矛盾。

(三)一般的快运货物列车

一般的快运货物列车装载小批集装箱,用于运输那些不适合使用定期直达和集装箱专列的零星货物。一般的快运货物列车速度很快,时速一般在100千米以上。如日本国铁的高速特快货物列车,连接北九州、大阪、名古屋、东京与北海道,与集装箱定期直达列车相结合,形成货物运输路网,但是该种快运货物列车一般需要在编组站编解。

(四)普通的货物列车

普通的货运列车可以对装运非长期稳定货源、运量小的集装箱,该种货物列车的运输效率不如集装箱定期直达列车。

三、铁路集装箱的种类

(一)按类型(用途)

1. 通用型集装箱。通用型集装箱一般是普通包装货物,包括工艺品类、医药类、交电类、仪器仪表类、小五金、烟酒食品类、化工类、小型机械类、日用品类、玻璃陶瓷建材类、文教体育用品类、针纺织品类及其他适合集装箱装运的货物。

2. 专用集装箱。专用集装箱是专门装载特定货物的集装箱。我国使用的专用集装箱较少,主要介绍国外的几种专用集装箱。

(1)集装货物箱:这类集装箱有可以自卸货物,也可以用压缩空气卸,主要用来装运水泥、面粉、谷物、盐、塑料工艺品、化肥工业的粉状颗粒物。

(2)罐装集装箱:主要用于运输压缩气体及液体货物,如酒类、牛奶、蜂蜜、化学品、糖浆等。

(3)冷藏集装箱:主要用于运输易变质、易腐烂货物,如肉类、鱼类、蛋品、蔬菜、水果等。集装箱内可以按照货物要求调节温度。

(4)牲畜集装箱:这是特制的用于装运牲畜、家禽等货物的集装箱,箱内有良好的通风设备及喂养设备。

(二)按箱型大小

1. 大型箱。凡装载量在20吨以上的大型箱(如20英尺箱、40英尺箱)。

2. 小型箱。凡装载量在5吨以下的为小型箱(如我国目前通用的1吨箱)。

3. 中型箱。凡是装载量在5～20吨之间的为中型集装箱(如我国目前通用的5吨箱、10吨箱)。

(三)按集装箱结构

封闭式集装箱、活顶式集装箱、敞篷式集装箱、侧开门式集装箱、两端开门式集装箱、可折叠式集装箱等。

(四)按箱主

由铁路部门管理的铁路集装箱和铁路货运带起的自备集装箱。

四、集装箱专用车

(一)集装箱专用车的发展历程

集装箱专用车是服务于集装箱的,随集装箱发展而出现的列车,集装箱运输发展之初,运量小、集装箱类型少,使用传统的车辆完全可以完成运输任务。

随着集装箱运输的快速发展,集装箱箱型的多样化和大型化、标准化等特点,传统的车辆不能完成集装箱运输,集装箱专用车是指专为运送国内和国际标准集装箱而专门设计和制造的车辆。

国内外集装箱专用车的发展大致经历了三个阶段。

1. 传统旧平车改造阶段。集装箱专用车可以用传统平车进行改造。各国铁路在发展集装箱专用车的初期,一般都是利用旧平车来进行改造。

2. 大量新造集装箱专用车。随着国际大型集装箱运输的发展和集装箱运量的增加,愈来愈迫切要求制造能够适应大型标准集装箱运输特点的高速、安全,并且易于装卸的新型专用车。从20世纪60年代初期开始,为适应新集装箱运输市场的需要,各国的铁路运输部门都陆续制造了大量的集装箱专用车。

3. 集装箱专用车的改进和创新。在集装箱专用车的车型和结构上不断改进和创新。目前,世界各国铁路都在根据各自的特点和需要,研制适用于本国和国际联运的新型集装箱专用车,集中表现在降低能耗、提高速度、简化结构、加长车体等方面。

除单层集装箱专用车外,为了提高运输能力,降低运输成本,还研制和推广使用了新一代双层集装箱专用车。双层集装箱专用车在美国陆桥运输中发挥了积极作用,对于我国提高国际集装箱多式联运和陆桥运输的效率和效益,也有重要的作用。

(二)专用车的发展趋势

1. 提高速度。铁路运量大是其主要优势,但灵活性不如公路运输,在公路激烈竞争的形势下,铁路运输要想长远发展,必须提高速度。

铁路运输提高速度技术条件要具备,受到诸如通过能力、线路构造、设备条件等条件的限制,目前绝大多数的集装箱专用车的允许时速均达到120千米/小时,远远不能满足集装箱运输快速发展的需要,要改进基础分条件,提高专用车的最高速度。

2. 增加载重量。集装箱平均净载重在增加,国际集装箱规格尺寸标准,现在又开始面临一个新的活跃时期。法国首先提议将20英尺集装箱的总质量从20吨提高到24吨,历经10年于1986年被采纳。

西欧发达国家,在 ISO/TC104 第十三次会议上提出将20英尺集装箱的总质量提高到30480千克(原来24000千克)的新议案,以求进一步扩大集装箱的货源。

美国、加拿大积极建议推行"高型箱",针对40英尺集装箱,考虑采用2.9m的箱高,同时也提议加宽集装箱的宽度,还提出45英尺、48英尺等超长型集装箱。鉴于上述情况,集装箱专用车必须通过提高轴负荷,增加载重量才能满足集装箱增载要求。

3. 充分利用铁路限界。为了充分利用铁路限界,应尽量降低车底板的高度,欧洲国际铁路联盟(UIC)规定集装箱定期直达列车的专用车的车底板高度为1.165毫米,有缓冲装置的普通集装箱专用车的车底板高为1.175毫米。

需要进一步研究和制造具有尽可能高的装载限界的集装箱专用车,如凹底车、小车轮车辆等,以充分利用铁路限界的有效空间。

(三)各国铁路集装箱专用车特点

目前法国、德国、英国、美国、加拿大、日本等属于集装箱专用车发展较好的国家,集装箱专用车发展速度快、数量多。

1. 法国。法国铁路的集装箱专用车,按使用方式分,可分为用于定期直达列车或车组的专用车和用于零散挂运的专用车两种。

按装载长度可分为40、60和80英尺长三种。法国国营铁路在集装箱专用车的选择方面与其他铁路有所不同,主要是选择转向架式四轴货车,特别是装载长度为60英尺的平车来作为专用车。

在20世纪70年代初期,法国铁路主要是使用这种60英尺的专用车来承担大型集装箱运输。在70年代末期,法国铁路也逐渐开始采用了三个转向架式的80英尺长的集装箱专用车。

2. 德国。欧洲各国铁路限界不统一,有高有低,其中德国铁路限界较大,而且超过了欧洲国际铁路联盟(UIC)规定的限界。

但是贯穿欧洲各国的集装箱运输应采用UIC规定的联运限界标准,其限界高度标准为4.280米。所以德国的集装箱专用车设计必须遵守这一标准。

德国铁路的关节式专用车(六轴车),主要是为了适应国际集装箱多式联运的发展需要而设计制造的。它有三个转向架,两个在两端,一个在中间。整个车体是由两个车底架组成,它们之间用联轴节铰接起来,设置在中间转向架的安装座上。全长27240毫米。

这种车辆适合国际标准的20英尺和40英尺集装箱装运,装载长度可达80尺,最大载重量可96吨。车上安装了缓冲装置,应用于定期直达列车,车上还装有3个自动调节制动力的空气制动机。

德国还设计了低平台Saaks型专用车,这种车主要用于拖车式集装箱运输,其轮径仅为355/335毫米,目的是使车底板降低,在底架上有装拖车用的斜板及卸货装置,便于装载全挂车、半挂车。

德国的集装箱专用车型号多、二轴专用车多是它的特点之一。在结构上它省略了外侧梁,而承重的横撑直接焊接在中梁上,使得专用车结构简单,减轻了自重,并且造价较低是它的特点之二。

3. 英国。英国铁路为了适应在集装箱终端站间开行集装箱定期直达列车需要,自1963年开始设计制造专用车,并于1965年正式投入运用。这种专用车的轴数为4轴,装运3个20英尺集装箱(箱高限为8英尺)。

英国铁路的限界是欧洲最小的,它比法国铁路限界还小,因而为了满足国际标准集装箱联运需要,70年代初专门制造了40英尺型和60英尺型两种专用车,可装运箱型高度为8英尺6英寸(2511毫米)的集装箱。

(1)40英尺型专用车:该型专用车为四轴骨架式结构,可装运2个20英尺长或一个30英尺长或35英尺长的国际标准集装箱。为了尽可能地降低车底板距轨面的高度,在设计时采用了轮径为724的新型转向架。

(2)60英尺型专用车:60英尺型专用车是运送国际标准8英尺6英寸高的集装箱比较长的专用车。车体上装配有两个转向架,每个转向架有3轴,轴承也是滚柱轴承。可以采用724毫米直径的小车轮来降低车底板高度。英国铁路集装箱专用车还有一个特点,就是类型比较繁杂,并且分类方法不一。

4. 美国。美国铁路从20世纪50年代开始使用集装箱专用车,但是,由于美国的半挂车式集装箱发展十分迅速,因而也迫使铁路研制了大量的挂车式集装箱专用车。

自1955年起,美国先有几家,后逐渐发展至20多家铁路公司,专门组成了"挂车列车公司"(简称"TTX"),该公司专门经营半挂车式集装箱专用车(TOFC)、集装箱专用车(COFC)和集装箱两用专用车。

美国铁路限界较高、较宽,所以一直致力于提高专用车的装载量,降低自重,采用节省燃料的小功率机车。

(1)圣太菲铁路试制的关节式专用车:这种专用车用于运送大型集装箱及半挂车,除两端安装转向架外,在中间各节车辆的连接处也装转向架,六节全车全长84米,可装6辆半挂车或6个40英尺集装箱。这种车广泛用于直达运输,无需通过编组调车作业。

这种专用车的车底架主要由十条中梁组成,结构简单,制造与维修费用低,采用小功率机车牵引,可以降低燃料的消耗,节省能源使用。

(2)双层集装箱专用车:南太平洋铁路公司(SP)首先研制了双层集装箱专用车。这种车采用凹底平车,全长19.2米,可叠装2个40英尺集装箱,研制中对超限问题、重心问题、空气动力性的问题都作了深入、妥善的研究,同时为了限制上层集装箱的纵向与横向移动,在专用车的两端设置了挡板。

双层集装箱专用车,结构简单,重量比普通平板车轻,可以大幅度节省燃料,专用车重心低,运行中空气阻力小,连接部分采用特殊装置,停车、发车和行驶中振动极小,特别优越的是集装箱叠载使列车运输量成倍的增加。双层集装箱运输给美国铁路运输带来了生机。

美国铁路集装箱及半拖车式集装箱专用车大部分的车身较长,为装运集装箱在车底架上设有缓冲装置,美国大力发展多用途的专用车,使之既能装运一般集装箱,又能装运半拖车式集装箱,由于半拖车式集装箱的外形尺寸越来越大,在车辆设计时要尽量降低车底板高度,为此采用了直径为710毫米的车轮。

5. 加拿大。加拿大铁路主要有太平洋铁路公司和国营铁路公司。这两个公司自1971年开始订购集装箱专用车。加拿大国营铁路专用车以80英尺长度的为主。

6. 日本。日本国营铁路集装箱以5吨箱和10吨箱为主,因而日本铁路集装箱专用车载重量偏小,且型号多。

五、铁路集装箱货物运输流程

(一)托运受理

由托运人填写货物运单,提交运单及运单副本向车站提出货物运输申请,车站接到申请后首先要审核整车货物运输是否有批准的月度和日要车计划,然后检查运单上各项内容的填写是否正确。车站确认后受理托运,需要在运单上登记货物应进入车站的日期或装车日期。

(二)进行集装箱货物集配计划

受理托运的铁路车站安排集配货运员,货运员根据综合信息作出配装计划,包括本站可用空箱和待交箱数量、待装车、待装箱和残存箱的方向和数量,全部受理运单的到站去向和数量以及站外集散站的集装箱等资料。集配计划完成后,及时通知托运人和承运货运员,以便托运人安排车辆组织进货,货运员做好承运准备工作。

(三)货物装箱

1. 整箱货装箱。整箱货的装箱有两个选择,可以在车站内装箱,也可以在工厂装箱之后直接到车站集运。

货物在站内装箱时,托运人首先按照车站指定的进货日期将货物运至车站,外勤货运员指定拨配空箱,由托运人自己组织装箱,装箱完毕后施封;

站外装箱一般先由托运人根据车站指定的取箱日期取空箱,到本工厂或仓库所在地组织装箱,并在施封后将重箱送到车站。

无论装箱地点如何,托运人接到外勤货运员拨配的空箱后,一定要检查集装箱是否有破损、装置是否完好。箱内货物的数量和质量由托运人负责,因此施封必须由托运人自己进行,承运人不得接受代为施封的委托。

2. 拼箱货装箱。拼箱货是将若干个不同托运人托运到同一铁路到站的零担货物装箱运输。目前铁路集装箱的拼箱,有铁路拼箱和集散站拼箱两种作业形式。

铁路拼箱货物费用较高,除了按照零担货物收取运费,还须另外加收拼箱费用。铁路部门负责货物的装箱、拆箱,货物受理和交付,因此在货物运单、领货凭证和货票等运输单证上,需要加盖"铁路拼箱"戳记。同一个集装箱内货物的所有票据都应封入"铁路集装箱拼箱货运票据封套"中。

集装箱集散站是负责装卸、搬运设备的企业,一般设立在铁路车站之外,配备有专门的库场。集散站拼箱是集散站使用铁路集装箱或部分自备集装箱,由集散站面对货主,办理承运和交付,将同一目的站的不同收货人的货物共装于一个集装箱内,统一向铁路办理整箱运输。铁路车站与集散站之间的关系是承运人与托运人之间的关系。

(四)承运

集装箱货物在指定日期由托运人送至车站指定的地点,铁路部门负责核查货物运单的记载与实物的情况,核查无误的,在运单上加盖承运日期戳,即为承运。铁路向托运人核收运费。

(五)装车运输

装车运输对集装箱箱型有要求,其中1吨集装箱使用棚车装运,可以和普通零担货物混装,但不得与其他货物混装。5吨及以上集装箱使用敞车装运,不能和其他货物混装于一车。

(六)货物在国境站办理交接

国境站办理集装箱国际铁路联运中货物、车辆与邻国之间的交接,交接工作包括货物的换装、更换轮对、单证资料的翻译、货物运费的计算与复核等。还包括报关、报检等工作,因此很多国家的海关、货代等部门都在国际联运交接所内联合办公,实行流水作业。

集装箱货物在国境站的交接程序。

1. 国境站接到车到国内前方站的列达预报后,立即通知国际联运交接所,做好交接的准备工作。

2. 铁路会同海关在列车进站后接车,海关人员按照规定登上列车进行检查,未经海关检查和许可的列车不准上下货物、人员,不准移动、解体或调离。铁路负责将随车带交的票据送交接所。

3. 交接所内各部门分别完成各自工作任务后,汇同结果完成货物的出境手续。

4. 相邻两国国境站办理货物、车辆、单证的交接手续并签署交接证件。

(七)到达交付

货物到达站在集装箱货物运抵到站后,在不迟于集装箱卸车后的次日向收货人发出催领通知,通知完毕后,货运员在货票上记载通知的时间和方法,通常使用电话通知,这不是到货通知,而仅是通知收货人收货的辅助手段。货物承运后,托运人应将领货凭证及时寄交收货人,由收货人主动向到达站联系领取货物,这才是真正的到货通知。

收货人须出示本人的身份证明和领货凭证在到站领取货物,到站应仔细核对运单和领货凭证,无误后向收货人交付货物。收货人在货票上盖章或签字,到站将收货人的身份证明文件号码记载在货票上。

对到达的货物,收货人有义务将货物及时提取,铁路有义务为方便收货人安排搬运工具、办理仓储手续登记,提供一定的免费留置期限,期限一般为2天,超过期限,收货人应向铁路支付延期使用费和货物暂存费。若货物在站内掏箱,收货人应于领取的当日内掏完;在站外掏箱时,收货人应于领取的次日内将该空箱送回。

第五章　国际多式联运的海空联运的SWOT分析

第一节　海空联运的定义特征

海空联运暨空桥运输,是国际多式联运的一种方式,其综合海洋运输的低成本与航空运输的高速度,是国际货物运输中极具优势的运输方式,在提高运输效率、降低运输成本上获得了双赢的效果。海洋运输固然承担着全球70%以上的贸易运输,国际货运中最主要的运输方式—航空货物运输也是国际货物运输起重要作用的、不可或缺的运输方式。

航空运输主要特点是方便、快速、经济,能够实现从门到门的服务,近年来,随着同际经济一体化的发展与国际贸易的全球化,跨境电子商务的新发展,国际航空运输的需求和业务量也增多,作为联运方式之一的海空联运,将海洋运输的经济性和航空运输的高效性有机结合起来,成为一种具有广泛潜力的新的联运模式。

一、海空联运的定义

海空联运就是海洋运输和航空运输相结合的一种联运方式。海洋运输的优点是运费低、运量大、运输路线固定;缺点是运输时间长、速度慢。航空运输的优点是运输时间少、速度快,适合易腐烂变质货物及贵重物品;缺点是运量小,运费高。两者结合后在长距离的运输中,一段使用海洋运输,一段使用航空运输,既可以比海洋运输提前运送到目的地,节约运输时间,又可以克服航空运输费用太高的缺点,节约一部分运费。

(一)世界常用海空联运专线

目前世界上有几条常用的海空联运的路线。

1. 远东—欧洲航线。远东与欧洲航线海空联运中转地有多个中心,一个是北美的温哥华、西雅图、洛杉矶、旧金山为中转地,一个是以中国香港及东南亚的曼谷、新加坡为中转地,另一个以仁川、海参崴为中转地。

2. 远东—中南美航线。远东—中南美航线的海空联运规模越来越大,其快速发展有一定的客观原因,该运输路线中海运港口和内陆运输不稳定因素影响太大,因而对海空运输的需求很大,该联运线主要通过迈阿密、洛杉矶、温哥华进行中转。

3. 远东—中近东、非洲、澳洲航线。该航线的海空联运中转主要是通过香港、曼谷、仁川转至中近东、非洲。某些情况下,还可以通过马赛转运货物至非洲、由曼谷中转运至印度、经香港至澳洲,但这些线路货物运量普遍较小,还有日本的航线:经加拿大和美国太平洋沿岸到欧洲各国、南美或者中近东、非洲;经海参崴到俄罗斯和欧洲;经东南亚到欧洲、中近东和非洲。

(二)我国海空联运专线

1. 迪拜中转。从国内任意港口到欧洲经迪拜中转,每周2班快船定期经迪拜空运中转欧洲各国;从国内任意港口到非洲经迪拜中转,每周2班快船定期经迪拜空运转非洲各国。

2. 洛杉矶中转。从国内任意港口到中南美经洛杉矶转,每周2班快船定期经洛杉矶空运中专中南美各国。

二、海空联运的特点

(一)海空联运中空运是核心

海空联运中有两种运输方式,一般认为航空运输是联运的核心,所以通常是由航空公司或者航空运输中转,或者专门从事海空联运的多式联运经营人制定运输计划,以便满足货主对于海运联运货物的抵达时间要求能够与单纯航空运输一样精确到具体的"×日×时×分"。

(二)途中集装箱需要换装

海空联运有个最麻烦的问题就是集装箱换装,通常海洋运输所需要的集装箱型号大、装载货物多,航空运输要求集装箱自重轻,不同机型对于集装箱的材质和重量要求也不一样,货物运至航空港后要进行换箱,海空货物的后段运输是空运,在货物运达目的地机场后,是按照航空货物运输来处理的,因此如何在海空联运衔接时能加快速度,保证货物安全,并将其及时抵达目的地是关键因素。

(三)缺少相应的国际法律法规,运价可自由制定

海空联运的发展是新兴事物,不像陆桥运输时间悠久,经验丰富,首先在国际法律法规上就缺乏统一的规定和法律惯例,托运人、收发货人、货代公司及船公司、航空公司等当事人遭遇索赔、诉讼时缺乏统一的国际法规或者惯例来约束比较麻烦。海空联运没有海洋运输班轮协会一样的组织对运价进行统一,运价可以自由制定,各个航空公司之间差别很大,在资金实力、优惠政策上的不同会直接影响到运价的高低,这也是客户在选择合适的航空公司进行海航联运的时候需要考虑的问题。

(四)可以解决旺季直飞时空运的舱位问题

航空运输方式尽管快捷、安全,却始终不能代替海洋运输成为国际货物运输的主力,重要的一点就是他的运力问题,航空运输的运量小,对集装箱的自重也有很高的要求,大规模的国际贸易货物无法依靠航空运费完成,尤其是旺季直飞的时候,航运公司的仓位非常紧

张,等待仓位的时间冲抵了航空运输本身的快捷,如果使用海空联运,其中一段时候海洋运输,中转地换乘航空运输,可以缓解空运的舱位问题。

(五)托运货物种类受限制

基于航空运输的设施受限制以及运输规则的制约,有些货物不能收运,使得海空联运不能像陆桥运输一样普及。下面是航空运输对货物的部分要求。

1. 普通货物运输要求。首先必须是符合国家法律、法规和有关规定运输的物品,货物尺寸不超过(147厘米×114厘米×86厘米),单件货物不超过120千克的货物。

2. 酒类货物运输要求。所有酒精含量在24%~70%之间的酒类饮料,每一容器不超过5000毫升,每一个包装件不超过12000立方厘米。

3. 酒类货物包装要求。内包装为塑料桶、金属罐或听装的,可以使用纸箱作为外包装;内包装为玻璃瓶或瓷瓶的,瓶与瓶之间应有间隔材料。包装内应有吸水材料,也可使用原包装作为货物外包装。

4. 贵重物品的要求。凡属贵重物品的货物,其包装的外形尺寸最小不能小于30厘米×20厘米×10厘米,包装的任何一面尺寸不能小于此数据。

5. 贵重物品包装要求。外包装必须是质地坚硬、完好的木箱、铁箱、硬质塑料箱。包装外用铁质包装呈"井"字开捆扎。包装的接缝处、包装带的结合部位要有托运人的铅封或火漆封志,封志上应有托运人的特别印记。

6. 活体动物运输要求。活体动物必须健康状况良好以适于空运,要求托运人说明托运的哺乳动物是否怀孕或在48小时前分娩过,怀孕的哺乳动物,托运人应提供该动物适于运输并且没有在途中生产可能的兽医证明。不能收运处于孕期的猴子、哺乳期的动物母婴及刚过哺乳期的幼年动物。

托运人托运属于检疫范围的活体动物,应提供动物检疫部门出具的《出省境动物检疫合格证明》。动物检疫证明至少一式两份其中一份收运部门留存,一份随货物运至目的站。

(六)运力和可获得性影响运输效果

在海洋运输区段配舱时,海空联运货物集装箱多数安排在船舶上舱,方便货物到达目的港后的卸船作业,节省海空衔接时货物的装卸时间。海空联运的货物运输对于海上运输区段的公司,与单一海洋运输货物区别不大,但是因为到达目的港后还要对接航空运输,货物要顺畅的在两种运输方式之间进行中转,需要具备一定条件,一般航空运输航班到达时间、货物装卸时间要求较高,为此货主及代理人必须额外支付一定的费用,海运公司也据此获益。

如果海空联运的港口与机场在空间上相距不远,海空联运衔接的中转时间将会大大缩短,这在物流供应链中占据优势,因此同时拥有港口和机场的地区是货运人的偏爱。除了位置之外,影响运力的因素还有:该地区的货流量能够形成规模经济,空运航班和海港班次的多少,配套设施的具备与否以及政策上对海空联运的优惠支持程度等,一个实例是位于中东迪拜的由政府专为海空联运设立的Jeble Ali自由贸易区广受欢迎。

海空联运的中转货运站需要专业的物流管理人员,海运和空运货物使用集装箱规格不同,装卸设备有差别,货物换装的过程复杂,专业的管理人员、设计规划可以弥补这一缺陷。

专业枢纽代理人是中转枢纽的各个专业物流服务商,常常是一些本国小型物流企业,部分是海运公司、航空公司的子公司,也可以是与中转站有密切合作关系的物流企业,代理货主进行集装箱拆装箱、仓储、托运、装卸等工作,服务海空运输方式的衔接,保证物流环节通畅。

三、海空联运的优势

(一)速度快于海洋运输,价格低于航空运输

举个例子来说从国内到欧洲、非洲,如果使用全程海运,需要至少23天,气候或者港口不便的情况下需要25~40天,而海空联运到同样的距离只需要15天左右,在货物运输时间要求急的时候可以提高运输速度。

从国内进出口货物到非洲、欧洲等国家,如果全程使用空运,费用会相当的高,很多商家为了及时将货物送达目的地,不得不付出高昂的运输成本,选择海空联运,运费比正常空运费用便宜60%。一般情况下,当货物毛重超过500千克的时候比较适合采取海空联运,因为小于500千克的货物空运的费用和海空联运的费用相差不大。

(二)缓解空运仓位紧张

尤其是旺季的时候,空运的仓位比较紧张,当大票货物走空运的时候,会产生订舱难、付款紧张的情况,而海空联运的仓位可以保证,付款时间可以延长到船到中转港的时候付款。以大连某公司电子产品(100千克)海空运输为例。

表5-1

目的港	运输方式	航线	全程运价(美元/千克)	杂费	全程时间
伦敦	空运	大连/北京/伦敦	2.77	3.3元	3~4天
	海空	大连/汉城海运 汉城/伦敦空运	2.3	1.66元	5天
	海运	大连/香港/伦敦	80美元/立方米	28美元/立方米	40天
纽约	空运	大连/北京/纽约	2.95	3.3元	3~4天
	海空	大连/汉城海运 汉城/纽约空运	2.4	1.66元	5天
	海运	大连/香港/纽约	85美元/立方米	28美元/立方米	40天

(三)简化手续,节省费用

海空联运相较于货物转运在物流的托运、单证、手续、包括事故处理及索赔方面都存在

着便利,海空联运是典型的国际多式联运方式,由一个经营人负责全程运输,货物只需要进行一次托运,签订一份合同,支付一次费用,货物在途中只进行一次换装,而这些从货主或代理人将货物交托给联运经营人就完成交货任务,从而省去繁杂的手续办理。海空联运不同的运输区段采用一份运输单证、统一运费计费,也简化了制单和国际结算环节的业务量,节省了运杂费。

(四)提高货物运输质量

使用海空联运能够缩短货物运输时间,降低货物在途停留时间,大部分使用集装箱为运输单元进行直达运输,尽管货运途中须经1次转换,但由于使用专业机械装卸,减少货损货差可能性,提高货运质量,保证了货物安全、迅速、准确、及时运抵目的地。国内一些生产企业由于自身的种种原因会导致国外订单未能按时完成安排海运出口,而过了交单期面临巨额赔款及违约金,在以往模式下,生产厂商为了赶上交货期,会采用空运。

第二节 海空联运的中转枢纽及作业流程

一、国外海空联运中转枢纽

(一)迈阿密南美海空中转枢纽

迈阿密南美海空中转枢纽顾名思义是欧洲与南美洲之间的中转站,中转站位于美国佛罗里达半岛南端,国际贸易进出口商的货物通过海洋运输运往迈阿密,在此地暂时存储或立即装机空运至南美各个国家,货物在途运输风险小、成本低。

亚洲一些国家进出口贸易运输也常选择迈阿密作为中转仓储中心,与在远东中转相比,货物能够更快地进入国际市场,这一地区航空中心密集、市场繁荣,各个航空公司之间竞争货源措施众多,能够获得较低成本的航空运输,还有一个得天独厚的优势是美国目前最大的私有自由贸易局距离迈阿密仅不到3英里,货主可以在此进行免税仓储。

(二)阿联酋的海空转运中心

阿联酋海空联运中心地理位置优越,位于波斯湾入口,目前拥有6个国际化机场,机场毗邻7个主要港口,机场与港口之间距离近,开车只需要1个小时,其中在远东航线上阿联酋的沙迦航空港是众多贸易商优先考虑的海空转运中心。沙迦机场地处毫尔法坎和哈利德两港之间,中间有沿海高速公路贯穿两港,机场附近有一个自由贸易区,货物可以存储在贸易区内享受免税政策。

(三)韩国的空中货桥

韩国的空中货桥是搭建中美之间的海空货运的通道,尤其是运送一些时间要求严格、货物价值较高的工程项目物资非常有利,一段单一海洋运输3~4周的货物,韩国海空联运著名的中转中心如韩进集团,经常承接来自中国包括天津、大连、青岛、上海的9个主要沿海港口的货物,通过韩进海运公司每天一班的航班运往韩国的釜山港和仁川港,中转停留约1~2天,由公路运输卡车将货物运往汉城集散站,然后通往国外任何一个国际航空目的站。

(四)迪拜海空中转枢纽

目前迪拜海空中转枢纽是亚洲—欧洲贸易运输线上最重要的海空联运中心,渐渐代替了东南亚多个中转枢纽的地位,迪拜位于中东地区阿联酋,无论在海运还是空运方面,其表现都令竞争对手自愧不如,成为当之无愧的全球性中转枢纽。

经过十多年的建设,迪拜凭借优越的地理位置,完备的基础设施和优良的装卸设备,成功地成为全球多式联运主枢纽,迪拜的海空联运枢纽的任务完成主要是通过杰贝勒阿里港和迪拜世界中心——阿勒马克图姆国际机场完成。阿勒马克图姆国际机场为了通关便利,完成海空联运的完美衔接,机场内设有零关税区,通过海洋运输到达迪拜,然后使用航空运输到目的地的中转货物在零关税区内无需缴纳关税,这种优惠政策明显加快了货物的周转时间并降低了运输成本。

迪拜模式的海空联运理念形成并发展于上世纪90年代,主要是当时杰贝勒阿里港已成为转运中心,迪拜国际机场已成为全球领先的空中枢纽和发展最快的机场,海空联运条件成熟,这些优势吸引全球规模较大的运输商纷至沓来。迪拜是全球最早一批开展亚洲—欧洲海空联运的城市之一,尽管韩国和新加坡也有此类业务,但货运量难与迪拜匹敌。在运输高峰季节,在亚洲—欧洲贸易航线上,海空联运比单纯的空运节省费用高达50%。

迪拜中转枢纽中它的港口与机场之间距离很近,集装箱从港口卸船后可直接运到机场装上飞机,整个过程可在6小时内完成,且这一过程均在海关保税区的监管之中,不需办理海关手续交纳关税,还能保障货物安全。2010年迪拜建设的"物流走廊"正式启动,将杰贝勒阿里港与迪拜世界中心——阿勒马克图姆国际机场连接起来,使迪拜的全球海空联运中心地位得到进一步巩固。

迪拜的"物流走廊"是目前世界规模最大的海—陆—空枢纽之一,设计能力每年的物流量可以超过1200万吨,"物流走廊"内设有独立的海关区域,并按照保税区的模式运作,有效了保证了货物运输方式对接的顺畅进行。迪拜世界港口集团的杰贝勒阿里港宣称,它们有能力利用"物流走廊",将港内的进口货物在24~48小时内运到世界的任何一个地方,速度快、效率高,是海空联运中转枢纽的典范。

迪拜"物流走廊"还为客户提供了一个高度集中的统一电子结关服务,所有手续全部实现了无纸化作业。该电子商务平台由迪拜贸易网支持,已将迪拜世界港口集团、杰贝勒阿里自由贸易区、迪拜海关、迪拜多种商品中心等相关机构和公司的业务并入网内。

(五)新加坡海空中转枢纽

在东南亚地区新加坡是最领先的海空联运枢纽,包括马来西亚的巴生港与吉隆坡国际机场也是著名的海空联运中转中心,大批的贸易商货物在此中转。新加坡在海空联运中转方面有大量优惠政策和丰富管理经验。

为建设新加坡作为全球贸易中转枢纽,新加坡海关出台了一系列政策及金融方案,如在此进行海空联运中转的货物只需进行一次审批,对海空联运货物和相关服务实行零关税,免收仓储、主要出口商申报等项目的费用,以此缓解货主、物流服务商的资金周转压力,并保证货物在各自由贸易区之间、自由贸易区与海关区域之间的运输更加便捷和顺畅。因此,对于那些对时间要求不是很急切的货主来讲,海空联运也是一种有效控制成本的优良选择。但海空联运对海港管理者与空港管理者的合作要求比较高,需要共同制定各种预案来配合,必要时会同多个政府部门甚至不同国家的政府机构密切沟通协作。

二、我国的海空联运中转枢纽

海空联运的顺利进行有几个关键条件,例如合适的海运航线,便利的中转枢纽,完善的港口和机场配套设施等。海空联运中的海洋运输,最普遍的要求是船期合适、航线不拥堵、船速较快,从港口通往机场的交通条件良好,有充足的中转集疏设备。对海空联运的航空机场的要求是航线密度高,中转过程中手续简便、等待时间短。这些中转机场一般都是枢纽机场,国外著名的例如汉城、香港、迪拜、迈阿密等机场。

海空货运代理也很重要,他的业务水平和揽货能力会直接影响到经济效益。货运代理招揽的货源越多,从航空公司获得运价越低,规模经济效益越高,另一方面货运代理海空联运物流环节衔接好,能达到降低运费的目的,还可保证运输时间。

(一)上海、深圳海空联运中转枢纽

我国沿海地区的几个大的港口城市例如大连、天津、威海、青岛、上海都有空运代理在开展海空联运业务,但是就国际性的海空联运枢纽来说,长期以来北方地区的贸易货物基本都是在韩国首尔的金浦机场进行中转。该机场的中转业务分别被韩国大韩航空公司和韩亚航空公司所承接,从我国北方沿海港口吸引了大量货源,而我国南方的海空联运大多在香港国际机场中转。

近年来上海、深圳等城市的海空联运业务发展迅速,条件日趋成熟,沿海国际贸易货物可以从连云港、南通、宁波等港口运往上海,在上海航空国际机场装机进行空运。上海有多家货运代理公司充分利用自身优势,同韩国金浦机场进行竞争,夺回一部分的货源,发展势头良好。在中国南方地区,深圳港口的黄田机场基础设施条件较好,有自建的千吨级码头,南方航空公司也已经开辟了深圳至美国洛杉矶的全货运航班,为深圳国际机场开展海空联

运业务提供了条件,可以逐渐承运珠三角地区港口海运的货物,通过黄田机场中转至世界各国。

(二)厦门海空联运中转枢纽

厦门的海空联运发展也比较快,海空联运的五通联运码头位于集美大桥和翔安海底隧道之间,由厦门空港集团投资建设,主要服务于大陆与台湾之间的海空联运业务,厦门的海空联运通过各种运输方式及环节对接,形成一条龙的服务模式。

目前国际上通过公共设施将港口、机场、公路、铁路等进行联接的做法很多,但国内目前却只有香港机管局、深圳机场和珠海投资修建码头,厦门的海空联运要想进一步发展,成为真正的海空联运枢纽,这也是一个努力的目标。

三、海空联运作业流程

多式联运经营人一般资金雄厚,业务广泛,在主要港口及机场等交通枢纽地区都有分公司或者代理人,专门从事货物中转过程的交接、通关等业务,这是基本条件。站在货主及代理人的角度,海空联运与一般海洋运输在程序上没有太大区别,单对于多式联运经营人,其操作流程即不同于海洋运输,也不同于航空运输。海空联运的作业流程主要在五个地点进行。

(一)始发地

货主或者代理人向多式联运经营人提出货物运输的意向,经过协商同意签订运输合同,多式联运经营人向托运人签发多式联运提单,提单上注明目的地多式联运分公司或代理人地址、名称、联系方式等,以便收货人凭此提单办理目的港提货。

(二)海运段

多式联运经营人承接货物后着手安排海运区段的货物运输,多式联运经营人与海运实际承运人之间签发提单,约束双方责任义务,该提单主托运人是多式联运经营人,收货人是中转地的分公司或代理人,货物装箱并进行报关报检,然后开始进行海运,在实际业务操作中,为了加快中转速度,海运提单一般进行电放处理,在船舶装货配舱的时候,大多数将中转的集装箱货物放置在上层及外部,便于在中转港提货。

(三)中转地

货物到达中转地后,多式联运经营人凭借海运提单办理提货,也可以事先与港口协商好安排一辆集装箱卡车,在船边等待进行"船边直提",一旦船舶到港,可以直接将该集装箱卸载在卡车上,径直出港,这也是必须要将中转的集装箱配载在甲板集装箱的最上一层的原因,货物卸船的同时可以办理转关手续。我国集装箱货物从上海—迪拜—欧洲线路的海空联运,使用以上办法在迪拜中转,最快可以6个小时内完成船边提货到机场装完飞机的中转作业。

(四)空运段

在中转地办理空运时,多式联运经营人仍然是航空主运单中的托运人,航空公司向多式联运经营人签发主运单,并向其负责,收货人为多式联运经营人在目的地的分公司或代理。

（五）目的地

海空联运在目的地的多式联运经营人分公司或代理人,凭航空主运单向航空承运人办理提货手续,货物将要达到目的地时,多式联运经营人要及时给收货人发送到货通知,便于收货人及时办理提货手续,收货人到银行付款赎单,凭多式联运提单向多式联运经营人在目的港的分公司或代理人办理提货。

海空联运中业务流程相关的有三个地点,始发地、中转地与目的地；运输有两个区段,海运和空运。可以将海运和空运两个区段中的费用进行归集并计算单一费率的运输价格,降低了运输成本,简化了运输手续。

第三节 我国发展海空联运的SWOT分析

一、优势

（一）企业经营的规模效益

开展海空联运的条件,进行贸易运输全球化的实质就是优化配置全球资源,只有规模化的企业才能从根本上占有货源、资金和网络,走规模经营之路,通过雄厚的实力可以在承运人处获得最优惠的运价和稳定的舱位保证,从而实现良性循环。我国有几个成熟的市场,一是江浙一带的上海、宁波货运企业,一是天津、青岛的货运企业,三是深圳、广州的货运企业,这些企业位于我国重要港口和机场所在地,长期以来形成一套较为完备的货运业务网络,承接的货运量大,可以运作海空联运。

（二）货运业发展迅速,政府政策支持海空联运发展

我国具备发展海空联运的良好条件,我国海运业一直以来实力雄厚,在国际上占据优势地位,据统计资料显示,我国海运船队运力规模达到1.42亿载重吨,约占世界海运船队总运力的8%,居世界第4位。集装箱港口吞吐量达到1.9亿TEU（标准箱）,连续10多年稳居世界第一,上海港、青岛港、深圳港居前列,海运货代、船代业发展成熟,能够承接各类运输业务。

航空货运业发展态势也蒸蒸日上,政府出台了一系列鼓励航空运输发展的政策,航空管理部门也逐步简化行政审批,放宽对航空货运业的管制,降低航空货运市场的准入门槛,有效地促进了航空货运的良性发展。

航空货运业的发展与航权有很大关系,为发展航空运输,在航权开放方面,加大了与国外的合作力度。在航空运输航线、货物运量,经贸相关的第五航权、航空代码共享、包机等事项加快了磋商,并与欧美国家签订了较为宽松的双边运输协定。

与美国合作方面签订了《中美航空运输协定议定书》和中美民航运输协定议定书,充分利用航权对等开放的时机,将中国中部六省至美国航空公司通过第五的直达航空运输市场完全开放,有力促进了航空业的发展。

为了更好地吸引国外航空公司的合作及加盟,我国在一些重要的沿海港口城市如天津、青岛、南京、上海、厦门、海口、三亚等城市开放货运第五航权,开辟至第三国的国际货运航线,极大壮大了我国航空公司的航运力量。专业化的航空货运业的发展为开展海空联运准备了充足的条件。

(三)货运基础设施建设步伐加快

我国的航空货运中心主要集中在拥有国际航空机场的各大城市,如北方的北京、天津,本身就是北方海运重要港口,有着海空联运的良好基础设施。江浙一带的机场密度大、等级高、现代化程度强,又是南方沿海主要港口所在地,这些地区货运基础设施建设步伐快、配套设备现代化程度高,货物运输集中,有良好地进行海空联运的基础条件。

建设海空联运中心,传统航空货运必须要向航空物流的模式转型,建立空港物流园区,构建一体化物流集疏平台,加强物流园区基础设施建设及信息化水平的提高,为海空联运提供有力的支持。

目前,我国的重要航空枢纽城市,北方的北京、天津、大连、郑州、青岛,南方的南京、上海、杭州、广州、深圳等机场都已不同程度的规划和建设空港物流园区,作为海空联运的基础设施,而上述城市也是海洋运输的重心城市,空港物流园区的建设可以将航空运输与港口码头的货物中转便捷地链接起来,更好地实现海空联运的实际操作。

(四)海空联运环境日渐改善,便利通关检验

我国的货运代理企业的海空联运环境日渐改善,尤其是表现在海关的便利通关上,我国海关总署及下属海关制定了政策,采取了各项有效的服务措施,改善我国海运及航空货运业的运作环境,支持我国国际海空联运的快速发展。

以广州海关为例,广州海关陆续出台了12项政策措施支持航空运输的发展,包括24小时便捷通关、空中报关、多点报关、卡车航班直通式通关服务、保税监管通道、区港联动、网上一站式服务等全面支持本港口的海空联运业务。深圳海关开通了"空港物流快线",实现深港两地机场的无缝链接和无障碍通关,目前推崇的多式联运海关监管中心正在各地建设,这将更加综合的为海空联运提供通关的便捷平台,实现货物联运的无缝对接。

二、劣势

(一)专业化程度不够

专业化服务是货代从业的基本要求,而目前我国货代企业层次不一、队伍混乱,很多货代企业专业性不强,将自己放在一个代办运输的中间位置,提供物流业务单一、企业管理水

平落后,货主的需求只能在低层次得到满足。

海空联运是一个复杂的运输过程,海洋运输与航空运输之间的转换不仅仅是货物从一个运输工具移动到另一个运输工具,集装箱规格不同、货物运量不一、单价核算标准不统一,需要能够在仓储、公路运输、海陆运输、航空运输、报关等方面具有极高业务水准和经验的从业人员进行操作,因此对货运代理人的服务档次、业务操作、员工素质、企业文化等方面要求极高,从完善服务功能、开展集约经营的角度出发要求有专业的标准规范、行为约束来确保货运代理人能够安全、快速地完成整个海空联运的流程。

(二)缺乏网络化平台

海空联运要求有专业性综合性较高的信息平台进行支持,在海空联运过程中要能实时查询航班信息、集装箱规格、型号、海关通关等,才能支撑整个海洋运输过程的结束和中转地的内陆港口至航空机场的短驳运输、报关程序等顺畅实现,海空联运的网络化平台要求有几点。

1. 国内外的营运网点。海空联运要有一定的网络,一般海空联运经营人都具有国内外营运网点,但是关键在于中转地的网络的实际操作。

2. 网点统一调配。海空联运经营人的总部对起运地、中转地和最终目的地的营运网点能够统一调配,具有通过网络运作追求规模效益的能力,由于海空联运的运输特殊性,造成了客户与经营人预付货款的结算只可能发生在起运地或者目的地,而第三国中转站网点作为整个运输链的参与者承接了空运段运费与承运人之间的结算问题,起运点网点承担了海运段的运费和结算,需要有一定网络化的货运企业联成一体。

3. 现代化的信息管理系统。海空联运经营人具有星罗棋布的网点,能够利用现代化的信息传递方式,构建无形的信息管理系统。目前我国海空联运中网络信息平台还不完善,在海空联运中转地的网点的运作不能符合联运的要求,制约了海空联运尤其是中转地的操作。

(三)空港物流园区的建设起步相对较晚

亚太地区几个海空联运枢纽城市都建设了空港物流园区,如韩国的仁川机场的物流园区超过100万平方米,新加坡樟宜国际机场也有先进的空港物流同区,在货源竞争上据优势地位,与此相比我国海空联运的几个中心的空港物流园区起步晚、发展程度不高,上海的浦东空港物流园区是2008年开始建设的,航线结构、航班密度改进较缓慢,很难在短期内快速发挥其竞争优势,在航空物流业的快速发展中,如果物流配套服务不能赶上,货源就会被其他的转运枢纽所抢占,最终发展陷入被动状态。

(四)总体货运业务流程效率低下,运作模式仍属初级阶段

目前在我国的海空联运中尤其是航空运输段,货运业务水平较低、工作效率低下,存在着货运功能分散、作业流程不规范、信息传递迟延等方面的问题,对航空货运业务进一步拓展及潜在客户的争取存在制约。

货运业务水平属于软实力,提高货运业务流程的运营效率,增强货运业务服务优势,避免使货运业务成为海空联运发展的瓶颈。专业化货代人员要为海空中转搭建物流服务平台,不但要具备货物运输方面的知识,还需要机械、自动化、物流、贸易、经济、营销等各方面人才。货运公司的物流配套也要适应现代化要求。目前我国航空货运公司运作模式仍属于初级阶段,有客货兼营和货运两种模式,航空货运企业在资源整合方面一体化程度不够,物流服务产品单一,业务范围狭窄,综合性物流型航空公司非常少,构建完善的航空运输综合服务网络尚有一定差距,而采用物流解决方案、物流外包业务模式的航空运输企业几乎没有,难以满足海空联运日益增长的需求。

(五)货运航线网络尚待完善

目前我国的航空货物运输主要集中在少数交通枢纽港的航线上,尚未形成一个全国统一规划的航空运输网络,航空货运量发展不均衡,据民航部门统计资料显示,我国前5位航线的货运量占总量的27.33%,前30位航线的货运量占53.82%,航空货运量主要集中在沿海大城市,中小城市尤其是西部地区航空货运所占份额之和不足1%。

我国国内航线结构基本属于点到点式,航线分布呈网格状,直达航班在大中型城市之间往返,网线交叉但是运力分散,绝大部分航线上的航班密度很低。在国内906条航线中,只有19.6%的航线平均每天有2个以上航班,有12%的航线平均每天有1~2个航班,其余68.4%的航线平均每天不到1个航班。因此,从长远来看,这种覆盖范围有限、航线结构单一的航线网络将无法发挥轮辐式航线网络的货运优势,限制我国航空货运的发展步伐。

(六)航空货运市场优势无法发挥

在航空货物运输中,航运市场优势受瓶颈的影响无法发挥,航空货运市场存在着货运链条分割严重、瓶颈问题突出、市场控制能力与整合能力较差等问题。航空货运公司主要经营点对点的航空运输,货运链较短,服务附加值较低;其次航空运输企业大多采用集中托运的模式,导致航空运输部门与客户的接触太少,很难直面客户需求作出反应;再次航空运输企业货运站投入不足,货运站的集装箱装载、配送等物流运作水平较低,在一定程度上削弱了航空货运公司对航空货运整体业务环节的控制力,航空货代企业缺乏核心的竞争优势,无法更好地整合市场。

三、机会

(一)政府的大力支持

我国海空联运中转枢纽城市主要集中在沿海地区,如北京、天津、大连、青岛、上海、厦门、广州等。航空机场的建设一直是国家经济建设和海航事业发展的重点项目,而作为中转枢纽的航空机场的建设必然将带动其物流业的发展,以上海机场为例,上海浦东空港物流园区2008年开始建立,建设之初就得到政府各部门的大力支持,上海市政府先后出台了《上海市国民经济和社会发展第十二个五年规划纲要》《上海市"十二五"现代物流业发展》《上海航空运输"十二五"规划》等规划为上海海空联运的发展、空港物流的建设以及上海国际航运中心建设提供了政策支持,指明了发展方向。

作为海空联运中转枢纽的城市,政府一般在政策上有强有力的支持,如税收、贷款等方面提供优惠。政府优惠的政策所造就的良好外部环境为各个海空联运中转枢纽、空港物流园区的建设提供了有利的条件,奠定了良好的基础。政府提供的优惠政策对于支持物流设施平台建设、发展大型物流园区协作意义重大,单个企业根本无力从全局性战略角度出发统筹联运中心的发展。

(二)巨大的市场需求

海空联运有着巨大的市场需求,仍然以我国主要的海空联运枢纽上海的统计数据为例,在"十一五"期间,上海物流业年均增长值10%左右,截至2010年上海市物流业第三产业增加值比重为21.2%,占全市生产总值比重为12.1%。2010年上海港货物吞吐量达到6.5亿吨,集装箱吞吐量超过2900万标准箱,均位居世界第一,上海航空货邮吞吐量达到371万吨,其中浦东国际机场航空货邮吞吐量为世界第三。

(三)经济的快速发展

海空联运中心大都在交通便利的城市,更是经济发达的地区,经济的发展状况决定其作为中转枢纽的地位,我国的海空联运枢纽上海、天津、厦门、青岛都是经济繁荣的地区。经济的快速发展是海空联运货物运输业发展的源泉。海空联运的枢纽城市作为中国的经济中心城市,经济增长速度基本在全国平均水平之上,经济实力为海空联运发展提供丰富的货源、先进的设备、现代化的管理平台。

(四)区域经济的整合和一体化发展提供良好的机遇

我国经济的发展形成了几个繁荣的区域经济模块:京津冀区域、长三角区域等,区域经济的整合和一体化发展推动海空联运物流的发展。例如在长三角经济区域,以上海为中心建设"长三角3小时都市圈"运输网络,使长三角内周边城市都在上海3小时车程的辐射圈内,在该区域网络规划中,京沪、宁杭、苏嘉杭高速公路,京沪、沪杭高速铁路以及苏通、崇海大桥在建设完善中,逐渐形成一体化的经济区域,民航局提出"关于建设长三角航空货运枢纽群"的意见,这些都为长三角区域海空联运及上海作为海空联运枢纽提供良好的机遇。

(五)海洋运输基础的建设和完善

海空联运的发展离不开运输基础的建设和完善,主要包括航运企业、港口、集装箱及码头的建设。

1. 航运企业建设。我国国内各大航运企业在20多年的发展中逐渐完成了专业船队的建设,船队按照货物种类进行划分,有干散货船、油轮、液化气船、特种船、客滚船、滚装船等,种类齐全、发展成熟,有些航运企业借助大集团统一品牌、统一战略,发挥规模发展、集约经营的优势,提高自身竞争力。例如中远散货拥有全球最大、实力最强的干散货船队,约占国内干散货船总运力的68%,中海散货运力位居第二,约占16%。

2. 港口建设。目前我国对外开放港口达130多个,约2000个年吞吐量在万吨以上,每年能接纳世界100多个国家和地区的45400多艘船舶。在全球货物吞吐量排名前10大港口中,中国占据8个,上海港长期排名第一,在海洋运输方面优势巨大。我国港口的功能由初级阶段的客货换装和中转,向工业、商业、物流服务业等综合领域拓展,伴随我国工业化程度的不断增强,临港工业的发展规模不断增大,我国港口的物流服务功能日益完善。

3. 集装箱与码头建设。集装箱是经济一体化的产物,而经济一体化的深入发展又促进了集装箱的规格、种类的增加,集装箱在国际货物运输中所占比重高达75%以上,集装箱成为重要的现代化物流运输设备载体,在国际贸易海、陆、空运输中广泛应用。自1980年天津港建立了国内第一个专业化集装箱泊位以来,我国全面加快专业化码头建设,适应了船舶大型化对船舶作业的要求,码头作业率达到世界领先水平,初步形成了层次清晰、功能明确的港口布局,有效地支撑了经贸快速稳定发展,在国际货物运输中发挥了及其重要的作用。

四、威胁

(一)国外枢纽机场的连接性优势

我国的海空联运中心的航空机场目前连接性较差。最好的机场例如上海的浦东机场,尽管地理位置比较优越,理论上可以承接亚洲地区海空联运中转的大部分货物,但是由于上海国际机场的航班频率和通航点等,还远落后于其他亚洲枢纽机场如韩国仁川、日本成田、新加坡樟宜等,在货源竞争上不占优势。

造成这一结果的原因是多方面的,我国的航空货运业发展起步较晚,航空货运市场发展不成熟,客货运输市场运量小、运输种类受限制,航空市场航权开放程度不够,没有自己的竞争特色,一定程度上制约了航空货物运输的发展。

(二)替代性产品的威胁

货运最主要的目的是实现货物在国家之间的位置移动,完成国际贸易合同的顺利履行,各种运输方式尽管线路、工具、手段不同,所服务的产品及目的是一致的,因此不同的运输方式之间存在着竞争,有很强的相互替代性。高速铁路、快速海运的发展使航空货运的核心优势"速度"受到前所未有的威胁。例如欧洲海底隧道的开通运行,对英国、法国、德国之间的航空货物运输产生了巨大冲击,日本的高速火车也分流了日本航空货运的部分货源的发展。替代品的存在为航空运输发展带来了风险性。

五、我国海空联运的SWOT分析

(一)SO战略(优势—机会战略组合)

SO战略是SWOT战略中最理想的战略模式,在海空联运中航空线路的发展,空港物流园区的出现,尤其是上海、天津、厦门等地空港物流的发展,充分发展周边区域航空规模化经营,争夺亚洲中转枢纽的中心地位。在区域经济一体化发展的推动下,排除城市之间行政沟通的繁杂手续,打通便利的通关报检的平台,完善货物海空联运的基础平台。

(二)WO战略(劣势—机会战略组合)

WO战略是劣势—机会战略,要充分利用外部环境的有利条件转化自身的劣势,通过改变劣势获得发展机会。海空联运的劣势主要是空港物流园区尚处于初级阶段,货物业务运作模式存在欠缺,要在外部大环境的支持下,依托海航基础设施的完善,构建专业化物流系统,在海空联运市场需求下,进行区域经济整合优化,典型的例子如建设"长三角3小时都市圈",结合航运集装箱、港口、码头的基础建设,克服不利因素,努力发展综合化、一体化的海空联运系统。

表5-2

SWOT分析	优势—Strength	劣势—Weak
	1.企业经营的规模效益。 2.货运业发展迅速,政府政策支持海空联运发展。 3.货运设施建设步伐加快。 4.海空联运环境日渐改善,便利递关检验。	1.专业化程度不够。 2.缺乏网络化平台。 (1)国内外的营运网点。 (2)网点统一调配。 (3)现代化的信息管理系统。 3.空港物流园区的建设起步相对较晚。
机会—Opportunity	SO战略(发挥优势,抢占机会)	WO战略(利用机会,克服劣势)
1.政府的大力支持。 2.巨大的市场需求。 3.经济的快速发展。 4.区域经济的整合和一体化发展提供良好的际遇。 5.海洋运输基础的建设和完善。 (1)航运企业建设。 (2)港口建设。 (3)集装箱与码头建设。	1.利用政府政策支持,加快货运基础设施建设。 2.发挥企业经营规模效益优势,开发目标市场。 3.在区域经济一体化的环境下,完善通关检验条件。	1.依托海马航基础设施完善,构建专业化物流系统。 2.基于海空联运的市场需求,完善海航基础建设。 3.政策指引下发展空港物流园区。
威胁—Threaten	ST战略(发挥优势,转化威胁)	WT战略(减少劣势,避免威胁)
1.国外枢纽机场的连接性优势。 2.替代性产品的威胁。	1.逐步完善空港物流园区建设,创造货源竞争优势。 2.改善海空联运环境,避开替代品威胁。	1.加快海空联运基础设施建设,规避替代品竞争。 2.建设多条海空航运线,增加国内外市场竞争力。

(三)ST战略(优势—威胁战略组合)

ST战略是优势—威胁组合,规避外部危险,发挥优势。海空联运发展迅速,有着突出的优势,我国有几个成熟的市场:上海、宁波货运企业;天津、青岛的货运企业;深圳、广州的货运企业,这些企业形成一套较为完备的货运业务网络,是海空联运发展的基础。要在国家政策支持下将优势变大变强,在国际航空中转枢纽的竞争中占据更大的市场份额,在替代品不断发展的环境危险下,从海空联运本身的规模经济、货代企业专业化服务等人手,以优势对抗替代品的竞争,从而获得更大的发展。

(四)WT战略(劣势—威胁战略组合)

WT战略是劣势—威胁组合,主要是通过尽量降低内部劣势的不利影响,规避外部环境威胁求得平稳生存,属于防御性战略。我国的海空联运主要劣势是海空联运专业化程度不够,物流信息平台的统一性、一体化发展还受限制,航空货运市场优势无法发挥,在防御战略中要依靠国家政策支持以及对几个大的航空枢纽的发展,规避国外已有成熟市场的竞争和替代品竞争带来的危险,扬长避短、保持发展。

六、我国发展海空联运的建议

(一)要有良好的硬件设施

海空联运需要良好的硬件设施支撑,硬件设施配置主要包括地面对接设施、航空运输货机,航空运输与其他运输方式不同,除了货运专机之外,大型宽体客货两用机也是航运发展的需求。建立功能齐全、业务综合化、流程一体化的联运中转地,联运中转中心位置一般可选址在同时靠近港口与国际机场的地方,港口、中转站、国际机场之间集疏运通道良好。为了满足大批量运输的货主在中转地的仓储要求,仓储建设、海关监管中心等也是必不可少的。

(二)要挖掘海空联运货物货源

某种运输方式要发展,尽管着眼点主要落在加强自身优势服务上,但是也需要市场推广手段辅助开拓业务领域,我国对外贸易发展一直呈现良好的趋势,每年有大量货物在港口、机场等待运输,很多都适合采用海空联运方式,但有时由于部分货主对海空联运的特点以及能给自己的运输带来怎样的便利和优惠并不清楚,仍然选择传统单一的运输方式,通过海洋运输或者航空运输完成货物进出国境的环节,海空联运市场存在巨大的、可挖掘的潜力。

(三)制度和运作程序上给予支持

海空联运是国际多式联运的一种,因此也同样存在一些共同的问题,运输方式之间的合作受到条块分割的影响,需要在政策及法律法规上给予鼓励和支持,政府从全局利益出发,在制定战略规划上予以引导,为海运部门与航空运输部门的协调合作奠定良好的基础。

第四节 航空专用集装箱

一、航空专用集装箱种类

海空联运中集装箱至关重要,海运与空运所使用的集装箱规格不同,在海空联运中转枢纽换装的时候需要更换集装箱,运量小的货主可以拼箱,相对难度不大,运量大的货物拼箱也存在难度,了解航空运输中的集装箱种类特点对货物顺利中转十分重要。

海洋运输中常用的国际标准集装箱多是20或40英尺,这并不适用于航空运输,因为飞机本身有容积方面的限制,而且对集装箱自重要求比较高,如果使用国际标准化的集装箱用于航空运输,则空间、载重量利用率将很低,运输成本难以控制。因此,在航空运输过程中,国际标准化的集装箱极少使用,取而代之的是有专门的航空集装箱。

航空集装箱设计要考虑飞机货舱的形状、特点,保证在有限的货舱空间里实现最大装载率,因此部分空运集装箱是截角或圆角设计,而飞机的形状又是由其空气动力学特性决定的。所以,航空集装箱不可能采用同一个标准。在航空运输系统中,把航空集装箱(Air-Mode Cargo Containers)列为集装器(Unit Load Device)中的一个品种,利用飞机载运的集装箱,其规格和型号甚多。因此,航空集装箱的形状、尺寸一般都存在较大的差异。

目前常用的航空集装箱主要有AKE集装箱、AMF集装箱、AAU集装箱和AMA集装箱四种。具体形状如下图所示。

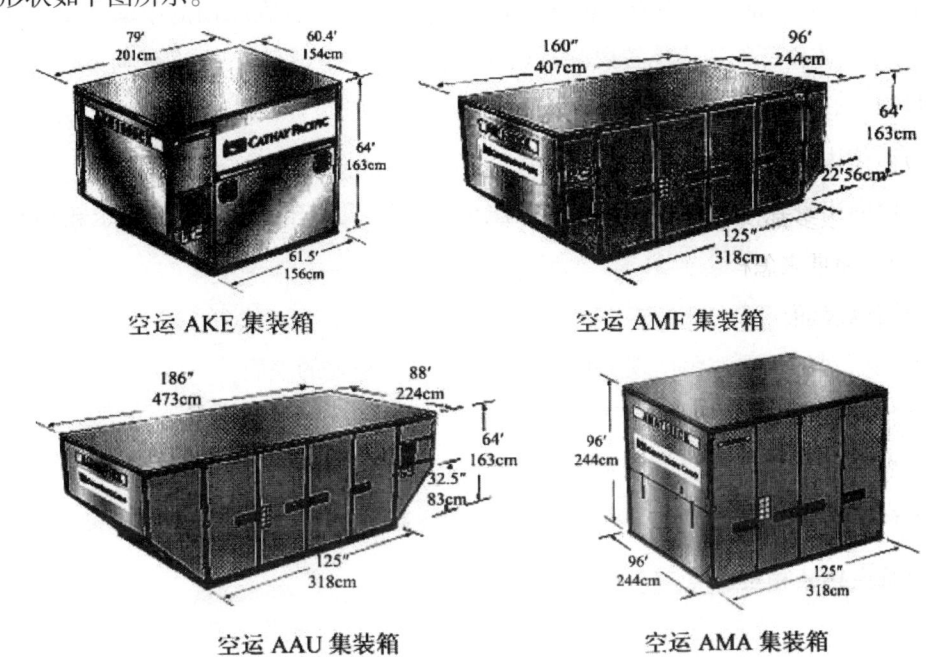

图5-1 AKE集装箱、AMF集装箱、AAU集装箱和AMA集装箱

AKE集装箱、AMF集装箱、AAU集装箱、AMA集装箱的具体参数如下表所示：

表5-3

集装箱类型	AKE	AMF	AAU	AMA
ATA代码	LD3	n/a	LD29	M1
集装箱容量	152立方英尺，4.3立方米	516立方英尺，14.6立方米	505立方英尺，14.3立方米	621立方米，17.58立方米
集装箱重量	100千克	330千克	355千克	360千克
集装箱最高可容重量（包括集装箱重量）	1588千克	5035千克	4626千克	6804千克
集装箱适载机型	747，747F，777，Airbus	747，747F，777，Airbus	747，747F	747F

二、航空集装箱运输的特点

航空集装箱与国际标准集装箱在箱体结构、使用材料方面都存在巨大的差异，一般说来，航空集装箱结构上的特点包括。

（一）集装箱材质

航空集装箱不能使用钢或者不锈钢材质的，它的主要目的是在符合强度和刚度要求的前提下，要尽量降低空运集装箱的自身质量，因而构成箱体的材料以铝合金为主。

（二）箱体结构

箱体本身及其内部结构均应考虑限动装置，其中包括货物在箱内的限动和箱体在机舱内的限动；在箱体外部的适当位置要装有供人力移箱的拉手，每处拉手在任何方向均应当能够承受4449N的拉力。

（三）箱体内压

当机舱内出现快速失压时，箱体的内压要能够与机舱压力相适应，要求箱体至少有$5cm^2/m^3$的通气面积。

（四）箱内表面

箱体的内、外表面要避免出现尖角和棱边以及过于粗糙的表面。

（五）箱体支承

对于设有叉槽的箱体，进叉口和支承座应能将其承受的载荷传至下底座，但下底座所承受的压力不可超过9.55kpa。

（六）航空集装箱货源

航空集装箱运输的货源主要集中于贵重物品、易腐烂变质物品等，航空货物对速度、安全要求较高，通过航空运输的货物一般批量不大，不能像海运、铁路运输那样进行整车皮、整船大量货物运输。航空运输公司通常只负责货物在货运两地机场之间的运输环节,航空货代负责揽货、接货等。

(七)装卸搬运等设备

为装卸和搬运航空运输集装箱及其他成组器,航空货运机场必须配备相应的装卸搬运设备,如牵引车、挂车、吊机、货物输送机等。

三、航空集装箱运输的优点

(一)安全性高

航空货物运输属于高科技行业,飞机安全性在当前的航空工业技术条件下是相当可靠的,在地面物流操作环节中,货物运输多使用航空集装箱的,简化了物流业务的处理流程,可使用高效的机械设备进行航空集装箱装卸,减少了货损货差及偷盗现象,货物通过航空运输安全性能极高,适合一些贵重物品的运送。

(二)通行便利

航空货物运输通行便利,飞机在运输途中沿空中航线飞行,不受地面自然条件的限制,飞机运行速度快,货物可以在短时间内被运往世界各地。有时一些特殊情况,例如战备、救援等需要,或者有其他运输方式无法达到目的时,航空集装箱货物运输是最好的选择。

(三)运送速度快

航空集装箱货物在途中的运输速度是各种运输方式中最快的,地面物流环节由于使用先进的装卸机械,货物在航空港和中转站的滞留时间也很短。因此航空集装箱在节省货物运输时间方面也位列第一,这对需要急运快件货物的货主有很强的吸引力。

(四)节省货物仓储等费用

尽管航空运输最大的特点是运费高,但由于航空集装箱运输机械性操作强,货物在途时间短,周转快,途中货损货差事故少,因此可以减少很多仓储、包装、保险等费用,总体运输成本并不高。

可以说航空集装箱运输的这些优点正适应了现代国际贸易对货物供应的要求,因此它在国际贸易运输中的地位越来越重要。

四、航空集装箱货物运输方式

(一)班机运输(scheduled air-line)

班机运输有常规可循的规律,有固定航线、固定航班、固定的起点、终点、固定的停靠站点,因此班机运输在航空货物运输中时间可以实时查询到。一般航空公司在班机运输上,常使用客货混合机型组织货运,货舱舱容有限,很少承接大批量货物运输。

(二)包机运输(chartered carriage)

包机运输有整包机与部分包机之分。

整包机是运输大批量货物时候使用,航空公司与货主事先签订合同,约定时间、机型、运费、运输条件等事项,航空公司将整机租给承租人运输货物到目的地。

部分包机的货运量相对较少,由几家货主或者货运代理公司联合,将运往同一航线的货物联合起来,共同承租一架飞机进行货物运输,有时也可以是包机公司将一架飞机的舱位分别租给货物去向在同一航线的货主或代理人。

办理包机要至少一个月前与航空公司洽谈并签约,航空公司要预留时间办理包机过境、入境、着陆等有关手续。

(三)集中托运(consolidation)

集中托运主要是由航空货运代理公司来完成,航空货运代理公司并不是仅代理某一家或几家的货物,因此可以发挥规模经济的作用,将运输同一航线、目的地的单家货物集中为一整批货物,向航空公司办理同一托运,货到目的站后交由目的地货代进行收货,进口货物报关报检后分运给各个实际收货人。

集中托运方式已在世界范围内普遍开展并形成较完善、有效的服务系统。在我国集中托运是进出口空运货物的主要运输方式之一。

(四)急件传递(air express)

专门经营急件传递的公司与航空运输公司合作,由专门工作人员负责将货物在货主、机场、用户之间传递,对速度要求极高。如当急件传递公司收到托运人委托后,使用最快速度将货物运往机场赶乘最快航班,然后使用电传方式将收货信息传递给国外代理,航班抵达后国外代理提货后送交收货人,因此又称为"桌至桌"(desk to desk)运输。

第六章　国际多式联运的陆空联运的SWOT分析

第一节　陆空联运的特点与流程

一、陆空联运的定义

陆空联运是陆路运输与航空运输相结合的国际多式联运,目前有三种,一是TAT(Train-Air-Truck):铁路、航空和公路运输的联合,二是TA(Train-Air):火车、飞机的联合,三是TA(Truck-Air):卡车、飞机的联合。

二、陆空联运的特点

(一)地理条件适合选择陆空联运

陆空联运内陆城市国际贸易中货物运输的主要方式,航空运输落地配也以陆空联运为主。我国目前仅有几个发展较大的大型航空物流中心如北京、天津、上海、广州等,总量上偏少,不能满足日益增加的国际贸易货物运输需求,虽然各个省会城市和一些经济发展中心城市都有航空机场,但以客机居多,货机量少,运量受限,成本也较高。因此要使用大型国际航空中心运输货物出境,在国内从内陆城市到航运中心路段,多选择陆路运输方式,其中公路运输的灵活性较铁路要有优势,因此TAT方式在陆空联运中使用最频繁。

例如我国国际货物运输企业进行陆空联运时,以长江为分界线习惯使用不同的方式,长江以南一般先通过铁路、公路内河航运将货物运往香港,从香港使用航空运输方式运往目的地,需要中转的,在中转地再使用铁路或公路运输送往最终交货地。长江以北的企业一般先用铁路或公路运输将货物运往上海、天津、北京等航空中心,再由飞机运往国外。

(二)涉及部门多,协调合作才能发展

以陆空联运中用得较多的空铁联运为例,空铁联运涉及航空和铁路两大部门及众多要素的协调、组织和融合,空铁联运的顺利开展要考虑空铁联运模式、空铁联运情况下铁路运营组织、空铁联运范围、空铁联运之间衔接方式以及空铁联运空运组织及票务系统等,需要众多部门协调合作。

(三)便利货物运输

陆空联运方式尤其是公路运输对基础设施配备要求最少,货运对接便捷,运输速度快,

比较单纯的航运运输,无论是空铁还是卡车航班的费用远远低于航空运输本身,运费适中,货主选择没有压力,而且对内陆运输来说,除了长江沿江地区可以选择内河水运之外,其他内陆城市要依靠陆空联运才能实现货物"门到门"的运输服务,陆路运输灵活,对运输的外在条件要求较少,货物在途时间少,能够安全保质的到达目的地,广受世界各国欢迎。

三、陆空联运的方式

(一)空铁联运

1. 空铁联运定义。空铁联运从实质上讲是将铁路运输作为航空运输的支线,通过铁路实现货物从航空站到目的地的运输。空铁联运兼具两者优势,充分将铁路运输的平稳性、及时性、可靠性与航空运输的快捷性结合,能极大提高物流运输的经济效益和社会效益。

2. 空铁联运的现状。与铁路运输相比,航空运输在陆路尤其是中长途运输中的优势越来越小,随着铁路运输的发展,铁路运输速度不断提升,航空运输的高价格让货主难以承受,在中长距离的运输中,全程使用航空运输时间虽然短,但是运输成本高昂,对于不是非常亟需的货物,也凸显不出太大的优势,空铁联运让两种模式结合起来,能够达到运费和时间的双重满意,为货主所青睐。

3. 空铁联运的基本模式。目前的空铁联运模式基本上可分为三类:一是机场与铁路轨道没有直接衔接,但是距离较近,可以通过联合运输的组织方式实现;二是机场有铁路轨道连接,机场本身就是航空物流站,可以直接实现货物之间的换装;三是空铁联运的最高发展模式,"零米高度支线飞行"时无缝衔接的空铁联运。

(二)卡车航班

1. 卡车航班定义。卡车航班在国外早已出现,近些年在国内发展势头良好。航空公司在货物起运地、中转地、目的地之间开辟固定的地面运输路线,将卡车纳入航空运输的范围,视为其后续运输的一部分,通过卡车实现空运货物地面对接的方式。

卡车航班的名称由来是因为其拥有与航班相同的属性,每一辆卡车航班都拥有独立的航班号、承运人、始发地、目的地以及进出港时间等,信息是公开的,可以随时查询。因此简单地说卡车航班就是对航空运输在地面服务的延伸,航空运输无法直接服务运输流程的终端,利用卡车航班代其完成这一服务,使得任何地区即便没有机场、航线,航班也一样可以使用航空运输方式。

2. 卡车航班的意义。卡车航班的出现,是航空服务的一种延伸,一定程度上缓解了传统航空运输的压力,结合了卡车的灵活性和航空的快捷性,一方面节约了社会资源,另一方面给货物运输提供了良好的服务。航空公司的货运集散过去大多是利用客机腹舱完成的,这种单一的点对点腹舱运输虽是目前各大航空公司最为主要的货运形式,但过于依赖机场、航班、航线等条件限制;客机腹舱集散货物还要受到乘客托运行李、导致可用货物可载量变化等制约因素。

卡车航班是新型空陆联运的产物,即国际段空运进出境,国内段卡车运输至门到门,既能结合卡车的低价格和灵活机动的运输优势,又能享受航空运输的高速度、高效率服务。是点对点单一空中运输方式的有效补充,是提高货运效益的有效手段。

3. 卡车航班应注意事项。

(1)应处理好货物在两种运输方式之间的衔接,即要根据货物运输的续程航班时间来确定使用飞机航班或者卡车航班。

(2)卡车航班的运营条件及周边环境比单一航空运输要复杂,运输时间长、路程远、环节多。

(3)卡车航班相当于航空飞行的后端,因此在某些国家、国际惯例的法律层面上,卡车航班是航空运输的一部分,而不是公路运输,尽管在形式上运输货物的工具是卡车,卡车实际上是航空器在地面的替代,它的行驶路线和时间按照航空公司航线来进行安排。

4. 卡车航班运作程序。

(1)货主将联合运输方式在签署进出口合同、制作商业发票等单据时事先要注明。

(2)货主事先向陆空联运经营人申请并提供有关单证资料,办理委托,资料包括为安排货物在中转地转运业务的运输委托书或出口货物报关单。

(3)货物在内陆起运地装载上卡车后,陆空联运经营人签署航空货运分运单或承运货物收据交付货主,代表货物已承运。

(4)陆空联运经营人拟定的中转地的货代人提供货物装上陆路运输工具的离站信息,以便转运人办理货物在中转地的中转事宜。

(5)陆空联运经营人委托中转地的货运代理,负责从航空公司接收货物,并安排卡车等陆路运输工具转运至目的地,交付收货人。

第二节 我国陆空联运的SWOT分析

多式联运是一个综合性的大物流体系,航空运输只是其中的一个组成部分,能够解决长距离的运输,并且从时间上给货物运输提供保障,航空运输受到客观条件的限制,最终与货主紧密相关的还是要靠"落地配",也就是陆路运输来完成,这就是陆空联运的意义和价值所在。[1]

---

[1] 李敏."一带一路"下的国际多式联运SWOT分析[M].现代教育出版社,2016.

一、优势

(一)卡车航班的发展和体系日渐成熟

卡车航班是陆空联运最有力的支持,我国在新的物流规划中提出大力发展卡车航班,依托区域运输网络建立卡车转运中心,打造航空货物"门到门"运输服务系统,从政策上为卡车航班的发展提供平台。卡车航班采取一单到底的方式,卡车是航空的延续,卡车航班包车随时发运,运输成本低,方便快捷。以郑州航空中心为例,机场为核心向四周辐射,半径1000千米以内货物集疏都可以使用卡车。

目前一些航空中心正在规划建立卡车转运中心和公路航空物流绿色通道,通过提升联运技术水平,拓展航空货运市场,发展诸如电子产品、精密仪器等货物的航空运输,来进一步发展中西部地区的陆空联运,力求在运输中实现"卡车的价格,空运的高效"。

(二)航空货运专业化发展

国内航空货运专业化程度不断提高,尤其是近年来政府出台了一系列鼓年攀升,但是航空货物运输模式仍以直达航班为主,陆空联运、卡车航班在运输格局中占据比例不大。

(三)陆空联运的中转问题

航空货运中转站是陆空联运发展不可回避的重要问题,中转站的物流发展程度直接影响航空货运机场的等级。中转货运站建设首先要有专门的场地,专业性物流业务人员,由于航空运输体现的最大优势是高效,因此对物流支持服务要求极高,在装卸、分拨、理货等环节不允许出现错误造成返工事件。陆空联运中转站经济辐射主要作用于周边贸易加工企业,所在地行程区划分属不同省市,会影响很多申报数据不能实现完整的异地交换,运输中的监管和安保也要求与一般货物不同,增加了陆空联运发展的难度。

由于我国近几年对外航空运输货运量增长速度加快,货运中转站主要集中于如何服务常规性货物运输,扩大货运站的中转量,应对现有客户需求。货运中转站的发展依附于航空运输,服务于航空运输,尚未从自身提升层次的角度全方位规划发展目标,形成竞争特色,对航空货运中转站的巨大潜力及对其物流服务的要求,缺乏系统科学的研究。

(四)硬件环境有待于进一步改善

我国主要门户机场大规模建设大多开始于九十年代中期,货站的建筑和运作流程都存在着一定盲区,尽管近几年机场对自身进行了适应性改建和扩建,但离理想中的中转硬件环境尚存在着一定的差距,航空物流园区、航空港在我国航空运输发达的几个城市,例如上海、厦门、青岛、天津等建设并发展,但是与国外几个成功航空枢纽中转中心的硬件环境还存在着很多不足,导致在陆空联运中转的货源争夺中处于不利位置。

(五)相关政策的社会需求和认知度不足

有些政策制定日期过早,带有时代的局限性,受到政策制约,一些国外新型陆空联运方式及手段缺乏法律支持,使用具有一定的风险,以至于遭到摒弃,失去了发展区域物流特色,做大地方市场的机会。从加快经济贸易发展,完善创新陆空联运服务的角度,亟需相关主管部门更新政策,与时俱进,采取更多的措施支持陆空联运物流产业链的建设,提供平台推动航空货物中转场所的发展。以经济发展的大环境为契机,尽快发展陆空联运,发挥其运输的优势作用。

成本可达百多万元,不仅费用节约,时间上快捷,通关效率也大大提高。与全程陆路运输相比,企业一票货物从转出地海关到目的地海关需要1周左右的时间,而采取陆空联运转关方式,货物从转出地海关到目的地海关仅需1天时间,大大提高了通关效率,充分满足企业生产需求。同时货物运输业更加的安全。

2004年12月大连市卡车航班成功迈出了海关监管模式改革的第一步,中国国际航空股份有限公司大连分公司货运部在大连机场海关的监管下,成功运输了首票米兰—上海—大连的空运转卡车航班货物,以大连为中心的东北地区海关卡车航班监管模式初见成效。

(四)航空物流中心的发展

航空物流中心的建设和发展对陆空联运有着极其便利的条件,一是能够促进航空机场陆空联运物流差异化发展,走航空物流区域特色发展道路,二是可以推动陆空联运物流的协调发展,整合周边区域的资源,三是进一步促进和推进陆空联运物流配套发展,加快进行航空枢纽中心周边经济一体化政策、投资和物流的配套建设,提升同城化的效应。

陆空联运的无缝对接发展良好,才有可能实现资金、人力、物资在国内外的通畅流动,才能兼顾国内外客货运输的市场需求,形成不同航线航班的合理配置,一体化程度较高的陆空联运物流经济。

二、劣势

(一)航空运输经济结构不够合理

我国的航空运输发展中,存在经济结构不够合理的现象,客机航线多,货机航线偏少,部分客货两用机虽然能够运输货物,货舱受限,集装箱及运输货物种类都受到限制,我国的货运业发展还落后于其他国家,航空货运中占重要位置的大多是国外航空公司,国内航空公司在运输竞争中不占优势。

(二)航空货运存在问题

目前的航空货运市场企业承受压力过大,收益水平不断下降,货代企业常常亏损、无利可图,这与航空货运市场不规范,国内外货运网络平台没有形成,航空物流园区配套设施和延伸服务不够,加之燃油费的不断攀升等因素有关,这些问题制约了航空货运的优势发挥。因此尽管航空货物运输量逐励支持政策,企业为了提高竞争力也采取了不少发展规划和措施,航空货运业正逐步由传统货运向现代综合物流转变。

国内航空货运承运人都在寻找航空货运的转型方式,不少航空公司将通过逐步"物流化"来转移航空货运所带来的激烈竞争,传统航空货运向地面延伸,不断扩大货运辐射面。

为了更好地利用航空运输,提高航班使用效率,山东省建设了我国首个"城市货站",用于货物的分流,城市货站的主要作用是调配货源和货舱的不平衡,将货源充裕货舱紧张地区的货物,及时分配到货舱丰富的地区,提高航空资源的利用效率,提高客户满意度,进而增加市场份额。

2008年11月,山航货运—山东省内首个"城市货站"在潍坊成立,货站以潍坊为支点,有效整合济南、青岛两地航空运力资源,依托潍坊市的辐射能力串联起整个山东市场。2009年底,山航货运继续开拓,以潍坊货站为基础,开通了威海远程货站,将烟台、青岛两地航空运输资源整合进来。

2014年,继潍坊城市货站、威海远程货站之后,山航货运又在临沂开通了卡车航班业务,临沂地区小商品交易发达、货源充足,是发展航空运输的良好地区,以临沂为支点可以串联整个鲁西南市场。截至目前,山航货运利润突飞猛增,卡车航班以潍坊城市货站为运营中心,辐射烟台、威海、滨州、东营、日照、淄博、临沂七大地市,通达济南、青岛两大机场,每日运营4条固定航线,累计运输货物13000吨。

(三)便利的通关手续

卡车航班是空运进出境航班与卡车内陆运输相结合的一种方式。在海关监管方面是指海关依托转关货物的监管模式,通过改进监管方法,由卡车来弥补航空运输航班在机型、航线以及时间等方面的不利因素,替代飞机承运海关监管货物。卡车航班承运货物时,需要先根据所载货物的数量、体积作出计划,选择相应容积的海关监管车辆,企业可以运输运量较大的货物、超大超重特殊货物以及集装箱货物。卡车承运海关监管货物到目的地进行报关报检,避免了代理公司两地办理海关监管手续的程序,缩短运输时间,降低运输成本。

陆空联运转关模式下同样的一笔货运业务采用空运与陆空联运相比,光运费就节省了70%,同样的货代企业运输方式选择不同,一年来节省的运营

三、机会

(一)国家大力支持陆空联运

随着国家物流业的兴起,一带一路的大规划,多式联运在我国物流业发展中的地位日渐突出,2014年《物流业发展中长期规划》的出台,将物流业提升到支撑国民经济发展的基础性和战略性的产业地位。在规划中一共有18处提到大力发展多式联运,而且明确地把多式联运列为12大重点工程之首,并鼓励发展海铁联运、铁水联运、公铁联运、陆空联运等多种形式,这在国家政策上为陆空联运的发展提供了良好的机遇。

(二)陆空联运物流圈的建设

以城市经济为核心,便捷交通枢纽为链接,我国形成了几个大的陆空联运物流圈,诸如以上海为中心的长三角物流圈,以北京为中心的京津冀物流圈,以郑州为中心的中原物流圈,以成都为中心的西南物流圈等,对于发展规模较大、成熟的现代化陆空联运中心起到了良好的推动作用。

(三)跨境电商的发展需求

据我国商务部不完全统计,2013年到现在,中国的跨境电商几乎一夜暴起,外贸电商交易额近3.1万亿元人民币。中国跨境电商交易规模发展速度居高不下,电子商务在中国对外贸易中的重要程度将会加重,预计到2016年增长速度将会达到19.0%,跨境电商交易规模将达6.5万亿元。跨境电商的飞速发展急切需要物流的支持,陆空联运最适合跨境电商交易存在,一是货运量小,二是时间要求高,三是从门到门的货运服务,这几点在陆空联运尤其是公路与航空运输的联合最为符合条件,跨境电商的全面发展将给陆空联运带来良好的开阔的前景。

四、威胁

(一)航空货机和货运站数量不足

我国的航空货机数量不足,所有的货机全部加起来只有100多架,专业航空货运站很少,在货源竞争上缺乏优势,国外有些航空货运发展规模较大,提供的物流服务较好,例如FedEx是目前全球最大的快递物流企业,在全球375个机场开设空陆联运业务,拥有634架货机、4.7万辆卡车,在全球设有1200个服务站及10个空运快件转运中心,能够提供次晨达、次日达、隔日达以及普达等多样化快递服务。我国货机和航空站不足,运费成本又高,低价值的小批量货物使用航空运输不是很必要,货主选择的时候会考虑其他运输方式,这些都是陆空联运发展的不利之处。

(二)新型物流运输组合的冲击

联合运输的种类不只是陆空联运,陆空联运要发展本身就受到海铁、陆桥、海空联运等的竞争,层出不穷的新型物流业发展,运输组合的创新也分散了货源,给陆空联运带来了冲击,例如2013年5月28日新建的菜鸟网络科技有限公司,由阿里巴巴集团、银泰集团联合复星集团、富春集团、顺丰集团、三通一达(申通、圆通、中通、韵达)联合组成,目标是要打造"中国智能物流骨干网"(简称CSN)。

菜鸟网络科技有限公司实力雄厚,初期投资达人民币1000亿元,计划在5年左右的时间,打造遍布全国的开放式、社会化物流基础设施,建立一张能支撑年度约10万亿网络零售额的智能骨干网络,力争做到"让全中国任何一个地区做到24小时内送货必达"。

菜鸟网络计划目前对陆空联运的影响,短期内还是很有限的,因为它自己也是新兴事物,发展不成熟,但从理论上看,菜鸟网络科技的发展思路:用仓储换时间、肢解干线(物流)、统筹落地配等还是很适应现代物流需要的,对于现有的陆空联运产生强大的分流作用,冲击力很大。

五、我国陆空联运的SWOT析

(一)SO战略(优势—机会战略组合)

SO战略是利用外部机会发挥内部优势的战略,陆空联运发展中通过建立卡车转运中心、公路港、航空港、综合物流园区等,提升联运技术水平,拓展航空货运市场,建设"城市货站",用于货物的分流,并且以城市经济为核心,形成几个大的陆空联运物流圈,诸如长三角物流圈、京津冀物流圈、中原物流圈、西南物流圈等,充分抓住国家发展陆空联运的支持策略,推动陆空联运向更好的方向发展。

(二)WO战略(劣势—机会战略组合)

WO战略是劣势—机会战略,要充分利用外部环境的有利条件转化自身的劣势,通过改变劣势获得发展机会。国家正处于一带一路的大规划战略下,多式联运在我国物流业发展中的地位日渐突出,2014年《物流业发展中长期规划》的出台,将物流业提升到支撑国民经济发展的基础性和战略性的产业地位。对于陆空联运提供了良好的政策支持平台,以前所匮乏的硬件设施等都飞速发展。跨境电商的发展急切需要物流的支持,陆空联运最适合跨境电商交易存在,一是货运量小,二是时间要求高,三是从门到门的货运服务,这几点在陆空联运尤其是公路与航空运输的联合最为符合条件,跨境电商的全面发展将给陆空联运带来良好的开阔的前景。

表6-1

SWOT分析	优势—Strength 1.卡车航班的发展和体系日渐成熟。 2.航空货运专业化发展。 3.便利的通关手续。 4.航空物流中心的发展。	劣势—Weak 1.航空运输经济结构不够合理。 2.航空货运存在问题。 3.陆空联运的中转问题。 4.硬件环境有待于进一步改善。 5.相关政策的社会需求和认知度不足。
机会—Opportunity 1.国家大力支持陆空联运。 2.陆空联运物流圈的建设。 3.跨境电商的发展。	SO战略(发挥优势,抢占机会) 1.依托陆空物流圈建立,发展专业化航空货运。 2.跨境电商的发展促进陆空联运发展。	WO战略(利用优势,克服劣势) 1.国家政策支持,完善航空物流结构。 2.陆空联运发展,改善硬件基础设施。
威胁—Threaten 1.航空货机和货运站数量不足。 2.新型物流运输组合的冲击。	ST战略(发挥优势,转化威胁) 1.发挥卡车航班的优势,规避航空物流存在的不足。 2.陆空物流中心发展对抗新型物流运输组合冲击。	WT战略(减少劣势,避免威胁) 1.改善陆空联运中转问题。 2.规避新型物流的竞争。

(三) ST战略(优势—威胁战略组合)

ST战略是优势—威胁组合。陆空联运要充分发掘卡车航班的优势,最大限度的减少中转环节,力争一票到底,随时发运,方便快捷。通过改进监管方法,使用卡车承运海关监管货物,弥补航空运输中固定航班在机型、航线以及时间等方面的弱点,避免了代理公司两地办理海关监管手续的程序,缩短运输时间,降低运输成本,减少了我国目前航班数量及货运站不足等缺点。发展航空物流中心,促进和推动各地航空机场陆空联运物流差异化发展,推动陆空联运物流的协调发展,整合周边区域的资源,加快进行航空枢纽中心周边经济一体化政策、投资和物流的配套建设,提升同城化的效应,应对新型物流组合的冲击。

(四) WT战略(劣势—威胁战略组合)

WT战略是劣势—威胁组合,属于防御性战略。我国的陆空联运主要劣势是航空货运市场不规范,国内外货运网络平台没有形成,航空物流园区配套设施和延伸服务不够,新出现的物流组合竞争力较强。在发展陆空联运的时候要尽量避开外部环境的不利影响,善于利用周边区域经济的发展以及多式联运物流基础设施、信息平台建设所代理的机遇,发展自身专业化货运服务,改善硬件设施的配套,发挥更大物流经济效益。

六、陆空联运的发展对策

(一) 提高大通关受益群体,发展直驳运输

运输中转环节越多成本越高,货物毁损的机率也增多,发展直驳运输尽量减少短驳运输和中转次数,到达空港的货物首先要进入理货或分驳流程,然后按要求驳运至货代仓库,如果事先没有预先计划,往往会出现反复短驳运输,造成物流环节一再重复,产生极大浪费。直驳运输在货运站要先计划好进入空港之后的流程,直接将货物分送给用户,无需再入库。

目前最有效的就是大通关工程,货主或代理人与查验单位合作,海关监督车辆将先期到港的货物整件直驳运输至目的地仓库,在空港属地之外进行理货,减少了货物在场地的停留时间。陆空联运中尤其是卡车航班的发展,将陆地运输作为空运的延伸,扩大空运直通式和便捷通道的受益企业,实现大通关工程中"六个一"的放行流程,简化异地监管区域中转驳运手续。

(二) 提高联检部门通关效率

一般地,联检查验部门的工作任务是要做好货物出入境的监督检验,为对外贸易的发展服务,海关物流监管的要求是严格细致的审核货物,而单纯从物流业务运营的角度出发,程序越简化越好,两者之间存在一定的冲突,因此通过业务流程再造,新技术应用,通关弹性化来提高通关效率。

1. 业务流程再造。在通关流程上可以采用取消、合并、重排、简化、同步、自动化等方法进行改造,采取一些灵活的方式,例如网络报关、卡车航班、空陆空接驳联运、总担保、电子预

归类与预审价等。

2. 新技术应用。新技术应用包括发展智能化的物流监控、电子数据采集、传输自动化、建立在线许可审批流程、构建一体化物流信息平台,实现全程物流信息资源共享。

3. 通关服务弹性化。通关服务弹性化有两方面:时间弹性与空间弹性,时间弹性主要指延长通关时间、预约通关、24小时通关等,空间弹性包括加强关区合作、设置专用通道、就地报关、多点报送、监管区专管等。

(三)试点管制代理人制度,推行安保改进措施

航空运输中货物不能异地安检,跨地区安检有一定困难,在未来发展中可以转变思路,改进模式,尝试新的方法,例如推行管制代理人、实施企业资质认证或信任评估等制度。减少临空货站操作场地的安检工作量,航空运输货物量逐年增多,临空货站的压力很大,单凭工作效率提高、流程简化很难消化掉日渐拥堵的货物,改进安检办法,减少运输、代理等中间环节,提高陆空联运中货物中转的速度。

另一种办法是延伸货站,报请海关批准,实行多点报关,仓库验放措施,建立通关快速通道和远程货站相结合制度,空陆中转货物采用海关直转手续,在空港以外的城市货运站进行安检、货物称重、报关等,到达空港后无需重复过磅和二次安检,以空陆联运航空货物直通模式为异地增加货运站中转功能,同时提高机场航空货运经济效益,增强竞争优势。

(四)加强物流信息网络建设,提高货站服务能力

加强货站信息化建设,建立货物从货主发货到装上航空货运飞行器的全程物流信息跟踪平台,货物在每一个物流环节中转、配送都通过信息平台实时查询、更新、监控,建立信息绿色通道、货物绿色通道,中转货运站要提升物流服务水平,建立中转站品牌优势,突破物流初级阶段发展思路和要求,提高物流层次。通过增强与其他物流环节的合作,密切与客户之间沟通,规范中转站业务操作与信息传输程序,降低货物在中转过程的破损率,提高货物交接完好率,从点、线、面各个角度全面增强货站中转水平,提供高效的、无缝对接的服务。

(五)建立公共中转货物处理平台,发展社会化运输体系

货运站是发展陆空联运的基础设施,货运站的发展可以参照其他国家的发展模式,借鉴同行业的成熟经验,其中建立公共中转货物处理平台是一种较好的选择。参考公路运输集约式处理方式进行公共货运平台建设,由第三方物流企业负责专业运输,整合资源发挥规模经济效益,打破单门独户自成体系的运输壁垒,建立统一配套的接、发货设施、装卸、分拨、配送设施的高效运用,减少车辆回程空驶、车厢不能满载等造成的浪费,降低运输成本,有利于稳定货源,稳定运输。

(六)提高运输工具实载率

国内外目前盛行的配送形式是将多家需要的货和一家的多种货优化配置,充分利用运

输工具的额定能力,保证车辆满载,达到空间和重量的合理搭配,减少浪费。例如接驳式运输模式,采用接力式中继站集发货物、统一运输的方式,以陆空联运中心机场为圆心,周边区域辐射内陆地区各省市货物运输,通过中继货物中转站,提高运输工具的效率,缓解道路运输压力。

(七)加强航空港综合物流园区建设

发展航空港综合物流园区,物流园区的建设规划要从硬件和服务两个方面着手,硬件配备上完善航空港物流功能布局,建设集疏运便捷的货运站和基础设施,以陆空联运国际枢纽中心的标准,构建国际性高端物流服务平台,形成陆空协调发展、高效对接的平台。

能动性发挥公路货运的灵活性和航空运输的高速度,大力发展卡车航班,在航空港物流园区半径1000千米区域的货物都可使用卡车航班,开展一体化货物配装、配送,开通多条通往航空机场的卡车货运专线。采用"一单到底"的包车随时发运操作方式,加强"最后一公里"的落地配送。打造航空货物"门到门"快速运输服务。

(八)打造链条集成体系

陆空联运中,航空运输是起主导作用的,要充分发挥航空运输带动作用,加快航空运输硬件设施建设,包括仓储、服务链条等,增强货运站的联动效能,优化货物运输的业务流程,构建航空机场为中心,辐射周边区域的物流服务网络。使得陆空联运体系能够服务供应链中从原材料供应商,到生产商、销售商、最终客户的综合性体系,同时发展各种类型的物流,力争建成为全球重要的产品交易展示中心和国内进出口货物集散中心。

建设多元化、多功能一体陆空联运信息平台,开展在线订舱、查询、运输设计、咨询、仓储、支付、电子商务等业务,推动公路港与航空港的协同发展,完善装卸、转运、拼拆箱、仓储、配载、运输、包装等物流功能,最大可能地减少物流业务环节的重复和浪费,达到货畅其流的作用。航空港物流园区内引进国际知名物流企业入驻,提高园区陆空联运的发展层次,拓展国际货源,增强物流同区的竞争能力,从而更好地发展陆空联运。

第三节 公路集装箱

一、公路集装箱货物运输的发展

公路集装箱是公路货物运输发展的产物,公路运输作为国际多式联运的起始环节和最终环节,是整个多式联运流程中必不可少的一部分。公路集装箱货物运输可以用于海运、航空、铁路等各种运输方式集疏运,也可以独立从事国际货物运输,因而公路集装箱运输是点多、面广、最常见的运输方式,公路集装箱也在集装箱货运中占据重要的地位。与我国海运、内河、铁路集装箱相比,公路集装箱目前主要在沿海地区、长三角地区、珠三角以及京津冀地区发展势态良好,在我国公路集装箱运输有5个主要功能。

表6-2

种类	功能
海陆衔接	集装箱海上运输业务由港口向腹地城市的延伸运输、中转运输以及在内陆货运站进行的集装箱拼拆箱、交接、装卸、存储、清洗、维修和集装箱货物的仓储、分发等作业。
公铁衔接	国内铁路集装箱由铁路运输车站至收、发货人仓库、企业生产车间、堆场等的门到门运输和代理货物的拆装箱作业。
河路衔接	沿海、内河国内水运集装箱由港口向腹地的延伸运输、中转运输或货主间的短途门到门运输。
边境陆路运输	边境地区近距离城市之间干线公路直达的集装箱运输。
内陆与港澳运输	内陆与港澳之间及其他边境口岸出入国境的集装箱运输、接驳运输以及大陆桥运输。

二、公路集装箱货物运输的形式

1. 整箱的港到门运输。
2. 整箱的港到站运输。
3. 整箱的港到场运输。
4. 整箱的门到港运输。
5. 整箱的门到场运输。
6. 整箱的门到站运输。
7. 空箱的场到门运输。
8. 空箱的站到门运输。
9. 空箱的站到场运输。
10. 空箱的站到站或场到场运输。

三、公路集装箱运输的条件

(一)国外公路集装箱运输条件

欧美一些发达国家总结货物运输中经验,将公路集装箱运输的条件总结为以下几个方面。

表6-3

条件	优势
货源	集中、稳定、流量较大。
硬件	在整个集装箱运输过程的各个环节上,都要更新有关的设备。

组织管理体系	健全的组织机构和严密的管理制度。
内陆中转	一定规模的内陆运输条件,使集装箱能迅速、简便地在各种运输方式间转换。
包装、配送服务链	具有一定的工业生产水平,货物包装要实现标准化、系列化。

(二)我国集装箱公路运输条件

我国国情的发展形成集装箱运输的条件。这些条件可以归纳为以下3个方面。

1. 货源是开展公路集装箱运输的前提。货源是开展公路集装箱运输的前提条件。公路运输企业首先要了解并掌握所承接的货源基本情况,该路线及口岸的货流的规律。在进行充分社会调查的基础上,逐步深入调查,走访重要的货主单位,对适宜优先装箱运输的货物的批量、流向、品种、特性、比容以及为实现门到门运输需要具备的接运和装卸条件等进行分析调查,研究比对设计合适的方式与货主签订运输协议,从客户利益出发,最大限度地满足客户要求,并保障运输业务的准时完成及物流服务的不断完善。

2. 公路集装箱运输的技术条件。公路集装箱运输的技术条件主要指集装箱规格、运输工具、运输线路、基础设施等的配备。目前我国公路集装箱规格要求,有1吨、5吨、10吨非标准箱以及20英尺、40英尺标准箱。其中1吨箱无角件结构,5吨箱现已取消,但是在运输中仍有一定的保有量,10吨箱有角件装置,其定位尺寸不同于国际集装箱,是我国铁道部标准箱型,公路运输中保有的数量较多。20英尺和40英尺集装箱是国际标准箱,在国际多式联运中能够减少货物换箱的麻烦,因此是未来公路运输的主要箱型,具有国际标准箱通用的角件结构和统一的尺寸。

专门用于公路集装箱运输的车辆,是根据所使用集装箱的箱型、种类、规格尺寸和使用条件来确定的。常见的有货运汽车和拖挂车两种。货运汽车一般适用短距离小型的公路集装箱运输,拖挂车一般适用于长途大型的公路集装箱运输,拖挂车在很多发达国家尤其是工业国家广受欢迎。

公路基础设施的技术条件是要求公路运输网的载运能力至少必须等于车辆的负重加上载运一个定额满载集装箱的总重量。运输20英尺、40英尺集装箱,公路必须满足下列要求。

(1)车道宽度为3米。

(2)路面最小宽度为30米。

(3)最大坡度为10%。

(4)停车视线最短距离为25米。

(5)最低通行高度为4米。

此外,集装箱及其箱内货物的装卸方法,也是公路集装箱货物运输的重要技术条件。公路集装箱运输货物批量一般较小,尤其是零担货物运输,数量小、种类多、运输分散,专门建造装卸机械等设备易造成浪费,在公路集装箱装卸时,一般采取就车掏箱作业方法。为了扩大公路集装箱运输的货源,还要逐步将拼箱货纳入集装箱运输计划,因此要设置必要的货运站来完成货物的集散和集装箱的中转任务。

3. 开展公路集装箱运输的管理条件。公路集装箱货物运输的管理要求:一是要制定切实可行的管理制度,规范公路货运单证,单证的使用建立严格的审核条件,建立健全各类业务统计报表、原始记录以及必要的分析考核制度;二是引进专业化管理人员,使用先进科学的企业管理理念建立专业职能机构。

四、公路集装箱种类

(一)拖挂运输组织

公路集装箱货物运输车辆,一般可以分为汽车、牵引车和挂车三大类。不同用途的车辆为了满足运输需要,能够进行组合、搭配,构成服务于多种运输方式的各类汽车列车。通常的搭配形式有两种,一是由载货汽车和全挂车组成的汽车列车,一是由牵引车和半挂车组成的汽车列车,集装箱运输常采用半挂车形式进行运输组织。

拖挂运输也称汽车运输列车化,公路集装箱运输常采用拖挂运输的形式来组织。拖挂运输根据汽车列车的运行特点,对装卸组织工作的不同要求,可分为定挂运输和甩挂运输。无论何种形式的拖挂运输,对于公路集装箱发展都起到重要作用。

半挂车

全挂车

半挂车形式的汽车列车

图6-1 半挂车、全挂车、半挂车形式的汽车列车

拖挂运输也称汽车运输列车化,它是以汽车列车形式参加生产活动的一种运行方式。

拖挂运输是一种有效的运行组织形式。根据汽车列车的运行特点和对装卸组织工作的不同要求，一般可分为定挂运输和甩挂运输。不论哪一种组织形式，只要在适宜的条件下运用，都会有助于生产率的提高。

(二)定挂运输

定挂运输是指汽车列车在进行装卸、运输等物流作业时，汽车(或牵引车)与全挂车(或半挂车)一般不予分离。这种定车定挂的组织形式，是按照单车运行进行组织和管理的，是拖挂运输初期常采用的一种主要形式。定挂运输汽车列车的组织管理与单车运行相比，要在货物装卸、车辆运行调度方面加强协调，否则无法达到单程的效果。

增加了拖带的挂车，尽管增加了货物的运载量，改善了公路集装箱货物运力不足问题，但也增加了货物的装卸作业量。需要完善汽车列车的装卸条件，提高装卸作业效率，否则会大大延长装卸时间，使得运输效果适得其反。定挂运输组织管理方面，要大力加强装卸现场的调度与指挥工作，合理利用装卸机械，组织装卸作业，缩短整个货物运输物流时间。

定挂运输中，汽车列车总长度远远长于单车，装卸作业的设计及设施配备须按照定挂运输的特色来设计，汽车列车停车时要放置在装卸作业线方便的合适位置，一般以与其平行排列较为合适，这样有利于拖挂车同时进行货物的装卸，货物装卸场地应平整宽阔，配备相应的调车场和畅通的出入口，以避免造成出入货场拥堵，增加公路集装箱运输的调车作业环节的时间。

挂车上货物的装载要求，必须按照有关交通法规以及运输规则等有关内容办理。鉴于汽车列车行驶稳定性不如汽车，货物的装载高度和质量应加以适当限制，以确保汽车列车安全性。采用定车定挂运输方式时，汽车列车运行调度方法与单车并无多大区别，可视具体情况安排相应的运行作业计划。

(三)甩挂运输

甩挂运输的优势是减少公路集装箱货物载运汽车(或牵引车)的停歇时间，增加运输途中的连贯性，具体做法是在公路运输沿途各预定装卸作业点，当汽车列车到达后，直接挂上指定的挂车继续运行的一种方式，节省了在各个节点停车装卸的时间，充分发挥其运输潜能，最大限度地利用牵引能力。甩挂运输是拖挂运输的特殊形式，在相同的货运条件下，甩挂运输通常在效率上比定挂运输更高更科学。在同等载货量的前提下，甩挂运输比定挂运输能获得更高的生产率，同样也优于载货汽车和全挂车组成的汽车列车。

甩挂运输可以减轻运输环节中装卸作业的压力，缩减货物装卸时间，在货运站不发达的地区，该种运输方式优点更为突出，为了说明甩挂运输的基本原理，可以汽车列车行驶在往复式线路上，一辆汽车配备三辆全挂车作两头甩挂运输为例。当汽车列车在甲地装货运输至乙地后，装卸人员摘下重挂，集聚人力物力将载货汽车卸空，然后挂上事先已卸货完毕的全挂车返回甲地，此时乙地的装卸人员正完成摘下挂车的卸货。当汽车列车返回甲地，装车工人摘下空挂,再集聚人力物力进行载货汽车的装货,然后挂上事先装货完毕的全挂车继续向乙地行驶,如此循环作业,物流业务十分通畅。

由此可见甩挂运输的作业依据本质上是发挥平行作业的作用,充分利用汽车列车行驶时间进行挂车的装卸作业,改变了整个运输装卸时间分配,由过去的运输—装卸—运输,调整为运输、装卸并行的模式,加速了车辆运输的周转率,提高了运输效率。不同的组织形式,其作业程序也可能会有所区别,但基本作业原理是一样的。

分析甩挂运输的工作流程可以发现,甩挂运输要发挥作用有前提条件,需要运输车辆的装卸作业时间和甩挂作业时间总和,小于整个汽车列车装卸停歇时间,而且挂车在完成装卸后的待挂时间也不宜过长。

事实上,挂车待挂现象是在所难免的,其长短与装卸时间有关,但主要取决于运距的长短、技术速度的高低等因素。甩挂运输一般适宜于短距离运输,运距太长情况下如采用甩挂运输则装卸作业时间在其出车时间中所占比重相对较挂车待挂时间反而很长,甩挂运输效果不甚明显,反倒增加了作业的复杂性。有时可能还会产生这样的情况,当运距大到一定程度时,即使甩挂运输可减少汽车列车装卸作业停歇时间,由于汽车列车的技术速度低于同等载重量的汽车,使得汽车列车运输效率不一定优于同等载货量汽车。

1. 一线两点甩挂运输。一线两点甩挂运输适合短途往返运输方式,具体做法是在运输车辆往返的两地配备一定数量的挂车,汽车列车在两个装卸货运站之间进行甩挂作业。根据装卸具体情况不同,分为"一线两点,一端甩挂"和"一线两点,两端甩挂"。

一线两点甩挂对于装卸地点固定、货物运输量大的地区,效果比较显著。在运量大或运输任务比较紧急的情况下,还可以增加主车的数量,在一个复式甩挂系统内进行两头甩挂作业。这对组织工作要求较高,要求事先进行统筹规划,编制可行的汽车列车甩挂行驶计划,合理安排汽车列车的运行时间、主挂时间等,以保证装卸作业的均匀,这种形式被广泛应用于集装箱甩挂作业。

2. 循环甩挂作业。循环甩挂作业适合环形路线运输方式,首先要在货物运输闭合循环回路的各装卸点上,配备一定数量的挂车,汽车列车按照路线环绕行驶,每到达一个装卸点后甩下所挂集装箱或挂车,该装卸点物流人员快速集聚完成主车的装卸,然后挂上预先备好的集装箱挂车继续向下一个地点行进。

这种组织方法的实质,就是用循环调度的办法来组织甩挂作业,一方面可以改变公路运输载运量小的问题,压缩装卸作业时间,另一方面能够提高运输行程的利用率,该种方式是甩挂运输中优势明显、物流作业效率较高的一种方式。由于循环甩挂作业涉及业务面广,组织工作较为复杂,因此,在组织循环甩挂作业时,一方面要满足循环调度的基本要求;另一方面应选择运量大、稳定且适宜于组织甩挂作业的货场条件。

3. 驮背运输。为了适应多式联运发展的需要,更好地解决伴随联运产生的大量的装卸和换载作业,甩挂运输的基本原理与组织方法已被运用于集装箱或挂车的换装作业,发展势头最好的是驮背运输,基本作业流程是,在国际多式联运各个物流节点,尤其是各种运输方式的衔接点,使用牵引车直接将载有集装箱的底盘车或挂车开上铁路列车或者船舶,停靠完毕后牵引车摘下挂车离开,集装箱底盘车或挂车由铁路列车或船舶运往下一个运输衔接点,然后重复上一个流程中同样的作业,直至最终运往目的地。这种组织形式被形象地称为驮背运输。驮背运输组织方式使得汽车列车运行作业与摘下集装箱底盘车或挂车的载运作业平行进行,可加速车辆的周转;同时,由于这种方式扩大了货运单元,极大地节约了货物装箱、集装箱换箱及运输工具换装的时间,提高了整个物流作业效率。

第七章　集装箱及其箱务管理

第一节　集装箱及其标准化

一、集装箱的定义

集装箱(Container),顾名思义是一种容器。但这种容器与货物的外包装和其他容器不同,是一种专门用来在不同方式运输中搬运货物而特别设计的、能适应多种特殊要求的容器,是具有一定规格强度、能够周转使用的大型货箱。①

关于集装箱的定义,国际上不同国家、地区和组织的表述有所不同。许多国家(包括中国)现在基本上采用国际标准化组织(ISO)对集装箱的定义。

集装箱是一种运输设备,它应具备以下条件。

1. 具有足够的强度,可长期反复使用。
2. 适于一种或多种运输方式运送货物,无需中途换装。
3. 装有便于装卸和搬运的装置,特别是便于从一种运输方式转移到另一种运输方式。
4. 便于货物的装满和卸空。
5. 内容积为 $1m^3$ 或 $1m^3$ 以上。

可以简单地说,集装箱是具有一定强度和规格、专供周转使用的大型装货容器。使用集装箱转运货物,可直接在发货人的仓库装货,运到收货人的仓库卸货,中途更换车、船时,无须将货物从箱内取出换装。

在集装箱货物运输的全过程中,集装箱连同其内部装载的货物是作为一个运输单元的。

二、集装箱的标准化

为了有效地开展国际集装箱多式联运,必须强化集装箱标准化,进一步做好集装箱标准化工作。集装箱标准化经历了一个发展过程,并出现了公司标准、地区标准、国家标准和国际标准4种集装箱标准。

20世纪初,各国、各地区和一些大企业根据自己的需要,自由地制造和发展了许多不同尺度和结构的集装箱。早在1931年,欧洲国际铁路联盟(UIC)就制定了欧洲各国铁路用集装箱标准。1953年,美国联邦运输管理部门提出设备标准化的要求,并于1958年被美国标准

---

① 刘鼎铭. 关于集装箱定义的探讨[J]. 上海海事大学学报,1979(2).

化协会采纳。随后,日本、苏联和东欧各国及某些大的公司,如海陆公司、麦逊公司等也先后制定了地区性和公司私用的集装箱标准。

地区、公司性集装箱标准的建立和集装箱在国际贸易运输中的普遍使用,迫切要求有一套世界范围通用的国际标准。国际标准化组织(ISO)于1961年成立了有关集装箱的专门委员会——104技术委员会(ISO/TC104),该委员会以建立新的国际运输系统为目标,着手进行集装箱的标准化工作。

在各方面的支持下,标准化工作进行得很顺利。但要把不同地区和公司的标准统一为一个国际标准,不是一件容易的事情,因为涉及大量不符合新国际标准的集装箱及有关设备设施的淘汰和因标准的改变而产生的一系列新的要求等。为照顾当时的现状,最初制定的国际标准以3个系列作为基本尺寸,其中Ⅰ系列用于国际运输,Ⅱ系列用于欧洲,Ⅲ系列用于前苏联和东欧各国,并以此为基础制定了集装箱的国际标准,包括集装箱定义、术语、规格尺寸、总重量、试验方法及强度要求、角件结构、标志方法、操作方法等一系列标准和规定。

集装箱国际标准的推行和被普遍接受,促进了集装箱国际间的交流。但最初标准中的Ⅱ、Ⅲ系列标准因仍属于地区性标准,违背了国际间相互交流的初衷,在后来举行的会议中被降格为地区标准,不再作为国际标准。现行的集装箱国际标准为第Ⅰ系列,共13种(如表7-1所示)。

表7-1 第Ⅰ系列集装箱规格、尺寸、公差和总重表

集装箱箱型	长度			宽度			高度			总量	
	mm	ft	in	mm	ft	in	mm	ft	in	kg	lb
1AAA	12192	40	0	2438	8	0	2896	9	6	30480	67200
1AA	12192	40	0	2438	8	0	2591	8	6	30480	67200
1A	12192	40	0	2438	8	0	2438	8	0	30480	67200
1BBB	9125	29	11.25	2438	8	0	2896	9	6	25400	56000
1BB	9125	29	11.25	2438	8	0	2591	8	6	25400	56000
1B	9125	29	11.25	2438	8	0	2438	8	0	25400	56000
1CC	6058	19	10.50	2438	8	0	2591	8	6	24000	52920
1C	6058	19	10.50	2438	8	0	2438	8	0	24000	52920
1D	2991	9	9.75	2438	8	0	2438	8	0	10160	22400
1AX	12192	40	0	2438	8	0	<2438	<8	0	30480	67200
1BX	9125	29	11.25	2438	8	0	<2438	<8	0	25400	56000
1CX	6058	19	10.50	2438	8	0	<2438	<8	0	24000	52920
1DX	2991	9	9.75	2438	8	0	<2438	<8	0	10160	22400

注:in即英寸,1英寸=2.54厘米。

随着国际运输中集装箱化程度的不断提高,在集装箱运输过程中装卸、堆放、载运等的安全及海关手续、维修保养等方面产生了一些新的问题。各国政府站在各自的立场上制定了自己国家的法规。这些以自己国家和地区为单位制定的法规限制了集装箱在国际市场上的顺利流通。为解决这个问题,联合国政府间海事协商组织(UN/IMCO)于1972年召开集装箱会议,通过了《国际集装箱安全公约》(International Convention for Safe Containers,简称ICSC)和《集装箱海关公约》(Custom Convention on Containers,简称CCC),对国际运输的集装箱在试验、检查、认可、结构、安全条件、试验方法、海关手续及保税运输等方面做了规定。

三、集装箱的分类

为了适应不同种类货物的装载要求,出现了多种类型的集装箱。集装箱的类型除了有不同尺寸外,还因其用途不同、制造材料不同等而有不同种类。

(一)按集装箱的用途分类

1. 干货集装箱(Dry Cargo Container)。这种集装箱也称为杂货集装箱或通用集装箱,用来载运除散装液体货或需要控制温度货以外的件杂货,使用范围很广,见图7-1。其结构特点是常为封闭式,一般在一端或侧面设有箱门,箱内设有一定的固货装置,这种箱子在使用时一般要求清洁,水密性好。对装入这种集装箱的货物要求有适当的包装,以便充分利用集装箱的箱容。

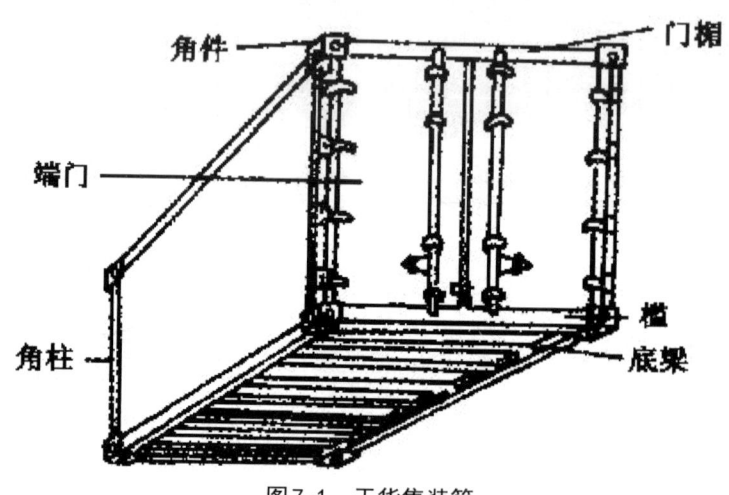

图7-1 干货集装箱

2. 通风集装箱(Ventilated Container)。通风集装箱一般在其侧壁或顶壁上设有若干供通风用的窗口,适用于装运有一定通风和防汗湿要求的杂货,如原皮、水果、蔬菜等。如果将通风窗口关闭,可作为杂货集装箱使用。

3. 开顶集装箱(Open Top Container)。这种集装箱的箱顶可以方便地取下、装上。箱顶有硬顶和软顶两种,硬顶是用薄钢板制成的,软顶一般是用帆布或塑料布制成的,见图7-2。开顶集装箱适于装载大型、需利用起重机械进行装卸作业的重货,如钢铁、木材,特别是像玻璃板等易碎的重货,利用吊车从顶部吊入箱内不易损坏,而且也便于在箱内固定。

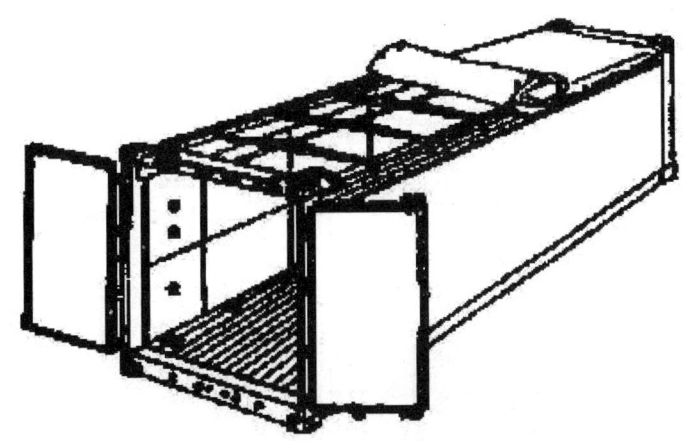

图7-2　开顶集装箱

4. 台架式集装箱和平台式集装箱(Platform Based Container & Platform Container)。台架式集装箱也称"板架式集装箱",指箱体设有承受载荷的底板和四个角柱,但箱顶、侧壁和(或)端壁可以拆除或根本不设的一种非水密集装箱,见图7-3。这种集装箱可以从前后、左右及上方进行装卸作业,适合装载一定限度超标准箱尺度的货物,如重型机械、钢材、钢管、木材等。平台式集装箱指在台架式集装箱上再简化,四个角柱被去除或可折叠,主要由具有较强承载能力(有些40ft平台式箱的额定总承载重达54t)的下底板组成的一种特殊结构集装箱,用于装载重、大件货物。在集装箱船的舱面上,若将多个平台式集装箱组成一个大平台,则适合于装载更重、更大件货物。

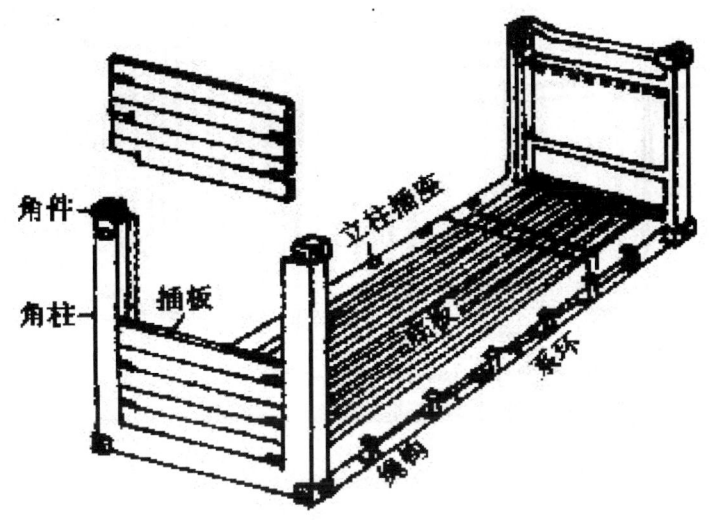

图7-3　台架式集装箱

5. 冷藏集装箱(Reefer Container)。冷藏集装箱是以运输冷冻食品为主,能保持设定温度的保温集装箱。它是专为运输如鱼、肉、新鲜水果、蔬菜等食品而特殊设计的,如图7-4所示。目前国际上采用的冷藏集装箱基本上分两种:一种是集装箱内带有冷冻机的,叫"内置式冷藏集装箱";另一种是箱内没有冷冻机而只有隔热结构,即在集装箱端壁上设有进气孔和出气孔,箱子装在船舱中,由船舶的冷冻装置供应冷气,这种叫做"外置式冷藏集装箱"。

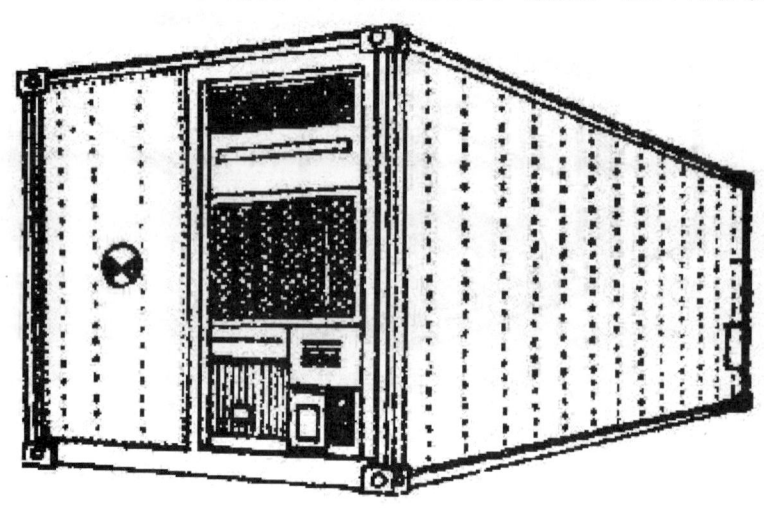

图7-4 冷藏集装箱

6. 散货集装箱(Solid Bulk Container)。这种集装箱用于装运粉状或粒状货物,如大豆、大米、各种饲料等。在箱顶部设有2~3个装货口,在箱门的下部设有卸货口,如图7-5所示。使用集装箱装运散货,一方面提高了装卸效率,另一方面提高了货运质量,减轻了粉尘对人体和环境的侵害。

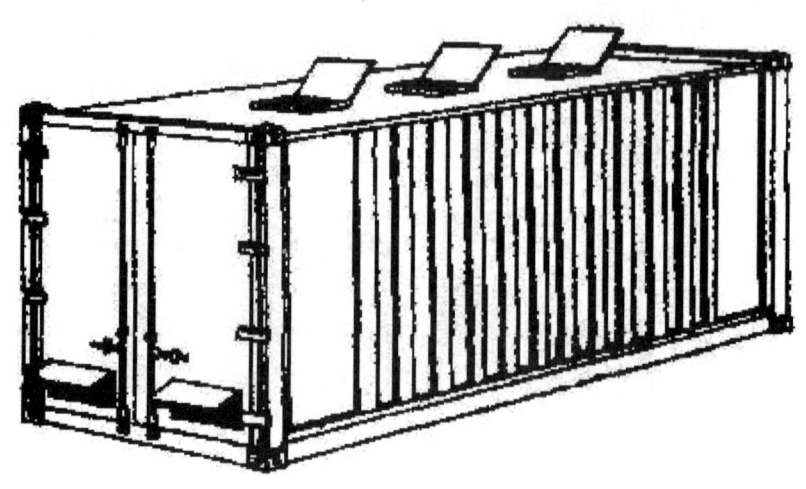

图7-5 散货集装箱

7. 罐式集装箱(Tank Container)。这种集装箱专门用来装运液体货,如酒类、油类、化学品等液体货物。它由罐体和框架两部分组成,罐体用于装液体货,框架用来支承和固定罐体,如图7-6所示。其罐顶设有装货口,罐底设有排出阀,装货时货物由罐顶部装货口进入,卸货时则由排货孔流出或从顶部装货孔吸出。

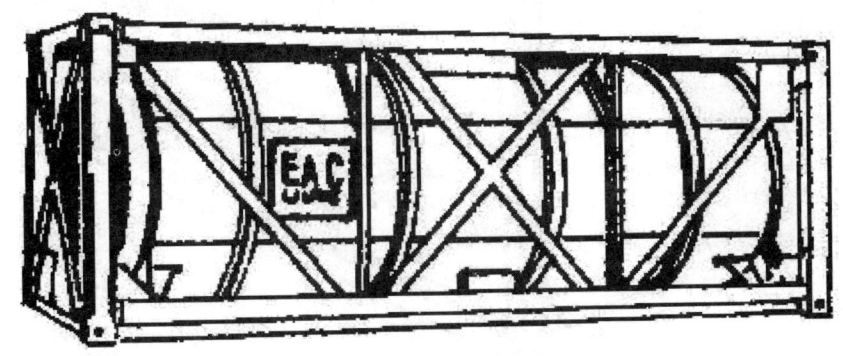

图7-6 罐式集装箱

8. 汽车集装箱(Car Container)。这种集装箱专门用来装运小型汽车,如图7-7所示。其结构特点是无侧壁,仅设有框架和箱底。为了防止汽车在箱内滑动,箱底专门设有绑扎设备和防滑钢板。大部分汽车集装箱被设计成上下两部分,可以装载两层小汽车。

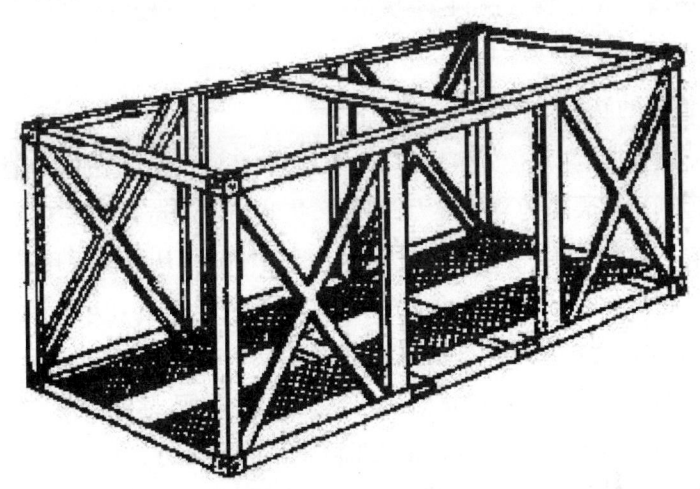

图7-7 汽车集装箱

9. 动物集装箱(Pen Container or Live Stock Container)。这是一种专门用来装运猪、牛、羊、鸡、鸭等活牲畜的集装箱,如图7-8所示。为了避免阳光照射,动物集装箱的箱顶和侧壁是用玻璃纤维加强塑料制成的。另外,为了保证箱内有较新鲜的空气,侧面和端面都有用铝丝网制成的窗,以求有良好的通风。侧壁下方设有清扫口和排水口,并配有上下移动的拉门,可把垃圾清扫出去,另外该种集装箱还装有喂食槽。

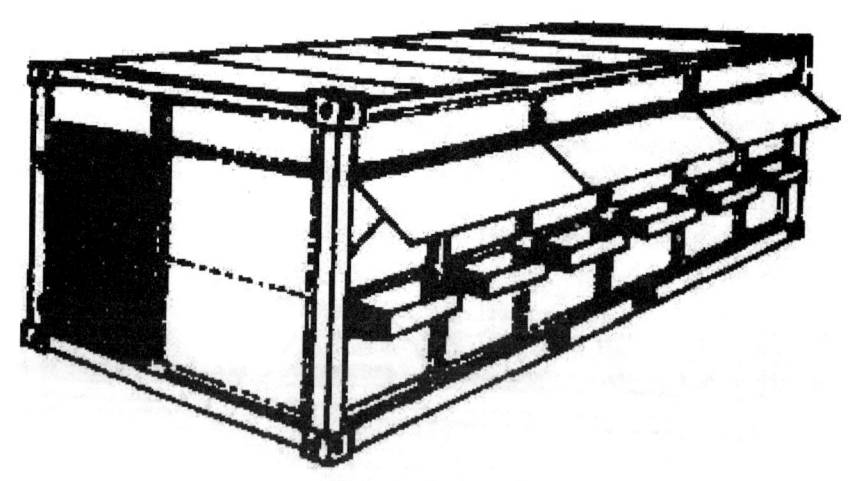

图7-8 动物集装箱

10. 服装集装箱(Garment Container)。在集装箱箱内上侧梁上装有许多根横杆,每根横杆上垂下若干条皮带扣、尼龙带扣或绳索,成衣利用衣架上的钩直接挂在带扣或绳索上。这种服装装载法属于无包装运输,它不仅节约了包装材料和包装费用,而且减少了人工劳动,提高了服装的运输质量。

(二)按集装箱的制造材料分类

集装箱在运输途中,经常受到各种外力的作用和环境的影响,加上考虑到装卸机械的能力和最大限度地利用集装箱的装货能力。因而,集装箱的制造材料要有足够的钢度和强度,尽量采用质量轻、强度高、耐用及维修保养费用低的材料。从目前采用的集装箱材料看,一个集装箱往往不是由单一材料做成的,而是以某种材料为主,并在箱子的不同结构处用不同的材料。因此,按制造材料来分类是指按箱子的主体材料划分。

1. 钢制集装箱。钢制集装箱的优点是强度大,结构牢固,水密性好,能反复使用,价格低廉;主要缺点是防腐能力差,箱体笨重,相应地降低了装货能力。

2. 铝合金制集装箱。铝合金制集装箱的优点是自重轻,因而提高了集装箱的装载能力,具有较强的防腐能力,弹性好;主要缺点是铝合金制集装箱的造价相当高,焊接性也不如钢制集装箱,受碰撞时易损坏。

3. 不锈钢制集装箱。一般多用不锈钢制作罐式集装箱。不锈钢制集装箱的主要优点是不生锈,耐腐性好,强度高;主要缺点是价格高,投资大。

4. 玻璃钢制集装箱。用玻璃钢做成的集装箱主要优点是强度大,刚性好,具有较高的隔热、防腐和耐化学侵蚀能力,易于清洗,修理简便,维修费较低;主要缺点是自重大,造价高。

此外,集装箱还可按其所有权不同分为船公司(Carrier Own Container,简称COC)、货主箱(Shipper Own Container,简称SOC)和出租箱(Lender Own Container,简称LOC);按集装箱装货重量不同分重箱(有货载)和空箱(无货载)。

四、集装箱的结构与强度

通用集装箱是一个矩形箱体,由两部分组成:一部分是承受货物重量和冲击等外力的主要构件,其中包括角柱、上端梁、下端梁、上侧梁和下侧梁等,这些主要构件都采用高强度材料制造;另一部分主要用于防护货物日晒雨淋的外表面,包括箱顶板、侧壁、端壁和箱门等。通用集装箱各构件如图7-9及图7-10所示。

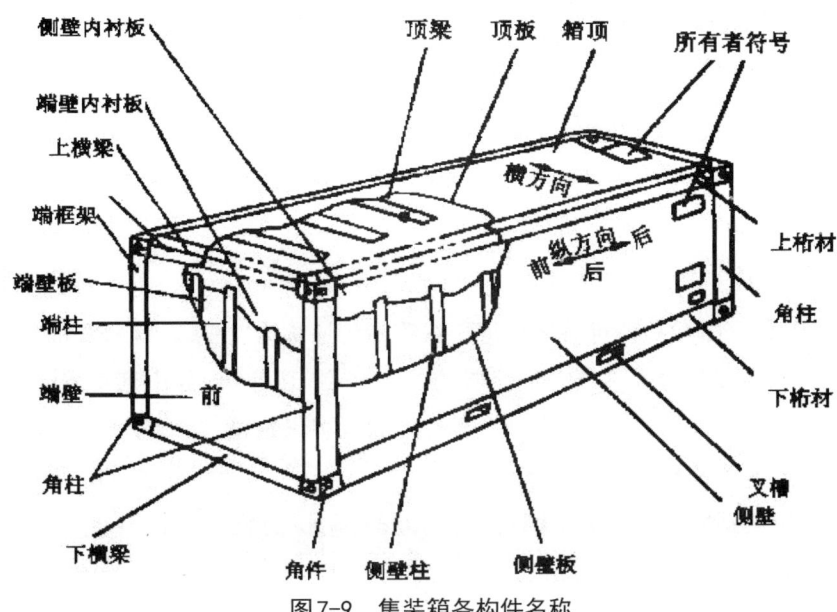

图7-9 集装箱各构件名称

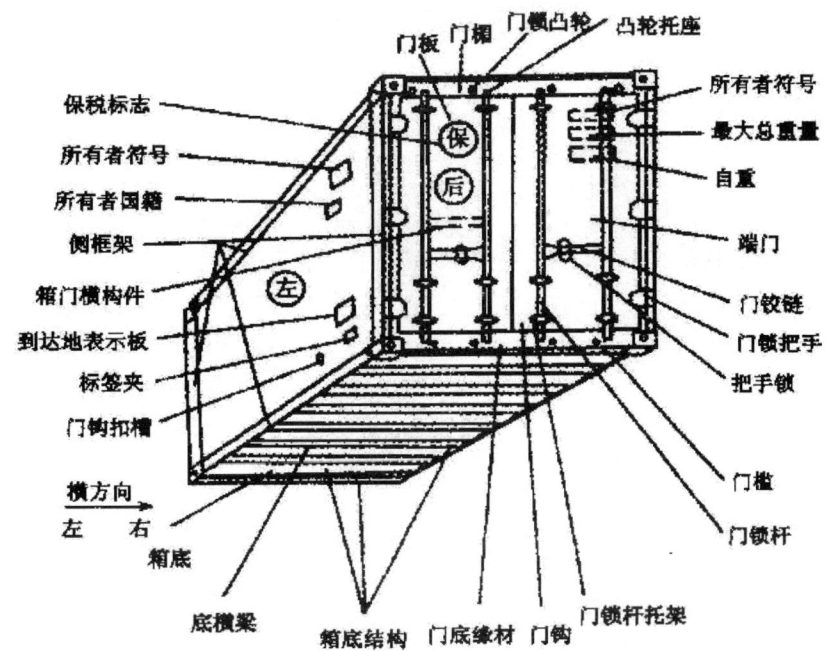

图7-10 集装箱各构件名称

集装箱由于承受运输途中、装卸作业等各种载荷的作用,必须具有既能保护货物又能承受外力的足够强度。根据国际标准化组织的规定,集装箱的强度分为外部强度和内部强度两种,前者是指满载的集装箱在移动、换装时,或在舱内、场地上堆装时所受的外部载荷,主要有堆码强度、吊装强度、箱顶强度、拴固强度、系紧强度、叉槽强度和抓臂起吊槽强度等;后者是指货物装在箱内时,箱底承受的负荷以及在装卸、运输过程中所受的外力使货物对侧壁或端壁所产生的负荷,主要有箱底强度、端壁强度和侧壁强度等。

五、集装箱的标志

为便于集装箱在国际运输中的识别、管理和交接,国际标准化组织制定了《集装箱的代号、识别和标记》国际标准。该标准规定了集装箱标记的内容、标记的字体尺寸、标记的位置等。集装箱标记分为必备标记和自选标记。

(一)必备标记

1. 箱主代号、顺序号和核对数字标记。这些标记通称为"集装箱箱号"。箱主代号是集装箱所有人向国际集装箱管理局登记注册的4个大写拉丁字母,如中远集团的箱主代号是"COSU"。箱主代号中最后一个字母"U"表示常规的所有集装箱,"J"表示带有可拆卸设备的集装箱,"Z"表示集装箱的拖车和底盘车。

顺序号用以区别同一箱主的不同集装箱,由6位阿拉伯数字组成,不足6位的数字前以"0"补足,如"001234"。

核对数字是在集装箱的数据记录或计算机处理时用于验证箱主代号和顺序号记录是否正确的一位阿拉伯数字。其规定计算方法是。

(1)将字母A~Z一一对应于等效数值10~38(扣除其中的11,22,33),如表7-2所示。

表7-2 等效数值表

顺序号	箱主代号			
数字或等效数值	字母	等效数值	字母	等效数值
0	A	10	N	25
1	B	12	O	26
2	C	13	P	27
3	D	14	Q	28
4	E	15	R	29
5	F	16	S	30
6	G	17	T	31
7	H	18	U	32
8	I	19	V	34
9	J	20	W	35

	K	21	X	36
	L	23	Y	37
	M	24	Z	38

(2)若设箱主代号的对应等效数值与顺序号数字依次为$X_0, X_1, \cdots, X_9$,则按下式计算整数N:

$$N = \sum 2^i \cdot X^i \ (i = 0, 1, 2, \cdots, 9)$$

(3)核对数字就是将上式整数N除以模数11所得的余数,余数10的核对数为0。

例一:某集装箱的箱主代号和顺序号为"COSU 001234",其整数N为:N=$2^0 \times 13 + 2^1 \times 26 + 2^2 \times 30 + 2^3 \times 32 + 2^4 \times 0 + 2^5 \times 0 + 2^6 \times 1 + 2^7 \times 2 + 2^8 \times 3 + 2^9 \times 4 = 3577$

3577/11余数为2,即2为"COSU 001234"所对应的核对数字。

在集装箱货运单证操作中,若遇到某箱箱主代号、顺序号和核对数字印制不清或同一箱在两处单据上的数值有差异时,即可按上述方法校核确认。

2. 额定重量和自重标记。额定重量实为最大总质量,简称"总重",是集装箱设计的最大允许总质量。自重是集装箱空箱时的质量。这两项标记要求同时以千克(kg)和磅(lb)标示,如:

MAX GROSS   24000   kg

52920   lb

TARE   2300   kg

5070   lb

3. 空陆水联运集装箱标记。此类集装箱设计了适合于空运的系固和装卸装置,但其强度仅能堆码两层,为此规定了特殊标记,如图7-11所示。

图7-11 空陆水联运集装箱标记

4. 登箱顶触电警告标记。一般设在罐式集装箱箱顶上和其临近登箱顶的扶梯处,以警告登箱顶者有触电的危险,如图7-12所示。

图7-12 登箱顶触电警告标记

(二)自选标记

1. 国家或地区代码、尺寸代号和类型代码。国家和地区代码是集装箱登记国家或地区使用两个字母表示的代码。ISO文件中提供了国家或地区代号一览表,如中华人民共和国使用的代码为"CN"。

尺寸代码由两位字母和数字组成,第一位表示箱长度(如"2"表示20ft箱,"4"表示40ft箱,"M"表示48ft箱等);第二位表示箱的宽度和高度(如"2"表示宽8ft,高8.5ft的箱;"5"表示宽8ft,高9.5ft的箱),ISO文件中提供了尺寸代码一栏表,见表7-3,7-4。

表7-3 尺寸代码第一位字符

代码	箱长			代码	箱长		
	mm	ft	in		mm	ft	in
1	2991	10	0	D	7430	24	6
2	6058	20	0	E	7800		
3	9125	30	0	F	8100		
4	12192	40	0	G	12500		
5	备用号			H	13106	41	0
6	备用号			K	13600		
7	备用号			L	13716	43	0
8	备用号			M	14630	48	0
9	备用号			N	14935	49	0
A	7150			P	16154		
B	7315	24	0	R	备用号		
C	7420			…	…		

表7-4 尺寸代码第二位字符

H \ W		2438	2538＜W≤2500	＞2500
mm	(ft in)	(8)	(8 ft＜W≤8 ft 2in)	(8 ft 2 in)
2438	(8 0)	0		
2581	(8 6)	2	C	L
2743	(9 0)	4	D	M
2895	(9 6)	5	E	N
＞2895	(9 6)	6	F	P
1295	(4 3)	8		
≤1219	(4 0)	9		

注：表中H—集装箱箱高；表中W—集装箱箱宽。

类型代码由两位字母和数字组成，ISO对箱型代码的规定见表7-5。类型代码分成总代码(Type Group Code)和细代码(Detailed Type Code)两种，总代码用于在集装箱特性尚不明确或不需要明确的场合，细代码是用于对集装箱特性要有具体标示的场合。

表7-5 ISO箱型代码

代码	箱型	总代码	集装箱主要特征	细代码
G	通用集装箱——无通风设备	GP	一端或两端开门；	G0
			货物上部空间设有透气孔；	G1
			一端或两端开门，加上一侧或两侧全部敞开；	G2
			一端或两端开门，加上一侧或两侧部分敞开；	G3
V	通风集装箱	VH	无机械通风系统，货物上部和底部空间设通风口；	V0
			备用号；	V1
			箱体内部设有机械通风系统；	V2
			备用号；	V3
			箱体外部设有机械通风口；	V4
B	干散货集装箱——无压力,箱式；	BU	封闭式；	B0
			气密式；	B1
			备用号；	B2
	——有压力,箱式	BK	水平卸货,试验压力150kPa；	B3
			水平卸货,试验压力265kPa；	B4
			倾斜卸货,试验压力150kPa；	B5
			倾斜卸货,试验压力265kPa；	B6

S	以货物命名的集装箱	SN	牲畜集装箱；	S0
			小汽车集装箱；	S1
			活鱼集装箱；	S2
R	保温集装箱 ——冷藏；	RE	机械制冷；	R0
	——冷藏和加热；	RT	机械制冷和加热；	R1
	——自备动力的冷藏和加热集装箱	RS	机械制冷；	R2
			机械制冷和加热；	R3
H	保温集装箱； ——设备可拆卸的冷藏和（或）加热的集装箱	HR	设备置于箱体外部，其传热系数 $k=0.4W/(m^2 \cdot K)$；	H0
			设备置于箱体内部；	H1
			设备置于箱体外部，其传热系数 $k=0.7W/(m^2 \cdot K)$；	H2
	——隔热集装箱	HI	备用号；	H3
			备用号；	H4
			具有隔热性能，其传热系数 $k=0.4W/(m^2 \cdot K)$；	H5
			具有隔热性能，其传热系数 $k=0.7W/(m^2 \cdot K)$；	H6
U	敞顶集装箱	UT	一端或两端开门；	U0
			一端或两端开门，加上端框架顶梁可拆卸；	U1
			一端或两端开门；加上一侧或两侧开门；	U2
			一端或两端开门，加上一侧或两侧开门，加上端框架顶梁可拆卸；	U3
			一端或两端开门，加上一侧局部敞开和另一侧全部敞开；	U4
			完全敞顶，带固定侧壁和端壁（无门）；	U5
P	台架式集装箱 ——具有不完整上部结构的台架式集装箱： •固定式； •折叠式 ——具有完整上部结构的台架式集装箱	PL	平台集装箱；	P0
		PF	有两个完整和固定的端板；	P1
		PC	有固定角柱，带有活动的侧柱或可拆卸的顶梁；	P2
			有折叠完整的端结构；	P3
		PS	有折叠角柱，带有活动的侧柱或可拆卸的顶梁；	P4
			顶部和端部敞开（骨架式）	P5

			最低试验压力45kPa；	T0
		TN	最低试验压力150kPa；	T1
	罐式集装箱		最低试验压力265kPa；	T2
	——用于非危险性液体货；		最低试验压力150kPa；	T3
T	——用于危险性液体货；	TD	最低试验压力265kPa；	T4
			最低试验压力400kPa；	T5
	——用于气体货物		最低试验压力600kPa；	T6
			最低试验压力910kPa；	T7
		TG	最低试验压力2200kPa；	T8
			最低试验压力（待定）	T9
A	空/陆水联运集装箱	AS		A0

2. 超高标记。凡箱高超过2.6m(8.5ft)的集装箱均应有超高标记,见图7-13。通常在超高箱的两侧和两端都设有这类标记。

图7-13 超高标记

3. 国际铁路联盟标记。凡符合《国际铁路联盟条例》规定的技术条件的集装箱可以获得此标记,如图7-14所示。标记方框上部的"ic"表示国际铁路联盟(Union International des Chemins de Fer)。标记方框下部的数字表示各铁路公司代号(33是中华人民共和国铁路公司的代号)。

图7-14 国际铁路联盟标记

此外,国际集装箱安全公约要求主管部门对符合该组织所制定标准并经试验合格的集装箱,在箱门处加贴该检验机关的检验合格金属标牌。集装箱海关公约要求经批准符合运输海关加封货物技术条件的集装箱增加标有"经批准作为海关加封货物运输"字样的金属标牌(常与"CSC安全合格"金属标牌合二为一),以便于集装箱进出各国国境时,不必开箱检查箱内货物,以加速集装箱的流通。

第二节 航线集装箱配备量及其确定

为了保证集装箱运输的正常开展,集装箱船公司必须付出巨额投资配备一定数量的集装箱,以供运输需要。航线集装箱需配备量的多少及采用什么方式配备,直接关系到企业的运输成本和经济效益。因此,企业应根据航线特点、货源情况、港口堆存期及内陆周转期的长短等因素,通过选择合理的租箱方式,确定合理的自备箱量和租箱量。

一、影响航线集装箱配备量的主要因素

从理论上说,在最简单的情况下,即集装箱船只挂靠两个港口(A,B港),集装箱在内陆周转时间少于航线上集装箱船舶的发船间隔。那么,如航线上配置一艘集装箱船舶时,航线配备的集装箱量应为船舶载箱量的3倍,即船舶艘数与其对应的集装箱配备套数的比例为1:3。

显然,影响航线集装箱配备量的主要因素如下。

1. 航线配置的集装箱船艘数N。
2. 集装箱船往返航次时间$T_R(T_R = T_{往} + T_{返})$。
3. 集装箱内陆平均周转天数T_X(X取A,B),包括集装箱在港口的堆存期及在内陆的平均周转天数。
4. 集装箱船舶的载箱量D及其利用率f。航线集装箱配备量不仅与航线配置的集装箱船艘数及其载箱量有关,与集装箱船的往返航次时间及发船间隔有关,而且还与集装箱在港口的堆存期及在内陆的平均周转天数有很大的关系。

二、航线集装箱配备量的计算方法

(一)典型条件下航线集装箱配备量的计算方法

集装箱班轮航线为简单直达航线,仅挂靠两个端点港,该班轮公司在两端点港既无调剂箱又无周转机动箱,且不考虑箱子修理与积压延误、特种箱使用不平衡等典型条件,则航线集装箱配备量可按以下方法确定:

$$S = K \cdot L$$

式中,S——航线集装箱配备量(TEU);

K——航线集装箱配备套数；

L——每套集装箱的数量(TEU)，如船舶满载则为船舶载箱量。

航线集装箱配备套数K取决于航线集装箱平均总周转天数和航班派船间隔，其计算公式如下：

$$K = T/I$$

式中，T——航线集装箱平均总周转天数(天)，为集装箱船舶往返航次时间与集装箱在A、B两个端点港平均港口堆存期和内陆周转时间之和的总和，即：

$$T = T_A + T_R + T_B$$

式中，I——派船间隔(天)，取决于集装箱船舶往返航次时间及航线配置的船舶艘数，即：

$$I = T_R/N$$

每套集装箱配备数量L的确定，通常与集装箱船舶的载箱量利用率有关，其计算公式如下：

$$L = D \cdot f$$

式中，D——集装箱船舶的载箱量(TEU)；

F——集装箱船舶载箱量利用率(根据航线具体情况确定)。

现通过一个实例来说明如何使用上述计算航线集装箱配备量的理论公式。

例：某集装箱班轮公司在其经营航线上配置3艘载箱量为2500TEU的集装箱船舶，船舶往返航次时间为30天。集装箱在内陆周转的情况如下：在端点港A较理想，平均港口堆存期和内陆周转时间之和为7天；在端点港B，集装箱内陆周转情况随集装箱返抵港口的天数与返抵箱量的变化而变化，其中，60%的箱量在10天之内返抵港口待装船；30%的箱量在10～20天内返抵港口待装船；其余10%的箱量在20～30天内返抵港口待装船。如果船舶载箱利用率为80%，试求集装箱船公司在该航线上需配备多少个集装箱(TEU)？

解：1. 求发船间隔I：

$I = T_R/N = 30/3 = 10(天)$

2. 求集装箱在端点港A的平均港口堆存期和内陆周转时间T_A：集装箱在端点港A的平均港口堆存期和内陆周转时间之和实际为7天，小于发船间隔I，在计算上应将发船间隔10天作为集装箱在端点港A的内陆平均周转时间，即

$T_A = 10(天)$

3. 求集装箱在端点港B的平均港口堆存期和内陆周转时间T_B：集装箱在端点港B的内陆平均周转时间按集装箱返抵港口待装船天数与返抵箱量的比例计算，即

$T_B = 10 \times 60\% + 20 \times 30\% + 30 \times 10\% = 15(天)$

4. 求集装箱平均总周转天数T：

$T = T_A + T_R + T_B = 10 + 30 + 15 = 55(天)$

5. 求航线集装箱需配备的总套数K：

K = T/I = 55/10 = 5.5(套)

6. 求每套集装箱配备的数量L：

L = D·f = 2500 × 80% = 2000(TEU)

7. 求该航线所需配备的集装箱总数S：

S = K·L = 5.5 × 2000 = 11000(TEU)

(二)实际情况下航线集装箱配备量的计算方法

在实际进行集装箱箱务管理的过程中，集装箱航线的配箱量不仅与上述因素有关，而且还与集装箱在内陆周转过程中可能发生的修理、积压和延误(如货主提箱后长期占用不能返空、海关扣押、集装箱严重毁坏)等情况密切相关。此外，还需考虑由于各种集装箱箱型在往返航线上的使用量不平衡需增加箱量数以及在挂靠两个以上港口时需在中途港配置周转箱量等。所以，实际配备箱量还应结合具体航线上的实际情况，可用以下计算公式求得：

$$S = \left[K \cdot D \cdot f + \sum C_i \cdot L_i + R_N + S_N \right] \cdot \lambda$$

式中，L_i——中途港卸箱量(设中途卸箱后再装同样数量的集装箱)，i=1,2,…为中途港编号；

C_i——中途港箱量系数(如中途港集装箱在内陆周转时间小于发船间隔，则系数为1；如内陆周转时间大于发船间隔，则系数大于1)；

S_N——往返航次特种箱不平衡所需增加的箱数；

R_N——全程周转期内港口内陆修理、积压和延误总箱量；

λ——富余系数，一般取值在1.05~1.10。

应该指出，在往返航次时间不变的情况下，如缩短发船间隔，配置的船舶艘数就增加，集装箱装船的机会增多，集装箱返回港口等待装船的时间就会减少，集装箱在端点港内陆平均周转天数因此而下降，因而平均每艘船需配备的集装箱套数会随着航线配置的船舶数的增加而减少。但是，当航线船舶数增加到一定数目时，由于码头堆存能力不足，集装箱管理水平未跟上，内陆集疏运能力的制约，集装箱内陆周转时间及港口堆存期可能反而增加。

在发船间隔不变的情况下，集装箱配备总套数与其航线平均总周转时间成正比关系，中途挂靠港的多少以及箱型的不平衡等也直接影响航线集装箱的配备量。在满足航线货源需求情况下，班轮公司应想方设法缩短集装箱的港口堆存期和内陆周转时间，加速船舶的周转，以减少航线集装箱配备量，从而节省班轮公司的置箱巨额投资或租金，这对降低集装箱运输总成本，提高班轮公司经济效益具有重要意义。

第三节　集装箱租赁业务及其租箱量的确定

一、集装箱租赁的发展与作用

在国际贸易运输中开始使用集装箱时，装载货物的集装箱一般是由各种类型的承运人所拥有并提供使用的。随着集装箱运输向海上发展，集装箱租赁业也开始发展起来。初期集装箱租赁业的规模较小，多是一些船公司或其他行业的兼顾性业务，到1968年为止，世界上供出租使用的集装箱数量仅占10%左右。

从1968年开始，一是随着集装箱运输的迅猛发展，对集装箱的需求量迅速增长，许多船公司为提高运输效率和保证市场占有率需在船舶或其他固定设施方面投入大量资金，因而在集装箱上继续投资以增加箱子拥有量较为困难；二是随着集装箱运输经营组织上的变化，许多无船承运人开展了集装箱运输业务，这些人无力购置与其业务量相适应的大量集装箱供运输使用。在这种情况下，许多较有财力的各种类型的企业（包括大型船公司）开始大量购入集装箱投入租赁业，至此集装箱租赁业进入了迅速发展的阶段。

到目前为止，供出租使用的集装箱数量已占世界集装箱总量的40%以上，而且还有继续增长的趋势。世界上具有相当规模的集装箱租赁公司有100多家。这些公司，特别是一些资金雄厚、综合技术较完善的公司，都在世界范围内开展租赁业务，在国际集装箱运输中发挥着重要作用。

集装箱租赁业在集装箱运输中的作用可归纳为如下几个方面。

1. 船公司或其他集装箱运输经营人因业务发展需要增加集装箱数量，可以采用以租代购的方式补充，以减少临时巨额投资或借款，或将资金用于其他需要的方面和项目。

2. 需要对长期使用的集装箱进行更新时，同购买新的集装箱一样，可通过租赁集装箱暂时弥补箱量不足，从而减轻资金的筹备及利息的负担。

3. 在各航线来回程货源不平衡情况下，可通过单程租赁或其他临时租赁方式解决空箱回运问题。

4. 在某些货物、货源量随季节变化时，可以通过短期或者临时租赁方式租用集装箱来满足这种不平衡的需要，提高箱子的利用率。

5. 通过租赁既能满足不同货主、不同运输要求所需的不同类型（特别是特种箱）的集装箱，以减少自有箱中利用率低的各种类箱，又能保证运输的实际需要。

应当指出，船公司和集装箱运输经营人应根据自身的实际情况，以降低经营成本为目标决定集装箱的购置或租用数量。

二、集装箱的租赁方式

目前在世界各地集装箱租赁方式很多,对各种租赁方式名称的说法也不统一,但总的来说可分为以下三大类。

(一)期租

集装箱期租是指租用人在一定时间内租用集装箱的租赁方式。在租期内,租箱人可以像自己拥有的箱子一样自由调配使用。

根据租期的长短,期租又可分为长期与短期两种租赁形式。长期租赁一般有较长的期限(一年或以上),短期租赁一般是以租赁人实际需要的使用期限租用集装箱,时间一般较短(几个月)。

长期租赁又可分为金融租赁和实际使用期租赁两种方式。两者租期都较长,其区别在于前者是指租用期满后租箱人将买下租用的箱子;后者是指租用期满后租箱人将箱子退还给租箱公司。长期租赁对租箱公司来讲,可以保证在较长时间内有稳定收入,所以长期租赁的租金一般较低。同长期租赁相比,短期租赁较为灵活,租箱人可以根据自己需要确定租箱时间、地点及租期,但租金相对较高。

(二)程租

程租也称作"即期租赁",是指租期由航程时间决定的租赁方式,一般分为单程租赁和来回程租赁两种。

在单程租赁情况下,租箱人仅在起运港至目的港单程使用集装箱。这种租赁方式一般用于一条航线上来回程货源不平衡的场合。在起运地租箱,在目的地还箱,可以减少空箱回运。如果从集装箱租赁行情好的地方采用单程租赁到行情差的地方,租箱人一般需支付提箱费或还箱费,以弥补租箱公司调运空箱的费用。

来回程租赁一般用于来回程有货运的航线,这种方式的租期由来回程所需时间决定,有时可不限于一个来回程。

在程租方式下,一般对提箱、还箱地点有严格限制,且租金较期租要高。

(三)灵活租赁

灵活租赁是在租期上类似于长期租赁(一般为一年),而在箱子的具体使用上类似于短期或程租的租赁方式。在灵活租赁合同中,除明确租期外,还规定租箱人每月提箱、还箱的数量和地点。在这种租赁方式下,租箱人在租期内至少保证租用一定数量的箱子(一般可以多租),这就类似于长期租赁;但在具体使用过程中这些箱子并不是固定不变的,租箱人可根据自己的实际需要,在合同规定的时间、地点、数量下随租随还,这又类似于短期或程租。采用这种租赁方式可使租箱人能更好地适应货源不平衡、季节不平衡等变化的需要。

灵活租赁租金较程租低,与长期租赁接近。

无论采用以上哪一种租赁方式,租金都按租箱人实际使用箱子的天数计算。上面谈到的租金是指每箱每天需要支付的租费。

三、集装箱租赁合同及主要条款

集装箱租赁合同(Container Lease Agreement,以下简称租箱合同)是规定租箱人与租箱公司双方权利、义务和费用的协议和合同文本。

租箱人在签署合同之前一般要与租箱公司(或其代理人)洽定租箱方式、数量、租金,交、还箱期、地点,提、退箱费用,损害修理责任及保险等事宜。

租箱合同的主要条款一般有以下主要内容。

(一)交箱条款

交箱条款主要是制约租箱公司的条款,指租箱公司应在合同规定的时间和地点将符合合同规定条件的集装箱交给租箱人。其内容主要有一下几个方面。

1. 交箱期。是指租箱公司将箱子交给租箱人的时间。为了给双方都提供一些方便,交箱期通常规定一个期限,一般为7~30天。

2. 交箱量。为了适应市场上箱、货供求关系的变化,合同中对交箱量一般有两种规定方法:一种是规定的交箱量(或最低交箱量);另一种是实际交箱量(可高于或低于前者)。在可能情况下,租箱公司都希望租箱人超规定量租箱。

3. 交箱时箱子状况。租箱公司交给租箱人的箱子应符合有关国际公约与标准的规定,同时租箱人还箱时应保证箱子保持或接近原来的状况。为了保证这一点,双方在提箱时应共同检验箱子的状况。租箱人提箱时箱子的状况是通过双方签署的设备交接单来体现的。在具体操作中,规定租箱人雇用的司机和箱子所在堆场的箱管员、门卫可作为双方代表签署设备交接单。

(二)还箱条款

租箱合同中的还箱条款主要是制约租箱人的条款,是指租箱人应在租用期满后,按合同规定的时间、地点将状况良好的箱子还给租箱公司。其主要内容为以下几点。

1. 还箱时间。指规定的还箱日期。在实际租箱业务中,经常有到期不能归还或没有到期却要提前归还的情况(一般统称为"不适当还箱")。如是超期还箱,合同一般通过对超期天数加收租金的方式来解决;如果可能提前还箱,则要求事先订立提前终止条款(Early Termination Clause),订有该条款时,租箱人可提前还箱,如未订立此条款,即使是提前还箱,租箱人仍需补交提前日数的追加租金。

2. 还箱地点。租箱人应按合同规定的或租箱公司另用书面形式确认的具体地点还箱。在订立合同时,租箱人应尽量使还箱地点与箱子最终使用地点一致或接近,这样可以减少空箱运输费用。

3. 还箱时箱子状况。租箱人在还箱时应保证箱子外表状态良好，即保证使箱子保持提箱时双方签订的设备交接单上说明的状况。该条款一般规定如果还箱时外表有损坏，租箱人应承担修理责任与费用。在签订合同时，也可通过订立损害修理条款（见下述）规定租箱人按规定另付损害修理费用，则在一定范围内的损害由租箱公司负责。

租箱合同还箱条款中，一般还规定还箱期满若干天（有的是30天）后，租箱人仍未还箱，租箱公司将作为箱子全损处理。租箱人应按合同规定的金额支付赔偿金，在租箱公司未收到赔偿金前，租箱人仍需按实际天数支付租金。

（三）损害修理责任条款

租箱人还箱时，应按设备交接单上记载的状况还箱，如有损坏，则应负责将箱子修理好后还箱或承担修理费用。

如租箱时在合同中订立损害修理条款（Damage Protection Plan，简称DPP条款），并按规定付费，则租箱人对租箱期内所造成的损坏在一定程度上不负修理责任，可将未修理的箱子退还租箱公司，避免一旦发生箱子损坏后所引起的有关修理安排、查核、检验、应付修理费等繁杂事务，并可节省将受损的箱子运至修理厂的额外费用。但应注意到，合同中一旦订有DPP条款，不论箱子在租赁期间实际上是否发生损坏，租箱人除支付租金外，还要支付DPP费用，而且，该费用一律不予退还。

DPP条款从某种意义上讲，相当于租箱人对租箱期内集装箱损害进行了保险（但不是向保险公司）。但租箱人必须了解，DPP费用一般只保箱子的部分损害，不承担全损和共同海损等责任。习惯上只负责比箱子当时价值低一些的一个固定限额（如80%），损害修理实际费用在这个限额之内，由租箱公司承担；如超过此限额，则超过部分仍需租箱人承担。DPP费用一般按租箱天数收取。

例如：20英尺箱其价值3000美元，而合同中的DPP条款只负责的最高费用可能只有2400美元。如箱子在租赁期间发生损坏，其修理费用和其他费用为2700美元，租箱公司则根据合同条款规定只负责2400美元，超出部分（300美元）则由租箱人负责。

（四）租金及费用支付条款

租箱人应按时支付合同中规定承担的各种费用及租金，这是自由使用集装箱和具有某些权利和减少责任的前提。不按时支付费用和租金，则构成违约，租箱公司有权采取适当的行动直至收回集装箱。租箱合同的租金与费用支付条款主要包括下列内容。

1. 租期。租期一般理解为从交箱之日起至还箱之日止的一段时间。

2. 租金计算方法。租金按每箱每天计收。租用天数计算一般从交箱当日起算至租箱公司接受还箱之日为止。在超期还箱情况下，超期天数按合同规定的租金另行支付（通常比正常租金高一倍）。如合同中订有提前终止的条款，租箱人支付提前终止费用（一般相当于5—7天租金）后，租期到集装箱进入还箱堆场日终止。

3. 租金支付方式。一般租金支付方式有两种：按月支付或按季支付。租箱人应在收到租金支付通知单后，在规定时间内（一般为30天）支付，如延误则需按合同规定的费率加付利息。

4. 交、还箱手续费。租箱人应按合同规定支付交、还箱手续费，该费用主要用来抵偿因在堆场交、还箱所产生的费用（装卸车费、单证费等）。其数额由合同规定，或按交、还箱所在堆场的费用确定。

（五）设备标志更改条款

租箱人可以在租赁的集装箱箱体外表贴上自己的标志，但未经租箱公司同意，不得更改原有标志。在长期租赁情况下，租箱公司一般接受租箱人更改原有标志加上自己标志的要求，但还箱时租箱人必须除去更改加上的标志，恢复原来标志或承担恢复费用。

租箱合同中除上述条款外，一般还有其他有关租箱责任、义务、保险和转租等条款，这里不再一一说明。

对于各船公司及其他集装箱运输经营人来讲，租箱业务是较经常性的业务。在租箱业务中，租箱人除根据自己的需要租用合适类型的集装箱外，还应根据自己的实际情况，考虑各租箱公司的业务范围、信誉、费率和其他限制规定等做出比较，并根据各租箱公司租赁特点选择合适的公司订立合同。

四、集装箱租箱量的确定

集装箱船公司在配置航线所需集装箱时，不可能全部购置自备箱，因这需巨额投资。同时，若自备箱量过多，当市场欠佳时，则要支付大量闲置箱的费用；若自备箱数量过少，难以满足市场需求；如果大量租箱，耗资过大，亦不是良策。因而，合理确定航线自备箱量与租箱量，采用科学的计算方法，实现最优配置，这对船公司提高企业经济效益和市场的竞争能力，具有极其重要的意义。

从理论上讲，通过自备箱的用箱成本与租赁箱的用箱成本相比较，运用数学方法，在一定的约束条件下，根据成本最小化原则，就可以求出租箱量。但是，用这种属于静态规划一类的方法求出的租箱量一般难以适应市场的动态变化。为此，我们介绍一种既简便又实用的计算方法，即根据最小自备量原则来确定船公司的年度总租箱量，然后再进一步分别确定长期和短期的租箱量。现简介如下。

1. 求年度用箱总量 S_T。

$$S_T = \sum M_i = M_1 + M_2 + \cdots + M_{12}$$

式中，M_i——资料预测年的月用箱量数据（TEU），$i=1,2,\cdots,12$。

2. 求年度最低自备箱量 S_S。

$$S_S = 12 \cdot \min(M_i)$$

式中，$\min(M_i)$——资料预测年的最低月用箱量数据（TEU）。

3. 求年度租箱量 S_C。

$$S_C = S_T - S_S$$

4. 求年度长期租箱量 S_{LC}。先要计算出航线集装箱需配总箱量，再将其折算成平均月应备箱量，然后根据下式求得 S_{LC}：

$$S_{LC} = 1/2\left[S_C + 12 \cdot m - S_S - \sum|m - M_i|\right] = S_C - 1/2\left[\sum|m - M_i|\right]$$

式中，m——平均每月应具备箱量（TEU），$m = S_T/12$。

5. 求年度短期租箱量 S_{SC}。

$$S_{SC} = S_C - S_{LC}$$

例二：某集装箱运输船公司预计下一年度每月用箱量如下：

表 7-6

月份	1	2	3	4	5	6	7	8	9	10	11	12
月用箱量/万TEU	5.1	3.1	3.8	3.6	5.4	2.8	5.7	4.4	5.6	3.8	5.8	4.9

试确定公司年租箱总量、年长期租箱量和年短期租箱量。

解：① 计算年总用箱量 S_T：

$$S_T = \sum M_i = M_1 + M_2 + \cdots + M_{12} = 5.1 + 3.1 + \cdots + 4.9 = 54(\text{万}TEU)$$

② 计算年最小自备量 S_S：

$$S_S = 12 \cdot \min(M_i) = 12 \times 2.8 = 33.6(\text{万}TEU)$$

③ 计算年租箱量 S_C：

$$S_C = S_T - S_S = 54 - 33.6 = 20.4(\text{万}TEU)$$

④ 计算年长期租箱量 S_{LC}：

$$m = S_T/12 = 54/12 = 4.5(\text{万}TEU)$$

$$S_{LC} = 1/2\left(S_C + 12 \cdot m - S_S - \sum|m - M_i|\right)$$

$$= 1/2[20.4 + 12 \cdot 4.5 - 33.6 - (|5.1 - 4.5| + |3.1 - 4.5| + \cdots + |4.9 - 4.5|)]$$

$$= 1/2[20.4 + 54 - 33.6 - 11]$$

$$= 14.9(\text{万}TEU)$$

⑤ 计算年短期租箱量 S_{SC}：

$$S_{SC} = S_C - S_{LC} = 20.4 - 14.9 = 5.5(\text{万}TEU)$$

以上关于确定租箱量、长期租箱量和短期租箱量的理由：在一般情况下，由确定航线配备量计算公式所确定的用箱量，从理论上讲应能满足市场需求，其中以实际用箱量最小的月份为基数，计算年最小自备量，这是为了将置箱投资压缩到最低限度。如果市场需求上升，月用箱量增加,则可采用长期租赁的办法来弥补箱量不足,这种方式由于租期长,租金较低,一般也不订立DPP条款,还箱费用也较低,在预见到租箱费率将较长时期上升时,尤为适用。然而,由于货源的突然变化或货源不平衡及市场需求的急增,按理论计算的航线集装箱配备量不足应付,就应采用短期租赁办法来调节箱量,这种方式较为灵活,租金较高,一般订立DPP条款,还箱费用也较高。

五、集装箱租箱量的调整

由于集装箱班轮航线上的货源变化多端,集装箱船公司随时需要根据实际用箱量的增减来调整租箱量,以降低用箱成本,提高集装箱的利用率。

租箱量的调整可以通过航线集装箱平均总周转天数以及月需求量的变化进行,方法如下。

1. 计算月需求量U。航线上集装箱的月需求量可用下式求得:

$$U = 30 \cdot L/I$$

式中,U——航线集装箱月需求量(TEU);

L——每套集装箱的数量(TEU),如船舶满载则为船舶载箱量;

I——发船间隔(天)。

将该公式进行变换,可得到发船间隔与月需求量之间的关系式如下:

$$I = 30 \cdot L/U$$

2. 确定航线实际配箱总量S与航线集装箱平均总周转天数T、月需求箱量U之间函数关系。

将上式代入航线集装箱配备量S的计算公式可得:

$$S = L \cdot K = L \cdot T/I = L \cdot T/[30 \cdot L/U] = T \cdot U/30$$

3. 租箱量调整方法。根据上式可归纳出租箱量的调整方法,如表7-7所示。其中第5、6种情况较为复杂一些。当集装箱周转率下降而需求量下降时,不必立即采取停租或退租子的做法,应针对不同的情况,分别以等待需求恢复及提高周转率的办法予以解决。

表7-7 集装箱租箱量的调整方法表

集装箱平均总周转情况	集装箱需求变化情况	航线集装箱需配备箱量	因果关系	调整方法
1. $T_a = T$	$U_a > U$	$S_a > S$	需求上升,箱子需备量增加。	短期租箱
2. $T_b = T$	$U_b < U$	$S_b < S$	需求下跌,箱子需备量减少。	退还租赁箱
3. $T_c > T$	$U_c = U$	$S_c > S$	周转率下降,箱子需备量增加。	短期租箱
4. $T_d < T$	$U_d = U$	$S_d < S$	周转率提高,箱子需备量减少。	退还租赁箱

5. $T_e > T$	$U_e < U$	$S_e < S$	需求下跌,部分箱子闲置。	等待需求恢复
6. $T_f > T$	$U_f < U$	$S_f < S$	周转率下降,月承运量也有所减少。	提高周转率
7. $T_g < T$	$U_g > U$	$S_g = S$	周转率提高,月承运量也有所提高。	改善周转率或扩大货源

显而易见,表7-7所列的各种租箱量的调整办法中,如何准确地预测航线集装箱月需求量的数字至关重要。因此,集装箱船公司应积极开发利用先进的计算技术,求助于科学的预测方法,为集装箱使用和管理效率的提高,提供可靠的数据信息。

第四节 集装箱箱务管理业务

箱务管理即集装箱管理,是国际集装箱运输的一项十分重要的工作。做好箱务管理工作,对加快集装箱的周转,提高集装箱货物的装载质量,提高集装箱运输企业的经济效益均有重要的意义。

箱务管理的主要业务有集装箱的使用、租用、调运、保管、发放、交接、装卸、中转、堆存、装箱、拆箱、运输、检验、修理、清洗、熏蒸、租赁、跟踪等;同时箱务管理中又涉及港、航、路、站、场等诸多部门,因此,集装箱管理是一项十分复杂的系统工程,将直接影响国际集装箱运输业的发展。下面就集装箱管理中的调运、堆存和保管、发放和交接等主要业务内容做介绍。

一、集装箱的调运

集装箱作为集装箱运输中的主要设备之一,及时为货方、内陆承运人提供足够数量、性能优良、类型齐备的集装箱对航运公司提高服务质量,加快集装箱周转,提高企业经济效益和社会效益等均具有重要的意义。

箱管部门(集装箱代理人)对于重箱的调运,应做的主要工作是重箱的跟踪和及时追还拆空的集装箱,而更多的业务是对于空箱的调运工作。由于货源不平衡及各航线货物流向不平衡等原因会造成各港的空箱数量的不平衡,因此,必须将某港的剩余空箱调运到空箱不足的港口以供使用。

空箱的调运涉及到航运公司、场站、中转站、港口等部门,因此箱管部门必须掌握集装箱的利用情况,做好集装箱调运计划,力求高效率、低成本地完成集装箱的调运。

空箱调运有下面几种方式。

(一)港到港之间的调运

1. 国际间调运。箱管部门应与货运部门配合,尽快掌握各港的空箱数量以及各港的空箱需求量,及时做好调运计划,通过在各港的船代部门(集装箱代理人)做好报关、装运等工作,及时将根据调运计划安排的空箱按其类型、数量调运到指定的港口。

一般情况下尽可能安排本公司的船舶运载空箱,特殊情况下可委托其他船公司的船舶运输,但此时因为要支付大量的空箱运输费用,所以尽量不用其他船公司的船舶承运,以降低成本。

2. 国内间调运。国内间调运时,不需海关报关手续,所以国内运输中箱管部门做好调运计划后,须安排船舶将空箱运至目的港。

通过水路运输空箱时,箱管部门一方面要与货运部门配合,掌握空箱的需求情况;另一方面必须与航运部门合作,了解船舶的配载情况,充分利用船舶的剩余舱位进行空箱的调运,尽量不影响重箱的载量,以降低运输成本,提高运输效率。

(二)港到堆场、货运站、中转站之间的调运

由前述可知,经常会出现空箱在某些港口的大量积压。因此,箱管部门必须及时将空箱调运到各堆场、货运站、中转站等地。箱管部门必须尽早掌握空箱的达到时间、数量,及时(提前)为各堆场、货运站、内陆运输部门签发"集装箱设备交接单",联系运输单位,采用直取方式或尽早将空箱调运到使用空箱的地点。

此外,在港场间调运空箱时,经常是将各堆场的闲置集装箱调运至港口,所以箱管部门必须及时与集装箱代理人及各堆场进行联系,及时将调运计划安排的空箱运至港口。

(三)堆场、货运站之间的调运

空箱除少部分在港口堆存外,大量的空箱是在堆场和货运站堆存,因此各堆场和货运站之间由于使用的不平衡,箱管部门应根据各场站的空箱需求量,进行堆场、货运站等地之间的空箱调运。

场站之间调运时,箱管部门应制定调运计划,联系运输单位,签发"集装箱设备交接单",将空箱从指定的提箱地点运至指定的收箱地点。

(四)临时租用箱的调运

在集装箱运输过程中,本公司某些地区的空箱储备量不足时,可以采用前述的方法进行调运。但由于调运需要时间,不能满足目前的需要,此时箱管部门必须向租箱公司或其他船公司临时租用集装箱。管箱部门应向租箱公司或其他船公司提出租用申请,经其同意并取得"集装箱设备交接单"后,联系运输公司,到租箱公司或其他船公司指定的场地,将空箱运至本公司的协议堆场或货运站等地,并做好设备交接手续。用毕后将空箱运至租箱公司或其他船公司指定的场地。

(五)还箱的调运

集装箱的成本是集装箱运输成本中的重要组成部分,所以船公司租用集装箱一般同时

采用长期、短期和临时租箱等方式。在运输市场不景气或货源不足的情况下,及时返还部分租用的集装箱是降低运输成本的重要手段。

箱管部门应与租箱公司联系还箱的手续,按租箱公司指定的地点将空箱运还并办理交接手续。

(六)其他调运

1. 拆空的集装箱一般由货方(或其代理)、内陆承运人负责还箱运输。箱管部门应及时掌握该集装箱的动态,使空箱及时使用。

2. 集装箱在修理、清洗、改装、熏蒸、检验时,箱管部门应做好调运计划,联系运输公司将集装箱运至指定地点,以使集装箱满足载货要求,加快集装箱的周转速度。

二、集装箱的堆存、保管

(一)重箱的堆存、保管

为避免港内集装箱大量积压现象的发生,港口一般规定各航班装运的出口重箱(或出口空箱)应在指定的入港开始时间和截止时间内将重箱运至港区内指定的场地堆存;规定各航班装运的进口重箱(或进口空箱)应在规定的免费堆存时间内将重箱提走。箱管部门应与箱·管代理密切合作,通知货方、内陆承运人按时将重箱运入或运出港内,并做好集装箱设备交接工作。

(二)空箱的堆存、保管

集装箱所有人或其箱管部门所支配的空箱一般在堆场、货运站等地堆存和保管。集装箱的所有人一般委托箱管代理或各堆场经营人作为自己的代理人行使实际管理并须向有关堆场支付堆存、保管费用。这些费用也是集装箱运输成本的重要组成部分,所以加强空箱的堆存、保管的管理具有重要的意义。

箱管部门或其代理人在正确掌握各堆场的空箱类型、数量的前提下,应充分利用各堆场入场初期的免费条款,将堆存期较长的集装箱调运出该堆场,做出口载货用箱或调运至需要空箱的地方。

各堆场经营人在安排空箱堆存过程中,应将各航运公司的集装箱分别堆放,同公司的集装箱应按不同箱型分别堆放,便于提箱。在搬运过程中应注意安全,勿使本场地堆存的集装箱出现工残。在收箱时做好检查工作,出现集装箱损坏等现象时,及时通知箱主,安排修理等事宜。

我国的一些集装箱场站采用堆存费包干的形式,船公司可以充分利用这一条件将空箱运至该种场站堆存。

三、集装箱的发放和交接

(一)集装箱发放和交接的依据

集装箱的发放和交接,应依据出口"场站收据"、进口"提货单"以及这些文件内列明的集装箱交付条款,实行"集装箱设备交接单"制度。用箱人及其相关业务方必须凭箱管部门或其代理人签发的"集装箱设备交接单"办理集装箱的提箱(发箱)、交箱(还箱)、进场(港)、出场(港)等手续。

(二)交接责任的划分

1. 船方与港方交接以船边为界。
2. 港方与货方(或其代理人)、内陆(公路)承运人交接以港方检查桥为界。
3. 港方与内陆(铁路、水路)承运人交接以车皮、船边为界。
4. 堆场、中转站与货方、内陆(公路)承运人交接以堆场、中转站道口为界。

(三)进口重箱提箱(发箱)、出场的交接

进口重箱提离港区、堆场、中转站时,货方、内陆(水路、公路、铁路)承运人应持海关放行的进口"提货单"到箱管部门或其代理指定的现场办理处办理集装箱发放手续。

集装箱代理人依据进口"提货单"、集装箱交付条款和集装箱运输经营人有关集装箱及其设备使用和租用的规定,向货方、内陆承运人签发"出场集装箱设备交接单"和"进场集装箱设备交接单"。

货方、内陆承运人凭"出场集装箱设备交接单"到指定地点提取重箱,并办理出场集装箱设备交接;凭"进场集装箱设备交接单"将拆空后的集装箱及时交到集装箱代理人指定的地点,并办理进场集装箱设备交接。

(四)出口重箱交箱(收箱)、进场的交接

出口货箱进入港区,货方、内陆承运人凭出口"集装箱装箱单"或"场站收据"、"进场集装箱设备交接单"到指定的港区交付重箱,并办理进场集装箱设备交接。

指定的港区依据出口"集装箱预配清单"、"场站收据"、"进场集装箱设备交接单"收取重箱,并办理进场集装箱设备交接。

(五)空箱的发放和交接

空箱提离港区、堆场、中转站时,提箱人(货方或其代理、内陆承运人)应向箱管部门或其代理人提出书面申请。集装箱代理人依据出口"集装箱预配清单"、"场站收据"向提箱人签发"出场集装箱设备交接单"和"进场集装箱设备交接单"。

提箱人凭"出场集装箱交接单"到指定地点提取空箱,办理出场集装箱设备交接;凭"进场集装箱设备交接单"到指定地点交付集装箱,并办理进场集装箱设备交接。

(六)收、发箱地点应履行的手续

指定的收、发箱地点,凭箱管部门或其代理人签发的"集装箱设备交接单"受理集装箱的收、发手续。凭"出场集装箱设备交接单"发放集装箱,并办理出场集装箱交接;凭"进场集装箱设备交接单"收取集装箱,并办理进场集装箱交接。

集装箱交接地点应详细认真进行检查和记录,并将进出场集装箱的情况及时反馈给箱管部门或其代理,积极配合集装箱代理人的工作,使其能够及时、准确地掌握集装箱的利用情况,按时安排集装箱的调运、修理,追缴集装箱延期使用费以及集装箱的损坏、灭失赔偿费用等。

四、集装箱的损坏、灭失、逾期还箱处理

货方(或其代理)、内陆承运人或从事集装箱业务的有关单位不得将集装箱及其设备移做"集装箱设备交接单"规定之外的目的使用,必须按规定的时间、地点交还集装箱,而且应保持集装箱及其设备的完好性。

凡不按规定地点交还集装箱者,港区、堆场、中转站等地均应拒绝收箱。

集装箱损坏时,应根据前述的交接责任划分确定责任者,根据损坏程度确定赔偿金额,责任者有义务向集装箱所有人或其代理人支付赔偿费用。

集装箱逾期使用时依据集装箱超期使用费标准向集装箱代理人支付超期使用费,集装箱超期使用费、租箱费标准参见表7-8。

表7-8 集装箱超期使用费、租箱费标准

国内单位按日历日人民币计价,国外单位按日历日美元计价					
箱型	尺寸(ft)	1~4天	5~14天 元/美元	5~40天 元/美元	41天以上 元/美元
干货箱	20	免费	免费	10.00/3.00	40.00/12.00
	40	免费	免费	20.00/6.00	80.00/24.00
开顶箱	20	免费	免费	15.00/4.50	60.00/18.00
框架箱	40	免费	免费	30.00/9.00	120.00/36.00
冷藏箱	20	免费	60.00/18.00	80.00/24.00	240.00/72.00
罐状箱	40	免费	100.00/30.00	140.00/42.00	400.00/120.00

逾期41天不交还集装箱者,可推定集装箱及其设备灭失,集装箱代理人有权要求责任方赔偿,集装箱灭失、推定灭失赔偿标准参见表7-9。

表7-9 集装箱灭失、推定灭失赔偿标

箱型	尺寸(ft)	价格(美元)	年折旧率(%)	最低赔偿额(美元)
干货箱	20	3200.00	5%	1280.00
	40	4300.00	5%	1720.00

开顶箱	20	4000.00	5%	1600.00
	40	5000.00	5%	2000.00
框架箱	20	4500.00	5%	1800.00
	40	6000.00	5%	2400.00
冷藏箱	20	25000.00	5%	12500.00
罐状箱	40	33000.00	5%	16500.00

五、对箱管业务人员的要求

由于集装箱管理人员所管辖的集装箱数量多,使用频繁,所以务须做到以下几点。

1. 签发"集装箱设备交接单"时,认真细致审核提箱申请。集装箱设备交接时,认真检查、及时登记进出场集装箱的情况,并尽快通知集装箱所有人,以使箱主及时掌握集装箱的动态。

2. 照顾全局。箱务管理是集装箱运输管理的一部分,必须与船方、货方等方面密切合作,保证空箱的供给、调运等工作顺利进行。

3. 加强联系。由于箱管业务涉及港、航、货、场等许多部门,有关箱务管理的单位应密切合作,加强联系,使集装箱的跟踪更准确、及时,以加快集装箱的周转。

4. 多下基层。在加强联系的基础上,箱管人员应经常到现场,发现问题并及时解决。

第五节 集装箱跟踪管理箱务管理现代化

一、集装箱跟踪管理

随着集装箱运输的迅猛发展,集装箱的数量日益增多,尤其是国际多式联运的推广普及,"门到门"的运输活动使其流动的范围极广,给集装箱的使用和管理带来了新的课题。为了随时能够掌握和控制集装箱在周转使用过程中的各种状态,集装箱船公司必须建立高效率的集装箱跟踪管理系统,以提高集装箱的周转率,防止集装箱丢失,降低集装箱运输成本,发挥集装箱运输的优越性。

集装箱跟踪管理,是指集装箱经营者(集装箱船公司、租箱公司)为掌握和控制集装箱动态而采用的管理方式,一般分为手工跟踪管理方式和计算机跟踪管理方式两种。其中集装箱计算机跟踪管理方式是目前船公司普遍采用的高效率的方式,其基本原理如下。

(一)集装箱跟踪管理系统的操作程序

集装箱跟踪管理系统是运用电子计算机技术建立起来的信息传输和数据处理的管理系统,其操作程序是将有关集装箱的固定特征,如箱号、箱类、箱型、尺寸、购(租)箱地点及日期等资料,事先储存在计算机资料库中,而集装箱的日常动态信息则使用特定的代码随时输入计算机,并由专门的应用程序进行有效的管理,随时可以显示、输出或打印集装箱跟踪管理所需的各种资料、文件和报表。

(二)集装箱跟踪管理系统的传输方式

集装箱跟踪管理系统的传输方式主要有两种,即联机系统和脱机系统。

联机系统也称"在线系统"或"联网系统",是指集装箱船公司将其用于集装箱运输管理的计算机中心与设置在有关各港代理处的终端机联网,使集装箱的各种动态信息随时可直接显示出来,或者根据需要可直接打印从计算机中心传输的各种处理结果或其他有关信息。

脱机系统又称"离线系统"或"独立系统",它往往需要依赖其他通信手段传输来往信息。集装箱船公司与有关各港代理各自使用相互独立的计算机系统,对各种信息各自独立地进行处理和储存。这种方式对信息反馈的适时性较差,但对于长航线的远距离信息传输来说,基本上能满足集装箱跟踪管理在技术上和经济上的要求。

(三)集装箱跟踪管理的日常动态信息

1. 集装箱地理位置信息。集装箱地理位置信息主要是通过各港代理在码头堆场的四道关口所提供的单证中获得的,如图7-15所示。这四道关口是指"出门"、"进门"、"装船"以及"卸船"。前两道关口的主要单证是设备交接单,后两道关口主要单证是装卸船清单。

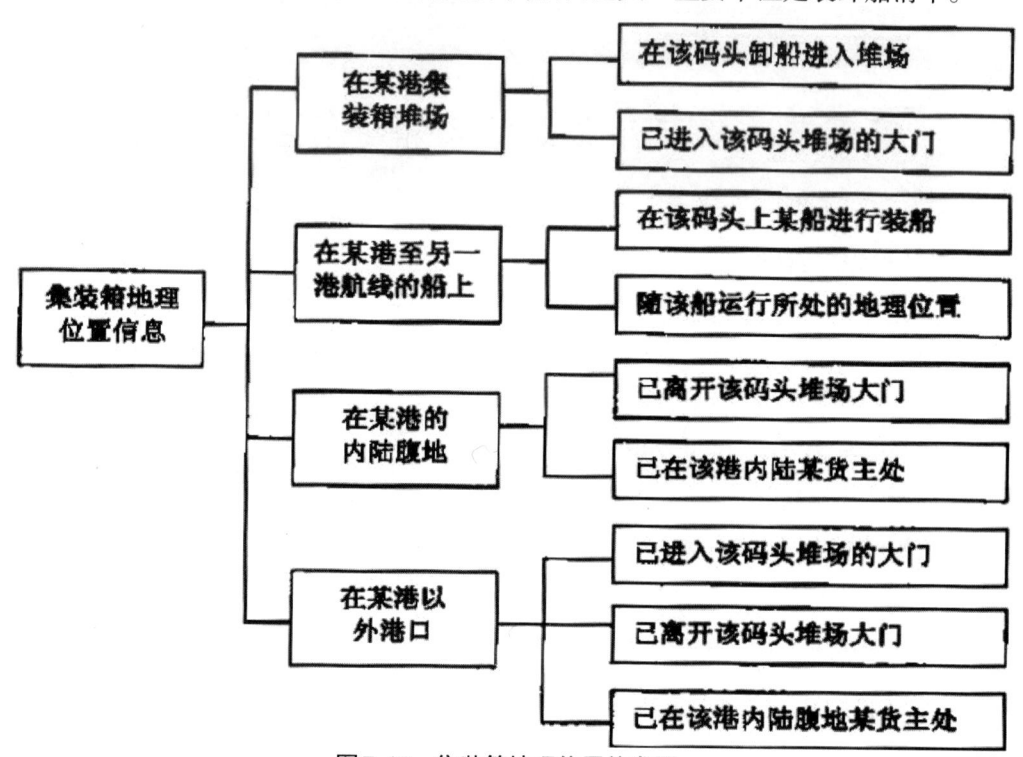

图7-15 集装箱地理位置信息图

2. 集装箱使用状态信息。集装箱跟踪管理的使用状态信息,主要用于掌握集装箱使用状况和适用状况,以便提高集装箱的利用率和周转率。集装箱的状态信息主要表现为五种情况,如图7-16所示。

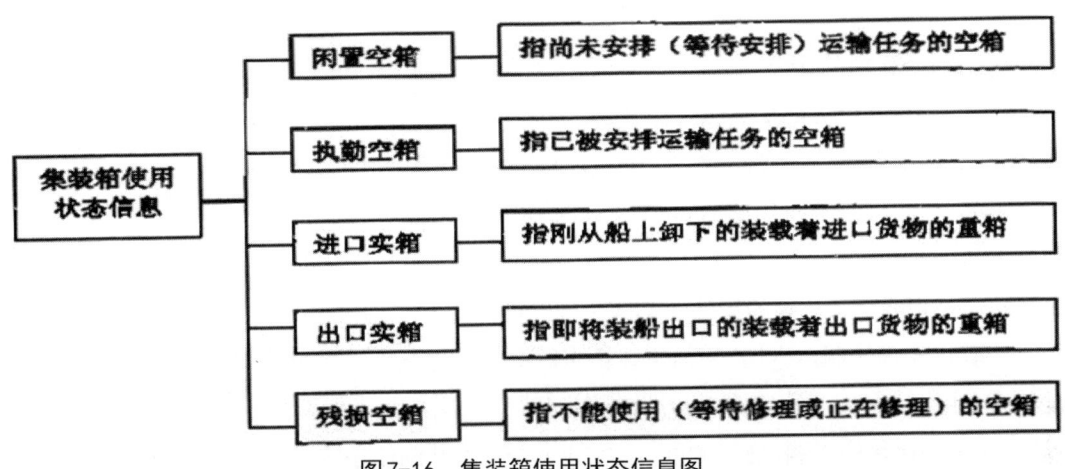

图7-16 集装箱使用状态信息图

综上所述,尽管集装箱的流通范围及其使用状态复杂多变,但以任意一个港口的码头堆场为主控点,那么,对于任何一个集装箱的跟踪管理无非是掌握上述动态信息与状态信息的各种不同的组合信息而已,利用现代的计算机技术,集装箱跟踪管理已是一项不难解决的课题。

二、集装箱箱务管理现代化

利用先进的计算机技术和通信技术建立集装箱管理信息系统并实现科学化管理是实现箱务管理现代化的重要手段。

集装箱经营者(集装箱船公司、租箱公司)利用计算机联网技术建立大范围、多机种、远距离的计算机网络,为箱务管理的现代化提供了基础;同时,利用GPS/GIS通信技术实时跟踪集装箱、底盘车、牵引车和其他设备,而RFID射频技术则可用来识别集装箱数据并确认箱封的完整性。

下面,以中国远洋运输总公司为例,说明集装箱箱务管理现代化的情况。

"中远"总公司先后引进美国通用电气公司(GE)和香港东方海外集装箱公司(OOCL)提供的集装箱管理系统(EMS)及通信网络,采用一级调度、三级管理体制对"中远"集装箱实行全球跟踪和管理,以发挥企业整体优势,开拓航运市场,确立其在国际航运界的地位。

(一)先进的管理技术

EMS系统不仅拥有世界上最多用户的网络系统,还有分布在世界各地的生产厂和代表机构。其公司的内部管理是应用EDI技术的成功典范。由其向"中远"总公司提供的EMS系统及通信网络,通过设在总公司的箱管中心与国内外6个箱管分中心及航线经营人、港口箱管代理联网,不仅可以掌握和跟踪"中远"公司分布在国内外集装箱码头堆场、货运站、中转站、货主仓库或运输途中的集装箱地理位置和使用状况等动态信息,而且还可以对各个运输环节的集装箱需求情况作出预测,可以汇总、统计、分析箱务管理方面的各项经营指标,从而为公司的经营决策提供准确、可靠的辅助依据。

(二)科学的管理方法

建立庞大的、世界的集装箱管理系统,除依靠先进的计算机技术外,还必须实行科学、严格的管理。其中包括建立健全严密、分工明确和高效率运转的各级组织管理机构;制定一系列完整的、切实可行的内部规章制度、工作标准和业务管理办法等。只有这样才能将分布于世界各地的整个管理系统形成一个紧密联系和高效率的网络化的有机系统,切实有效地对集装箱船公司或租箱公司的集装箱实施全球性的跟踪和管理。

1. 营运管理体制。"中远"公司集装箱实行统一管理制度。以总公司箱管中心为核心,下设箱管分中心、中远航线经营人和港口箱管代理,采用的是一级调度、三级管理体制,对"中远"公司集装箱集中控制、统一调度,由各航线经营人共同使用。"中远"公司集装箱营运管理体制见图7-17。

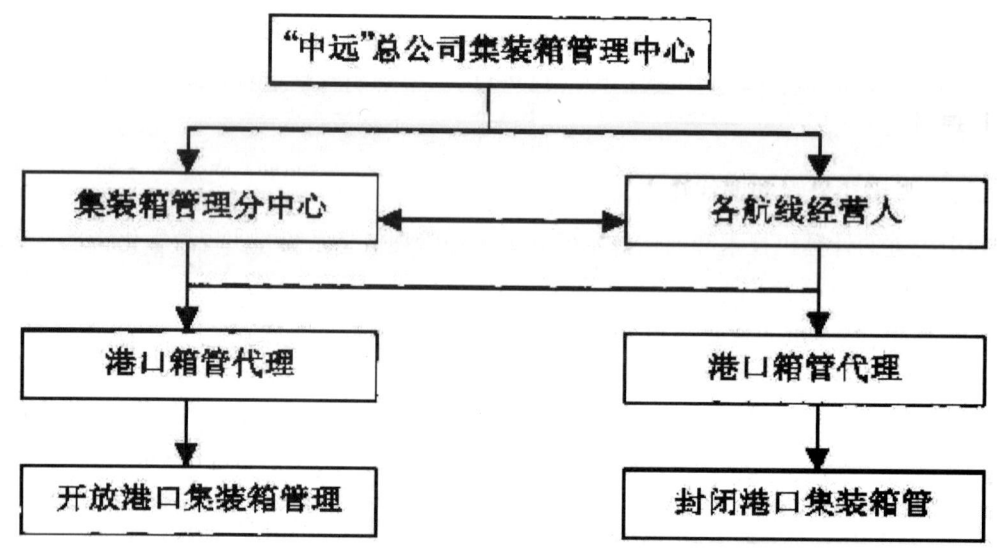

图7-17 "中远"集装箱管理体制图

箱管中心根据航线分布情况及货箱供求关系,将接受航线经营人提、还箱的港口指定为"开放"港口;将不接受航线经营人提、还箱的港口指定为"封闭"港口。

箱管中心设有营运管理、信息管理、商务管理、财务结算四个职能部门,下设各分中心和航线经营人,也都设有相应的机构。

箱管中心主要职责是控制"中远"集装箱,统一管理,合理调配;确定和调整开放港口的集装箱合理存有量,并根据市场情况及时调整。

箱管分中心则是负责检查所管辖地区内的港口(开放港口和封闭港口)集装箱存有量;制定区域内港口间集装箱平衡及调运计划,并报箱管中心统筹调度解决。

航线经营人主要任务是负责海上空箱调运,即对于开放港口,应根据箱管中心发布的调箱指令,调运空箱;对于封闭港口,应做好封闭区域港口间的集装箱平衡工作和进、出封闭区的集装箱调运工作。

港口箱管代理应对其进入到码头堆场、货运站、内陆场站、修箱场及货主处的集装箱实施跟踪管理并落实陆地空箱调运计划。

箱管中心在国内外共设6个箱管分中心,即广州、上海、天津、美洲、香港和欧洲分中心,如图7-18所示。

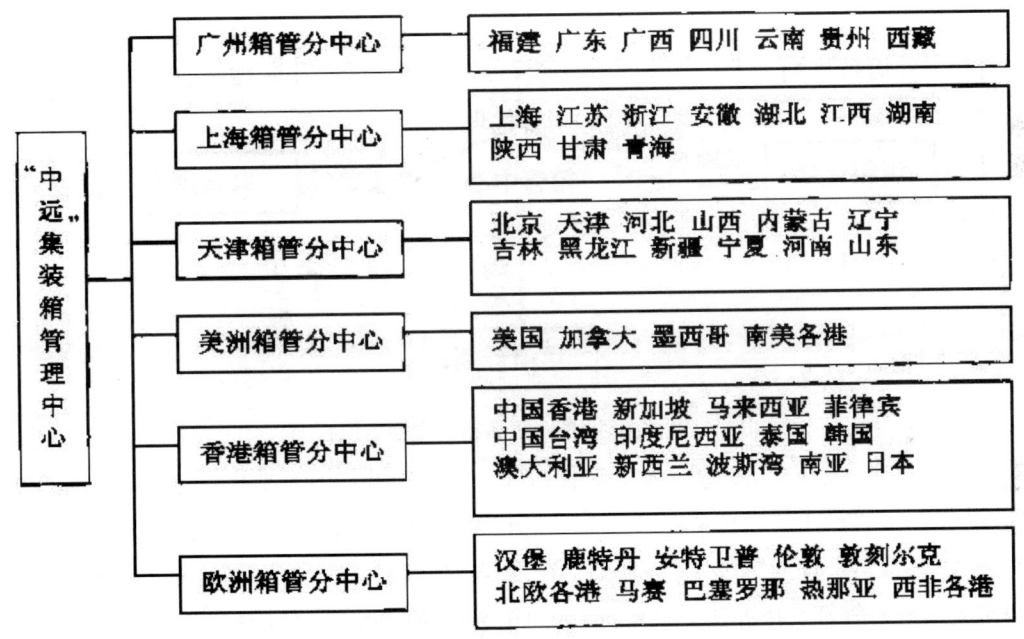

图7-18 "中远"集装箱管理机构管辖区域示意图

2. 箱管业务程序。"中远"公司集装箱营运管理是由箱管中心通过EMS系统,与各箱管分中心、航线经营人之间进行信息交换完成的。其运转程序为:各箱管分中心、航线经营人每月25日分别向EMS输入各自下月的供箱预测和用箱预报,并根据所辖区域的实际情况,向EMS输入各自"开放"港口之间的调箱计划和"封闭"港口之间的调箱计划。以上信息由EMS传递到箱管中心,经箱管中心统一调度后,通知EMS向各箱管分中心、航线经营人发出调箱指令,并由EMS对调箱计划进行统一平衡,直至满足各方的用箱需求。最终由箱管中心正式发布调箱指令并落实用箱计划。"中远"公司系统集装箱管理业务流程如图7-19所示。

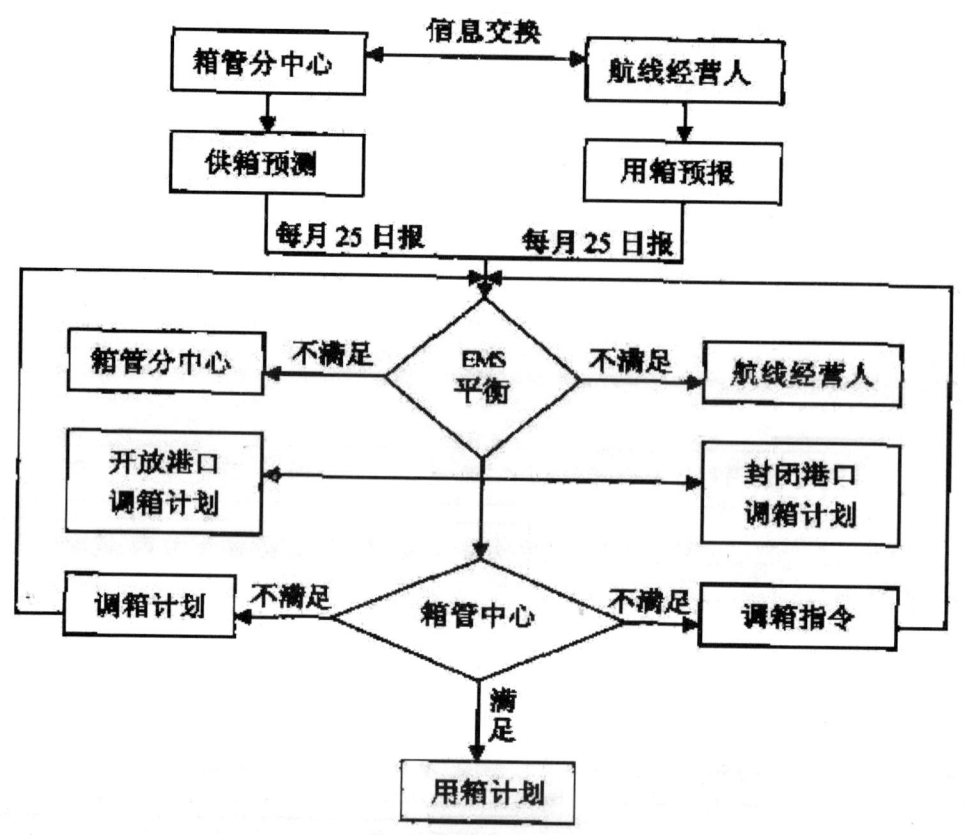

图7-19 "中远"系统集装箱管理业务流程图

3. 健全的业务规章和办法。为使集装箱统一管理和各环节有章可循,"中远"公司制定了《集装箱统一管理手册》,明确了箱管中心、分中心、各航线经营人及各港口箱管代理之间的相互关系,营运管理业务程序,各环节的职能、职责和工作标准。另外,还制定了《"中远"公司集装箱统一管理交接办法》、《"中远"公司集装箱使用办法》、《"中远"公司集装箱和空箱调运办法》、《"中远"公司集装箱箱管费、箱运费划分标准》、《"中远"公司集装箱箱天使用费率计划原则和办法》、《"中远"公司集装箱滞期费收取标准》、《"中远"公司集装箱灭失、丢失赔偿标准》等业务规章。

第八章　集装箱码头及其营运管理

第一节　集装箱码头概述

集装箱码头(Container Terminal)是集装箱运输的枢纽,它向外连接国际的远洋运输航线,向内连接国内的铁路、公路、水路等运输线路。因此,集装箱码头是各种运输方式衔接的换装点和集散地。集装箱码头在整个集装箱运输过程中具有重要的地位,做好集装箱码头的建设和管理工作对于加速集装箱及其运载工具的周转,降低运输成本,提高经济效益和社会效益具有极其重要的意义。

一、集装箱码头的特点和要求

随着集装箱运输的迅速发展,集装箱运量不断上升,集装箱船舶日趋大型化和高速化。因而,要求集装箱码头实现装卸作业高效化、自动化,管理工作现代化、标准化和规范化,以加速车、船、箱的周转,降低运输成本,提高整个集装箱运输系统的营运效益和综合社会效益。

为满足集装箱运输对集装箱码头的要求,世界各国港口快速发展集装箱专用码头,设置了现代化的硬件及软件系统。集装箱码头应满足以下要求。

1. 具备设计船型所需的泊位、岸线及前沿水深和足够的水域,保证船舶安全靠、离港。

2. 具备码头前沿所必需的宽度、码头纵深及堆场所必需的面积,具有可供目前及发展所需的广阔的陆域,保证集装箱堆存、堆场作业及车辆通道的需要。

3. 具备适应集装箱装卸船作业、水平运输作业及堆场作业所必需的各种装卸机械及设施,以实现各项作业的高效化。

4. 具有足够的集疏运能力及多渠道的集疏运系统,以保证集装箱及时集中和疏散,防止港口堵塞及快速船舶装卸作业。

5. 具有维修保养的设施及相应的人员,以保证正常作业的需要。

6. 由于集装箱码头高科技及现代化的装卸作业和管理工作,要求具有较高素质的管理人员和机械司机。

7. 为满足作业及管理的需要,应具有现代管理和作业的必需手段,采用电子计算机及数据交换系统。

鉴于集装箱船舶大型化带来的对集装箱码头设施和装卸服务的新要求,集装箱码头未来发展趋势将是泊位深水化、装卸设备大型化、装卸工艺系统化、集疏运设施现代化、生产信息化、码头泊位高效化、港口生产组织合理化。

二、集装箱码头布局及其设施

集装箱码头装卸作业是采用机械化、规模化生产方式进行的,要求各项作业密切配合实现装卸工艺系统的高效化。这就要求集装箱码头布局合理,使码头上各项设施合理配置,并使它们有机地联系起来,形成一个各项作业协调一致、相互配合的有机整体,形成高效率的、完善的流水作业线,以缩短车、船、箱在港口码头的停泊时间,加速车、船、箱的周转,降低装卸成本和运输成本,实现最佳的经济效益。

图8-1为吊装式全集装箱船专用码头平面布局简图。对于集装箱专用码头,在码头布局上主要要求集装箱泊位岸线长为300m以上;集装箱码头陆域纵深一般为350m以上,有的集装箱码头已高达500m;码头前沿宽度一般为40m左右;每一集装箱专用泊位,配置2~3台岸壁集装箱起重机;集装箱堆场面积达105000m²,甚至更大;集装箱货运站可布置在集装箱码头大门与堆场之间的地方,也可布置在集装箱码头以外的地方;所有通道的布置应根据装卸工艺与机械要求而定。

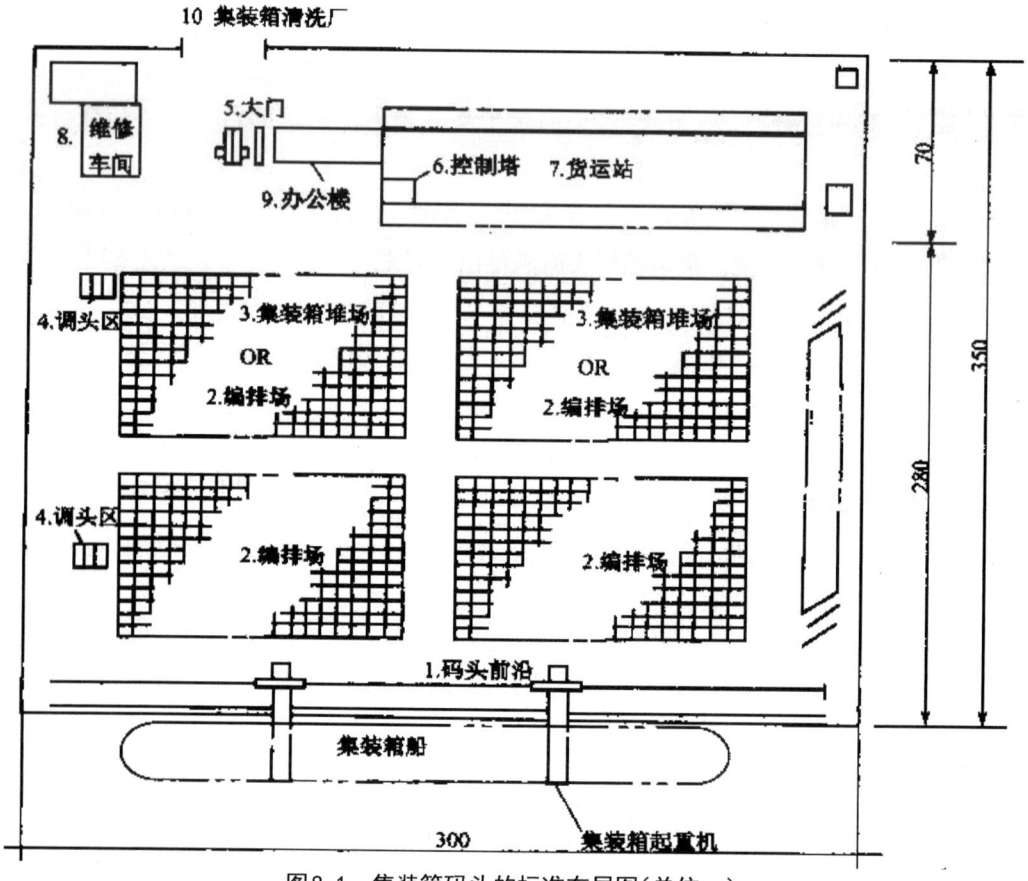

图8-1 集装箱码头的标准布局图(单位:m)

根据集装箱码头装卸作业和业务管理的需要，集装箱码头应配置以下主要设施。

1. 码头前沿。码头前沿(Frontier)是指沿码头岸壁到集装箱编排场之间的区域，设置有岸壁集装箱起重机及其运行轨道，一般不设铁路线。码头前沿的宽度可根据岸壁边集装箱起重机的跨距和使用的其他装卸机械种类而定，一般为40m左右。

码头前沿水深应满足设计船型的吃水要求，一般为12m以上。岸壁上设有系船缆桩，用于船靠码头时通过缆绳将船拴住。为保持岸壁不受损坏，岸壁上设置预防碰撞装置，通常为橡胶材料制作。

2. 集装箱编排场。集装箱编排场(Container Marshalling Yard)又称"前方堆场"，是指为即将装船的集装箱排列待装及即将卸下的集装箱备好的堆放区域。集装箱编排场通常布置在码头前沿与集装箱后方堆场之间，其主要作用是保证船舶装卸作业快速而不间断地进行。编排场面积的确定主要与集装箱码头吞吐量、设计船型的载箱量、到港船舶密度及装卸工艺系统有关。

3. 集装箱堆场。集装箱堆场(Container Yard，简称CY)又称"后方堆场"，是指进行集装箱交接、保管重箱和安全检查箱的场所，有的还包括存放底盘车的场地。由于进出码头的集装箱基本上均需要在堆场上存放，因此，堆场面积的大小必须适应集装箱吞吐量的要求，应根据设计船型的装载能力及到港的船舶密度、装卸工艺系统、集装箱在堆场上的排列形式等因素分析确定。

4. 掉头区。掉头区(Retuming Zone)按需要设置在集装箱堆场周围，供集装箱运输车辆及作业机械调头使用。掉头区大小依集装箱码头面积富余程度而定。

5. 大门。大门(Gate)是集装箱码头的出入口，也是划分集装箱码头与其他部门责任的地方。集装箱码头门卫工作十分重要，所有进出集装箱码头的集装箱均在门房进行检查，办理交接手续并制作有关单据，这些单据不仅作为划分责任的依据，也是实行集装箱码头电子计算机管理的主要数据来源。

6. 控制塔。控制塔(Control Tower)是集装箱码头作业的指挥中心，其主要任务是监视和指挥船舶装卸作业及堆场作业。控制塔应设在码头的最高处，以便能清楚看到码头所有集装箱的箱位及全部作业情况，有效地进行监视和指挥工作。

7. 集装箱货运站。集装箱货运站(Container Freight Station，简称CFS)是拼箱货物进行拆箱和装箱并对这些货物进行贮存、防护和收发交接的作业场所。货运站有的设在码头之内，也有设在码头外面的，一般应配备拆装箱及场地堆码的小型装卸机械及有关设备。货运站的规模应根据拆装箱量及不平衡性综合确定。

8. 维修车间。维修车间(Maintenance Shop)是对集装箱及其专用机械进行检查、修理和保养的场所。它的主要任务是及时对集装箱及主要机械进行检查、修理和保养，使其经常处于完好的技术状态，提高完好率，以保证集装箱码头生产不间断地正常进行。

9. 办公楼。集装箱码头办公楼(Terminal Building)是集装箱码头行政、业务管理的大本营,目前已基本上实现了管理电子计算机化。

10. 集装箱清洗场。集装箱清洗场(Container Washing Station)主要任务是对集装箱污物进行清扫、冲洗,以保证空箱符合使用要求。清洗场一般设在后方并配备多种清洗设施。

三、集装箱码头机械设备

为了有效地提高集装箱码头的装卸效率,加速船、车、箱的周转,缩短其在港停留时间,集装箱码头必须配备高效专用机械设备,以实现装卸作业机械化。整个集装箱码头机械化系统包括装卸船机械、搬运机械、堆码机械及拆装箱机械等。

(一)岸壁集装箱装卸桥

岸壁集装箱装卸桥(Quayside Container Crane)是码头前沿机械,承担集装箱装、卸船作业,机械结构形式见图8-2。该机是现代化集装箱码头高效专业化装卸机械,其装卸效率一般为20~35TEU/h,起重量为35~45t,外伸距为35~45m,内伸距一般为8~16m,轨距一般为16m。

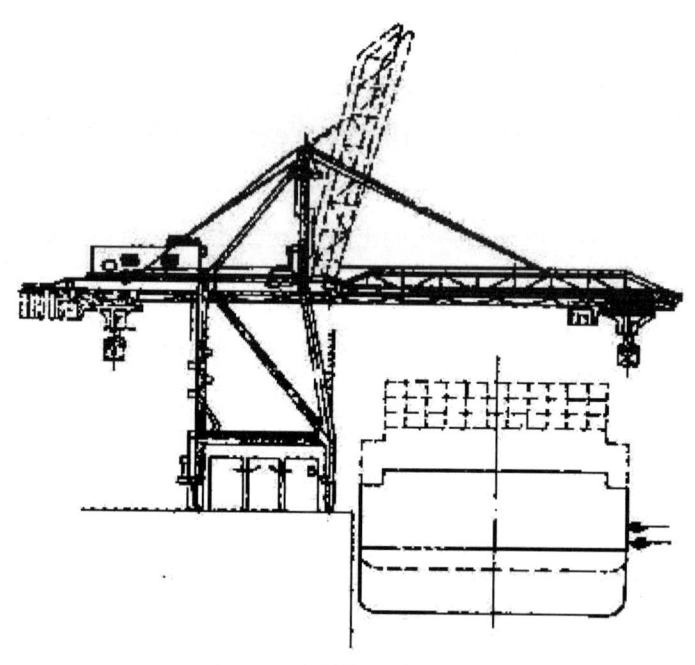

图8-2 岸壁集装箱装卸桥

(二)跨运车

跨运车(Straddle Carrier)是一种专用于集装箱码头短途搬运和堆码的机械,其结构见图8-3。跨运车在作业时,以门形车架跨在集装箱上,并由装有集装箱吊具的液压升降系统吊起集装箱进行搬运和堆码,能堆码或跨越2~3层集装箱。

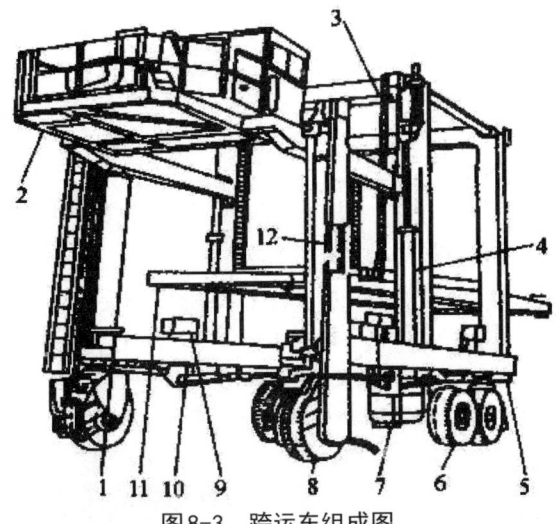

图8-3 跨运车组成图

（1—制动器；2—平台；3—起升链；4—升降油缸；5—底价；6—从动轮；7—燃油柜；8—驱动轮；9—保持水平装置；10—转向装置；11—集装箱吊具；12—驱动链）

该机的最大特点是机动性好，可一机多用，既可作码头前沿至堆场的水平运输，又可作堆场的堆码、搬运和装卸车作业。其主要缺点是价格昂贵、维修费用较高，驾驶员的视野有待改善。

(三)集装箱叉车

集装箱叉车(Container Forklift)是集装箱码头常用的专门机械，可用于集装箱码头装卸、搬运及堆码作业，也可用于拆装箱作业，见图8-4。根据货叉设置的位置不同，可分为正面集装箱叉车和侧向集装箱叉车两种。为了方便装卸集装箱，配有标准货叉及顶部起吊和侧面起吊的专用属具。

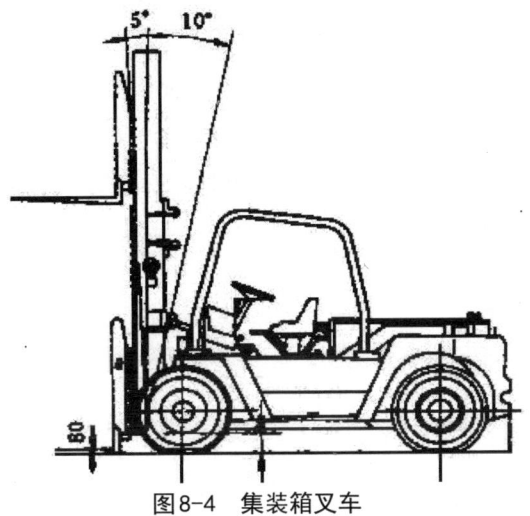

图8-4 集装箱叉车

该机主要优点是机动灵活,可一机多用,既可作水平运输,又可作堆场堆码、搬运及装卸底盘车作业,造价较低,使用方便,性能可靠。其缺点是轮压较大,要求场地承载能力高,因而场地土建投资较多。

(四)集装箱正面吊运机

集装箱正面吊运机(Front-handling Mobile Crane)是一种目前在集装箱码头堆场上得到越来越频繁使用的专用机械,其外形结构如图8-5所示。正面吊运机的结构特点表现在设置有可伸缩和左右共旋转120°的吊具,便于在堆场作吊装和搬运。

图8-5 集装箱正面吊运机

该机主要优点是机动性强,可一机多用,既可作吊装作业,又可作短距离搬运,一般可吊装4层箱高,并且稳性好,轮压也不高,因此是一种比较理想的堆场装卸搬运机械。

(五)龙门起重机

龙门起重机(Transtainer)简称"龙门吊",是一种在集装箱堆场上进行集装箱堆垛和车辆装卸的机械。龙门起重机有轮胎式和轨道式两种型式。

1. 轮胎式龙门起重机(Rubber-tired Transtainer)。轮胎式龙门起重机是最常见的集装箱堆场作业机械,它主要用于集装箱码头堆场的堆码及装卸底盘车作业,见图8-6。它由前后两片门框和底梁组成的门架,支承在充气轮胎上,可在堆场上行走,并通过装有集装箱吊具的行走小车沿着门框横梁上的轨道行走,可从底盘车上装卸集装箱和进行堆码作业。

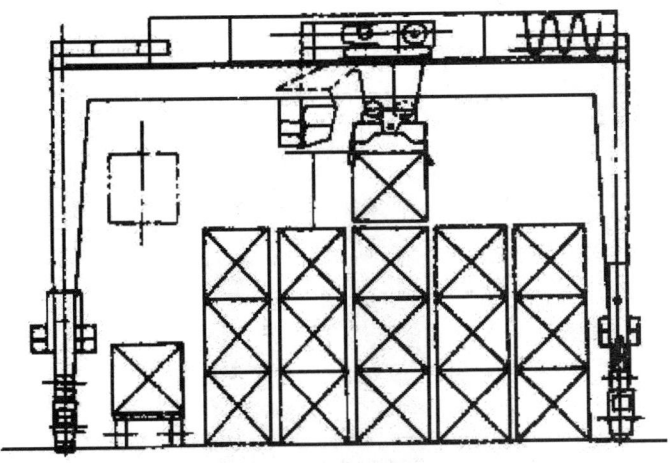

图8-6 轮胎式龙门起重机

该机主要优点是机动灵活,可从一个堆场转移到另一个堆场作业,可堆3~4层集装箱,提高了堆场面积利用率,并易于实现自动化作业。其主要缺点是自重大、轮压大、轮胎易磨损、造价也较高。轮胎式龙门起重机适用于吞吐量较大的集装箱码头。

2. 轨道式龙门起重机(Rail Mounted Tran-stainer)。该机是集装箱码头堆场进行堆码和装卸集装箱的专用机械。它由两片双悬臂的门架组成,两侧门腿用下横梁连接,支承在行走轮台上行走,可在轨道上行走。该机主要优点是可堆4~5层集装箱,可跨多列集装箱及跨一个车道,因而,堆存能力高,堆场面积利用率高;由于结构简单,因此操作容易,便于维修保养,易于实现自动化。其主要缺点是因为要沿轨道运行,故灵活性较差;由于跨距大,对底层箱提取困难。该机常用于陆域不足且吞吐量大的集装箱码头,其结构见图8-7。

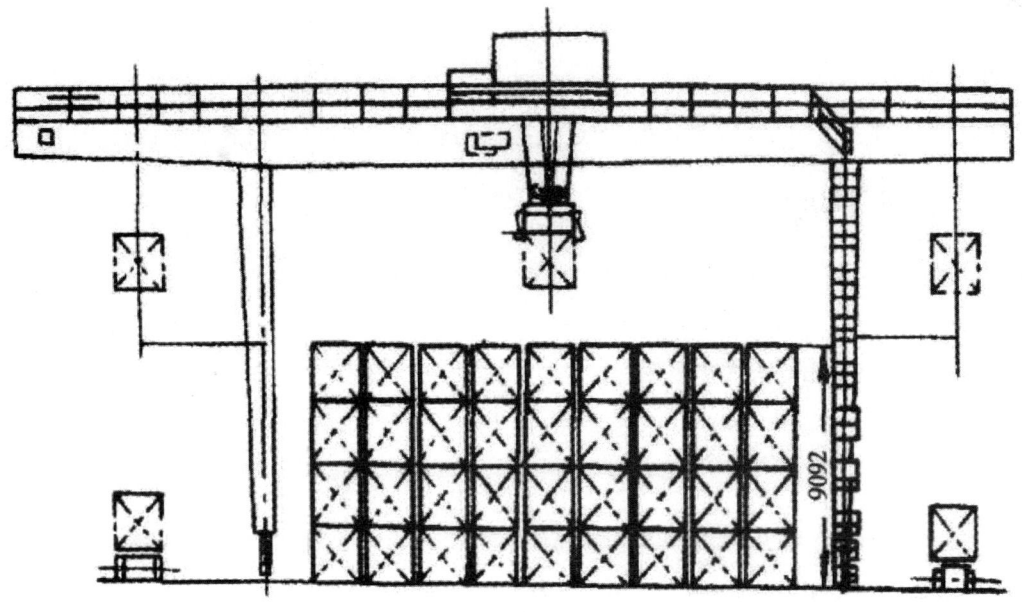

图8-7 轨道式龙门起重机

(六)空箱堆高机

集装箱空箱堆高机是集装箱堆场常用的专门机械,可用于空箱堆场进行空箱堆码及搬运作业,见图8-8。空箱堆高机操作方式类似集装箱叉车,但其起吊集装箱采用抓夹方式,一般可抓取8吨重的空箱,可堆高8层空箱。

图8-8 空箱堆高机

空箱堆高机设置宽视野门架,堆高作业具有较高的速度和灵活机动性。

(七)集装箱牵引车—底盘车

集装箱牵引车(Semi-traller Tractor)是专门用于牵引集装箱底盘车的运输车辆。其本身没有装货平台,不能装载集装箱,通过连接器与底盘车连接,牵引底盘车运输,从而实现搬运作业的目的。

底盘车是一种骨架式拖车,是装有轮胎的车架,前面有支架,后面有单轴一组轮胎或双轴两组轮胎两种,车上装有扭锁插头,能与集装箱的角件相互锁紧。

牵引车及底盘车结构见图8-9。该车特点是运行速度快,拖运量大,设备价格较低,营运成本较低,我国集装箱码头大多采用它。

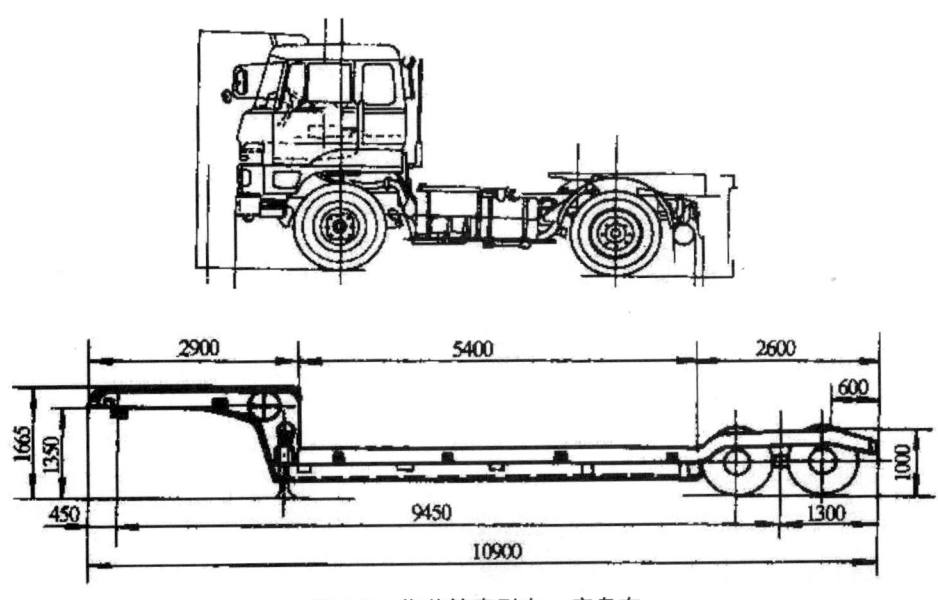

图8-9 集装箱牵引车—底盘车

(八)集装箱吊具

集装箱吊具(Container Spreader)是用于起吊集装箱的属具,主要有三种类型:固定式、伸缩式和组合式。

1. 固定式吊具。它是一种只能起吊一种集装箱的吊具。其特点是结构简单、自重轻、价格便宜,但是对箱体类型的适应性较差,更换吊具往往要占用较多时间。

2. 伸缩式吊具。其通过伸缩臂,可以改变吊具的臂长,以达到起吊不同尺寸集装箱的要求。其特点是,变换起吊不同集装箱所需时间较少,使用灵活性较强,但是自重较大,一般可达9~10t。这是目前在集装箱装卸桥上使用最为普遍的一种集装箱专用吊具。

3. 组合式吊具。它是将起吊不同尺寸的集装箱的吊具组合使用的一种集装箱专用吊具。其特点是结构简单、自重较自动式要小(一般为4~7t)。这种吊具多用于跨运车和正面吊上。

(九)拆装箱机械

集装箱码头的拆装箱作业一般采用1.5~3.0t低门架叉车、手推搬运车等。

第二节 集装箱码头堆场管理

无论是发货人的待装集装箱,还是卸船后待发给收货人的集装箱,都必须经过集装箱码头堆场进行交接。集装箱码头堆场,不仅起到集装箱装卸场地作用,同时还起着集装箱储存、保管、交接和集疏运作用。堆场管理及运作效率直接影响着码头的装卸效率和经营成果。集装箱化的优越性能否发挥,其关键之一,就在于集装箱码头堆场的标准化管理和运作效率。

堆场管理是集装箱码头现场生产管理的中心环节之一,涉及到码头堆场的分类和箱位的安排、堆垛规则及集装箱的保管、发放、交接、装卸、中转、堆存、装箱、拆箱等诸多生产业务。由于场地上的集装箱变化频繁,各港口堆场大都已实行计算机管理。[①]

一、堆场箱区划分及箱位编码方式

码头要保证船舶如期开船,就必须提高码头装卸速度,而装卸速度的提高很大程度上取决于码头堆场箱区、箱位安排的合理性。合理安排箱区和箱位,不仅能减少翻箱率,减少桥吊等箱的时间,提高码头装卸速度,而且还能最大限度地提高码头堆场利用率和通过能力,降低码头生产成本。

(一)堆场箱区的划分

堆场管理的最基本要求,是针对本码头的具体情况,划分出不同箱区。堆场箱区可按不同的分类方法分出不同的箱区。

1. 按进出口业务可分为进口箱区和出口箱区。
2. 按集装箱货种可分为普通箱区、危险品箱区、冷藏箱区、特种箱区和中转箱区。
3. 按集装箱装载状态可分为空箱区、重箱区。

危险品箱区、冷藏箱区因有特殊设备,如冷藏箱区有电源插座,危险品箱区有喷淋装置及隔离栏,所以该箱区是相对固定的。中转箱区虽无特殊设备,但因海关部门有特殊要求,因此,该箱区也是固定的。

码头箱管人员在安排箱区时,原则上各箱区堆放哪一类箱是相对固定,但也可以根据码头进出口箱的情况、实际堆存情况、船舶到港情况和船公司用箱情况等,适当调整各箱区的比例。如当某一期间内进口箱量大于出口箱量,码头箱务管理人员可将部分出口箱区调整为进口箱区;而当船舶集中到码头,出口重箱箱量又大大增加时,码头箱务管理人员可将部分进口箱区或部分空箱箱区调整为出口箱区。

码头箱务管理人员应灵活使用该办法,特别是在船舶集中到港、进、出口箱有较大的不平衡时,该办法可以在原有条件下最大限度提高码头堆场的使用率和码头堆场的通过能力。

(二)堆场箱区的箱位编码方式

集装箱堆放在码头堆场,一般在场地上都要按照集装箱的箱型、尺寸预先划出标准区域,并用一组代码来表示其在堆场内的物理位置,这个位置就是堆场位置,即称"场箱位",它是组成集装箱堆场的最小单元。在场箱位线端部标出编号,这种号码称作"场箱位号",又简

[①] 傅红霞. 集装箱码头堆场管理策略[J]. 集装箱化, 2007, 18(4):21-22.

称为"场位号"。场位与场位之间留出适当间距,作为场地装卸机械和运输车辆通道。

场箱位由箱区、位(贝)、排、层组成,如图8-10,图8-11所示。

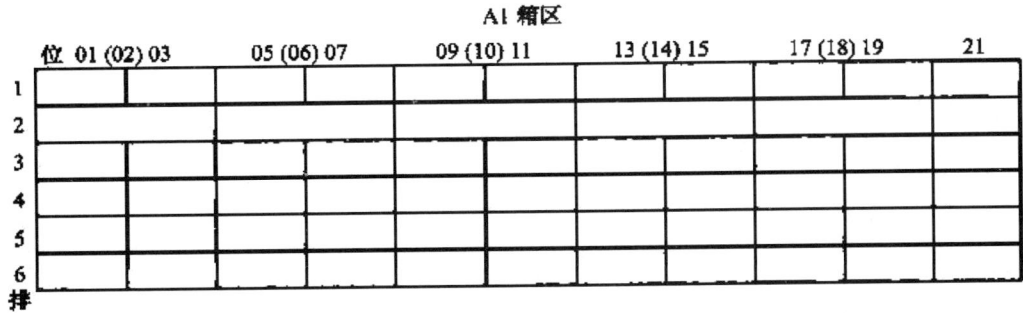

图8-10 码头堆场平面箱区、位(贝)、排示意图

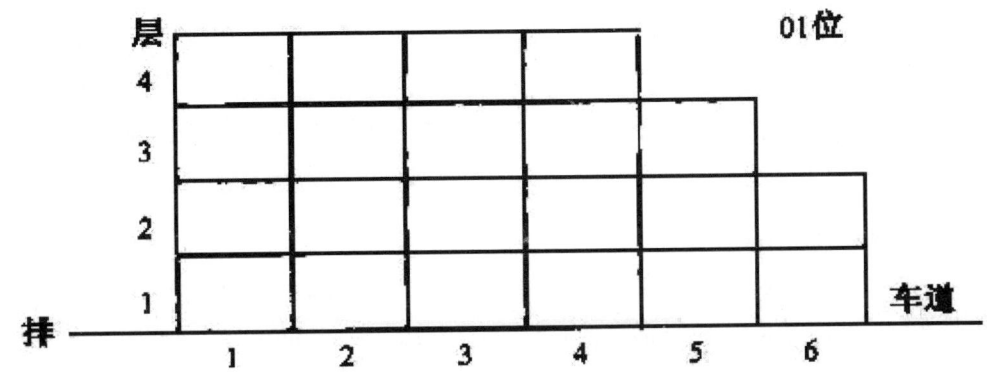

图8-11 码头堆场平面位(贝)、排、层示意图

1. 箱区。箱区的编码分为两种:一种是用一个英文字母表示;另一种是由一个英文字母和一位阿拉伯数字组成,其中第一个英文字母表示码头的泊位号,第二位阿拉伯数字表示堆场从海侧到陆侧后方堆场的顺序号。国内码头普遍采用一位字母和一位数字组合作为箱区的编码,图8-12为国内某集装箱码头箱区平面布局图。

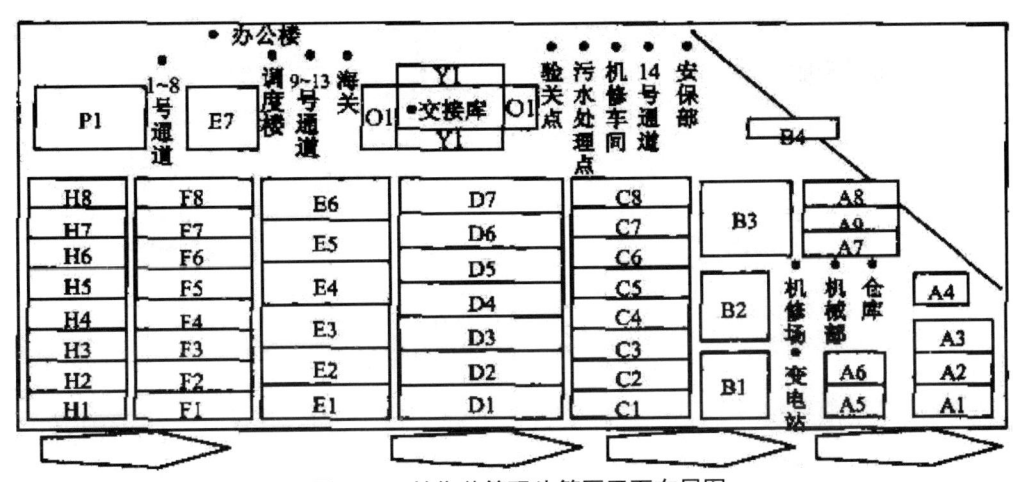

图8-12 某集装箱码头箱区平面布局图

2. 位(贝)。一个箱区由若干个位组成,位(贝)的编码一般用两位阿拉伯数字表示,与集装箱船舶箱位(行)号表示类同,用奇数01、03、05、07……表示20ft箱的位(贝),用偶数02、06、10、14……表示40ft箱或45ft箱的位(贝)。位(贝)数与堆场箱区的长度有关,而箱区的长度往往与泊位的长度或纵深相对应。

3. 排。排用一位阿拉伯数字表示。排数宽度应视轮胎吊的跨度而定,一般轮胎吊的跨度为23.47m,这样箱区的排数就是六排。

4. 层。层用一位阿拉伯数字表示。堆箱层数是视轮胎吊的高度而定,不同类型的轮胎吊系统,堆垛高度也不相同,一般是四层或五层。

因此,集装箱的场箱位一般由"五位"或"六位"表示,如"A0111"表示该箱在A箱区01位(贝)第一排第一层;"A10111"则表示A1箱区01位(贝)第一排第一层。

当船舶装卸及陆域收发箱作业时,码头堆场业务员便可根据船舶配载图、堆场积载图、装卸船顺序表、场地收提箱顺序表等,并根据堆场箱位号上集装箱的堆存情况,编制生产计划,而堆场理货和场地机械司机,也可以根据这些编号,按照生产指令,到达指定的场位和箱位,有序地进行生产作业。

二、堆场收箱、提箱管理

集装箱码头堆场的收箱、提箱管理,是码头除装卸船以外的主要日常业务和生产活动,收箱业务是出口装船业务的前奏,而提箱业务则是进口卸船业务的延续。

(一)码头堆场收箱管理

码头堆场收箱业务一般是指出口重箱集港收箱交接;码头货运站装箱后重箱返回堆场交接以及受船公司委托返空箱的交接。前两种重箱,在堆场出口区域内进行交接,而返空箱的交接则在堆场专门设置的空箱堆存区域内进行。出口重箱收箱管理见图8-13,具体业务流程如下。

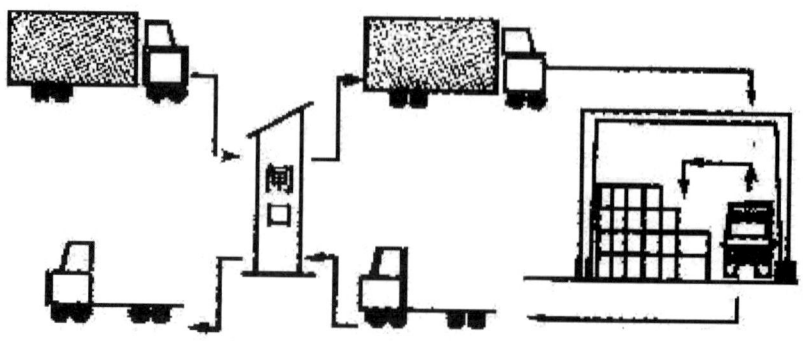

图8-13 码头堆场收箱示意图

1. 公路承运人凭设备交接单和其他相应业务单证,在码头大门(检查桥)进场通道与大门理货员办理集装箱进场交接。

2. 公路承运人将拖车开到检查桥地磅上称重,过磅理货员在计算机上输入箱号、箱型、车号,打印过磅计量单。

3. 大门理货员核对设备交接单,检查箱体、箱号、铅封、船名、航次、车队、车号后双方签字,理货员留下两联存底,第三联交运箱人。

4. 大门理货员在出口箱入场单加盖箱检章、过磅章。

5. 运箱人将拖车开到堆场指定场位卸箱。

6. 堆场箱控部门根据堆场积载计划安排,指挥场地机械将重箱卸到指定场位、箱位。

7. 堆场理货员编制堆场箱位图并输入计算机,供调度(策划)部门编制出口装船计划。

货运站装箱出口重箱返场作业流程,大致与上述程序相同,所不同的是码头内部交接,交接双方是在码头堆场理货员与货运站理货员间进行交接。

空箱返回进场业务是码头堆场受船公司委托而进行的,其进场交接程序与出口重箱交接相同。码头堆场对进场空箱,按照不同船公司分别堆码。

(二)码头堆场提箱管理

码头堆场提箱作业,涉及以下几个方面业务:一是进口重箱出场交接;二是货运站交货重箱出场交接;三是进口超期箱转栈出场交接;四是调运空箱出场交接。提箱作业在码头堆场进口区域内进行,考虑货主提箱的方便与快捷,堆场进口区域一般设置在码头堆场靠近公路一侧。进口重箱提箱管理见图8-14,具体业务流程如下。

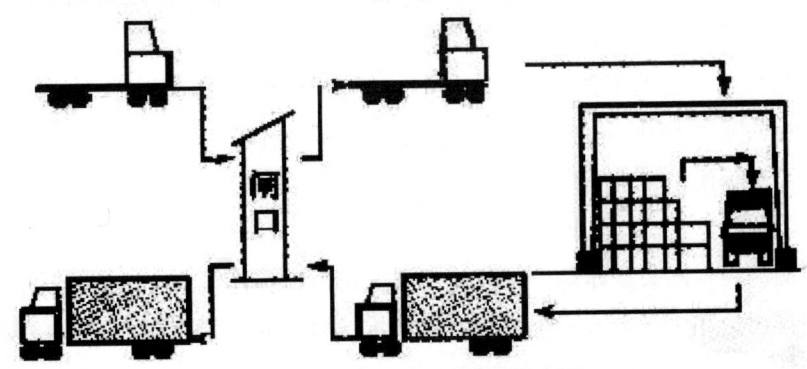

图8-14 码头堆场提箱示意图

1. 公路承运人凭集装箱提货单、设备交接单、交货记录,在大门(检查桥)出场通道与大门理货员办理出场交接。

2. 大门理货员核对运箱人所持集装箱提货单、设备交接单、交货记录、费用结算单证、有效放行单证,并经双方检查箱体、铅封后在设备交接单上签字、交接。

3. 运箱人凭大门理货员开具的出门证,从检查桥出场通道运箱出场。

4. 堆场理货员将提箱信息及时输入计算机,及时变更堆场箱位图。

货运站交货自堆场提重箱,需向调度(策划)部门提出"摆重计划",由货运站与堆场办理重箱提离手续并进行交接后,运至货运站拆箱作业场地,进行拆箱作业。

三、堆场堆存管理

集装箱货物在进出码头堆场进行换装的过程中,需在码头堆场停留一段时间,因此,就产生了集装箱的堆存保管业务。集装箱码头堆场保管业务,是码头堆场部门的主要职能,也是加强箱务管理的重要场所。

(一)集装箱堆垛的基本要求

堆场堆垛的基本原则就是保证集装箱堆放安全,减少翻箱率,充分利用堆场面积。集装箱箱型不同,工艺不同,箱内装载货种不同,其堆垛方式均不相同。堆场堆垛的基本要求如下。

1. 根据集装箱的不同箱型状态分开堆垛。即出口箱和进口箱分开堆放;重箱、空箱分开堆放;20ft、40ft和45ft集装箱分开堆放;污箱、坏箱分开堆垛;中转箱按海关指定的中转箱区堆放。

2. 根据集装箱箱内装载货种不同分开堆垛。即危险货物箱应堆存于专设的危险货物堆场,并按货物不同类别分开堆码,堆码高度一般不超两层高;冷藏箱应堆存于专设的冷藏箱堆场,堆码高度一般不超过两层高,对于现代化设施齐全的冷藏箱堆场,其堆码高度可视设备条件而适当增加;特种箱应堆放在相应的专用箱区,超限箱超宽超过30cm,相邻排不得堆放集装箱,超限箱超长超过50cm,相邻位不得堆放集装箱,超高箱、敞顶箱上严禁堆放集装箱。

3. 满足堆场作业机械的工艺要求。即按箱位线堆码,箱子不压线、不出线,上下角件部位对齐,四面见线;堆垛层数不能超过机械的最高起吊点的高度;各箱区之间要留有合适的通道,使集卡、铲车等机械在堆场内安全行驶;相邻列孤立的层高之差不得大于三层,以充分考虑堆放的安全系数。

4. 堆码层高应视本码头具体条件及载荷而定。我国集装箱码头堆场,一般堆码4层高。

5. 合理安排出口箱进场堆放。出口箱进码头堆场堆放时,必须遵循一定的原则,使出口箱在配载装船时,能减少翻箱,提高装船效率。其一般有以下几个原则。

(1)按排堆放:指同一排内,堆放同一港口、同一吨级的箱;但同一位内不同的排,可以堆放不同港口、不同吨级的箱。

(2)按位堆放:指同一位内,堆放同一港口、同一吨级的箱;但同一箱区内不同的位,可以堆放不同港口、不同吨级的箱。

(3)按箱区堆放:指同一箱区内,堆放同一港口、同一吨级的箱。

(4)在同一位中,较重的箱堆放于靠近车道的两排,较轻的箱堆放在最里面两排,中间等级的箱堆放于较中间的排。

6. 合理安排进口箱进场堆放。同一位中相同的提单号,进同一排;一个位结束后,再选另一个位。

7. 合理安排空箱进场堆放。根据持箱人不同、箱型尺码不同,选相应进场位置。

(二)集装箱堆场堆存管理

集装箱堆场堆存业务管理基础工作包括以下几方面。

1. 堆场配载室业务。根据船公司或其代理人提供的出口集装箱装货清单及预配清单、集装箱预配图,结合码头进箱堆存实际情况,编制出口集装箱实配图。

2. 堆场调度(策划)室业务。集装箱码头堆场调度(策划)室是堆场管理的重要部门,其主要职责如下。

(1)根据船舶靠离泊计划和堆场实际堆存能力,规划重箱、空箱进出口箱区。

(2)根据门卫整理的门票,为接收的集装箱指定堆场箱位,并编制堆场箱位图和堆场作业计划图。

堆场箱位图类似集装箱船舶积载箱位图,图上应包括船名、目的港、箱号等。

堆场作业计划图是在船期表和船舶积载图基础上预先编制的计划图表,用来安排集装箱在堆场上存贮与作业的计划,目的在于能充分利用集装箱堆场的有限场地存贮集装箱,方便把集装箱顺利交付收货人或者装上船舶。

(3)根据靠泊船舶的积载图,编制装卸顺序单(装卸船计划):装卸顺序单内卸船时应注明:顺序号、装船港、箱号、堆场箱位、拖头编号(如有)等。装船时应注明堆场箱位、集装箱编号、目的地、船上箱位等。

3. 堆场箱控室业务。箱控室主要业务是执行装卸作业计划和堆场作业计划,具体操作包括进出场作业、验关移箱作业和装卸船作业。

(1)进场作业:①根据出口备箱堆场计划,结合堆场作业动态,设定出口重箱进场应卸场区;②集装箱进场后,据电脑显示的箱号及相关资料,通知相应机械司机;③机械到位,由机械司机报箱号,据箱号查看船名、卸港、箱型等,找出合理卸箱位置报给机械司机;④机械司机完成卸箱操作;⑤获机械司机确认后,将正确的箱号、卸箱位置等输入电脑,完成进场作业。

(2)出场作业:①根据电脑显示的申请内容(箱号、场区、拖车号码、数量),指示机械司机做好提箱作业准备,通知机械到位;②由机械司机报车号,箱控室将具体场位、箱号报给司机;③机械司机核对箱号,完成装车操作,并将必要的移箱情况报箱控室;④获机械司机确认后,将相关移箱情况输入电脑,完成提箱作业。

(3)验关移箱作业:①根据移箱作业计划的时间、场位、质量要求,结合堆场作业动态,确定各项移箱计划合理的作业顺序,保证按时完成;②据电脑显示的验关移箱内容(箱号、场位、移出的时间及移出后所卸的场位),通知作业机械司机(需用移箱拖头时,及时联系移箱拖头)到位;③机械司机到位后,将要移出验关的场位、集装箱箱号报给司机;④机械司机核实后,直接移出或吊给移箱拖头,并将必要的移箱情况报箱控室;⑤获机械司机确认后,将相应的移箱情况输入电脑;⑥拖头将待移箱拖往计划场区,箱控室同时通知计划场区机械司机到位;⑦移到验关场后,由机械司机报箱号,箱控室告知计划卸箱场位;⑧机械司机核对箱号,明确计划场位后,完成卸箱作业;⑨获机械司机确认后,将新场位输入电脑,完成移箱作业。

(4)装船作业:①接到配载总图、装船顺序单;②查看各舱所配卸港,计算箱量;③接到调度室的装船通知,联系船边交接员和工班指导员,明确作业意图、发箱顺序、场区和注意事项;④通知相应机械到位,同时船边员通知装船拖头到场;⑤将电脑显示待装的箱号、场位报给机械司机;⑥机械司机完成装车操作;⑦获机械司机确认后,将已装船的箱号及操作司机代码输入电脑,完成装船发箱作业。

(5)卸船作业:①根据卸船堆场计划场区安排,箱控室联系船边交接员,确定卸船作业顺序,通知各接箱场区机械司机做好卸船接箱准备,同时注意各卸船接箱场区机械作业的协调进行;②箱控室接到卸船清单;③调度员通知卸船作业,箱控室接到船边员通知后,通知相应机械到位;④拖车根据船边交接员的指示将卸船箱拖往相应的卸箱区后,机械司机将箱号报箱控室,箱控室根据电脑给出的计划卸箱场位,确认符合计划要求后,指导司机卸箱;⑤机械司机完成卸箱操作;⑥获机械司机确认后,箱控室将箱号、实际卸箱场位、司机代码等输入电脑,完成卸船作业。

四、堆场清场作业

集装箱在堆场上的位置,随着装船、卸船作业不间断地进行,随时发生变化。特别是当堆场比较紧张,而进口或出口核心班轮集中到达之时,堆场的合理运用,就成为至关重要的问题。

为保证核心班轮进出口作业正常进行,保证核心班轮班期,根据船期预报,提前做好场地安排计划,是堆场管理中不可缺少的工作。而清场作业,又是堆场计划中的主要内容之一。清场作业的程序如下。

1. 堆场箱控部门根据调度策划室下达的清场单中明确的箱位、箱量,对需要清理的进口场地,通知调度员组织作业。

2. 调度员视清场作业的倒箱量,配备场地及水平搬运机械,按照清场单进行倒箱作业。

3. 清场作业后,堆场理货员将发生移动的集装箱箱号、场位号重新输入计算机并通知相关部门可以卸箱的场位。

五、堆场中转箱管理

集装箱码头的中转箱主要包括国内中转箱和国际中转箱。国内中转箱是指在境外装货港装船后,经国内中转卸船后转运到境内其他港口的集装箱以及在国内装货港已办理结关手续,船公司出具全程提单,经国内中转港转运至国外目的港的集装箱。国际中转箱是指由境外启运,经中转港换装国际航线船舶后,继续运往第三国或地区指定口岸的集装箱。

集装箱码头设有专职中转业务员,负责码头内中转箱的箱务管理,掌握中转箱的动态,做好中转箱单证的流转管理工作。

(一)一程船卸船

国际海运中的"一程船"是指对某一中转箱而言将该箱从起运港运至中转港的船舶。码头配载计划员在收到船公司资料后,将其中的中转资料交中转业务员处理。中转业务员将中转资料输入电脑,在船舶卸船后,应将中转资料与实卸情况进行核对,发现问题立即通知有关方面协调解决。对于一程船卸船后超过一定时间(14天)还没有出运的中转箱,码头中转业务员要主动与代理联系,及时安排二程船转运。

(二)二程船装船

国际海运中的"二程船"是指对某一中转箱而言将该箱从中转港载运至目的港的船舶。中转业务员收到中转通知书后,将中转通知书(需有海关放行章)连同外区拖进本码头的中转箱的动态表一起交配载员处理。在装船结束后,中转业务员将经由配载员注明中转箱实际装箱情况和卸船时间的中转通知书与已装船的动态表等单证一起交收费部门。外区拖进本码头的中转箱因故未能装上船的,中转业务员要妥善保管好动态表,以备使用。

(三)中转箱跨区拖运

如果中转箱一程船卸船与二程船装船不在同一码头,则在卸船后,该中转箱必须跨区拖运。拖出地码头的中转业务员在安排出场计划的同时开具中转动态表(一式三联),附在作业申请单上交出场检查口。司机拖箱时与检查口人员办理设备交接,检查口人员自留动态表一联,附在出场报表上交收费部门,其余交司机。在拖进地码头,检查口业务员和司机办理设备交接,同时收下两联动态表,一联交中转业务员,另一联附在进场报表上交收费部门。其后的工作与卸船进场的中转箱作业类同。

(四)危险品中转箱转存

凡不宜在码头堆存的危险品中转箱,码头中转业务员应严格把关,及时通知代理安排转运,确保码头生产的安全。危险品中转箱出场,中转业务员填写作业申请单和动态表(一式三联)交检查口。检查口自留一联,附在出场报表上交收费部门,其余交司机。司机进场将动态表交堆场业务员,堆场业务员保留以备日后进场之用。

(五)中转箱倒箱

国际中转箱如因箱体损坏、用错箱等原因需要倒箱的,船舶代理应出具联系单给码头和海关。如在码头外倒箱,码头应根据海关许可证,安排出场计划和进场计划;如在码头内倒箱,则在倒箱时,要有海关、船舶代理、理货员在场。倒箱结束后,由海关加铅封。

第三节　集装箱货运站管理

在集装箱运输中,常有一些货主发出和收到的货物数量较少,不足以装满一个集装箱,而又要求用集装箱运输。在这种情况下,为了降低运输费用,需要集装箱运输经营人按相同的流向把多个货主的货物安排装入一个箱中运输,这在集装箱运输中一般称为"拼箱货"。拼箱货的交接是在货物原来的形态下进行的。因此,在出口时,运输经营人需要把货物在原来的形态下接受过来,并组织不同货主的货物装箱;在进口时,需要把货物从箱中取出,接收货人分开(一般称为"拆箱")并交付给不同的货主。集装箱货运站(Container Freight Station,简称CFS)是供拼箱货物装箱和拆箱的场所,各种类型的集装箱运输经营人经常委托码头集装箱货运站作为自己的代表接受和交付货物。

集装箱货运站是把货物装进集装箱内或从集装箱内取出,并对这些货物进行贮存、防护和收发交接的作业场所。它是国际集装箱运输及多式联运中极其重要的环节,通过集装箱货运站,可形成一个有机的深入内陆的运输网络,有效地进行集装箱货物的集合和疏运,实现集装箱的"门一门"运输。

一、集装箱货运站的种类及其作用

目前,集装箱货运站主要有以下两种类型。

1. 码头货运站。这类集装箱货运站设在码头内或码头附近,是整个集装箱码头的有机组成部分,它所处的位置、实际工作和业务隶属关系都与集装箱码头无法分割。

集装箱货运站除了要有完整的仓库、配备拆装箱和堆码用的装卸和搬运设备,还需有一定面积的拆箱区,以堆放所需拆箱的集装箱及方便客户提货车辆的行走。

在20世纪70~80年代中期,集装箱货运站主要布局在集装箱码头堆场内。实践证明,设在码头内的集装箱货运站影响了集装箱码头整箱货的作业。从20世纪80年代后期,国内大多数集装箱码头将集装箱货运站设置在靠近集装箱码头的地区,处于集装箱码头外面,它承担的业务没有改变,同时还避免了与集装箱堆场作业产生相互干扰,促进了集装箱运输的发展。

2. 内陆货运站。集装箱内陆货运站的主要特点是设置于运输经济腹地,深入内陆主要城市及外贸进出口货物较多的地方。它主要承担将货物预先集中,进行装箱,装箱完毕后,再通过内陆运输将集装箱运至码头堆场;反之,由港口进口的集装箱货物卸船后通过内陆运输疏运到分布在内陆腹地的货运站。

内陆货运站具有集装箱货运站和集装箱码头堆场的双重功能。它既接受托运人交付托运的整箱货与拼箱货,也负责办理空箱的发放和回收。如托运人以整箱货托运出口,则可向内陆货运站提取空箱;如整箱进口,收货人也可以在自己的工厂或仓库卸空集装箱后,随即将空箱送回内陆货运站。它还办理集装箱拆装箱业务及代办有关海关手续等业务。

内陆货运站是联系经济腹地的纽带和桥梁。货运站作为集装箱货物的集散点,起到了与内陆联系的纽带和桥梁的作用。同时,在空箱的发放、存储、回收、调运等箱务管理中,内陆货运站也发挥了重要作用。各集装箱运输经营人(特别是船公司)和集装箱租赁公司,可以像对待集装箱码头堆场一样,委托内陆货运站作为集装箱代理人,通过集装箱内陆货运站,则可对发往内陆地区的集装箱进行跟踪、查询,实行有效管理和调节使用,不仅可解决空箱在内陆地区长期积压,缩短集装箱在内陆的周转时间,而且还可提高空箱利用率和运输经济效益,促进集装箱运输的发展,为国际集装箱多式联运创造条件。

二、集装箱货运站的主要功能

集装箱码头货运站的主要功能如下。

1. 集装箱货物的承运、验收、保管和交付。包括出口拼箱货的积载与装箱,进口拼箱集装箱的拆箱与保管。

2. 对库存的货物进行堆存保管及有关统计管理。

3. 重箱和空箱的堆存和保管,整箱货的中转。

4. 货运单证的交接及签证处理。

5. 运费、堆存费的结算。

6. 集装箱的检验、修理、清洗、熏蒸等业务,集装箱车辆的维修、保养。

7. 其他服务,如为办理海关手续提供条件,代办海关业务等。

集装箱内陆货运站除具备上述码头货运站基本功能外还须负责接受托运人托运的整箱货及其暂存、装车并集中组织向码头堆场的运输或集中组织港口码头向该站的疏运、暂存及交付;受各类箱主的委托承担集装箱代理人业务,对集装箱及集装箱设备的使用、租用、调运、保管、回收、交接等行使管理权。

三、集装箱货运站的基本设施

大型集装箱货运站为了有效地开展工作,需要有完成上述工作的机械和设施。

1. 办理集装箱货物交接和其他手续的门房及营业办公用房。

2. 接受、发放和堆存拼箱货物及进行装拆箱作业的场地、库房与相应的机械设备。

3. 集装箱堆存及堆场作业的机械设备。

4. 开展集装箱检验、修理、清洗等业务的车间和条件。

5. 拖挂车和汽车停车场及装卸汽车的场地和机械设备。

6. 铁路运输装卸车作业的装卸线及装卸车的机械设备。

7. 能与港口码头、铁路车站及业务所涉及各货主、运输经营人等方便、快速、准确进行信息、数据、单证传输、交换的条件与设备。

8. 为海关派员及办理海关手续所需的各种条件及设施等。

四、集装箱货运站的管理要求

集装箱货运站的经营人是指对货运站进行投资建设、经营管理的机构。一般来说,可以是海上运输的集装箱公司、铁路运输经营人或公路运输经营人,也可以是开展集装箱多式联运的多式联运经营人、无船承运人和较有实力的货运代理人。从我国集装箱运输的发展来看,一些港口企业或地方主管机构也在其本地和内陆腹地采用独资和合作方式建立和经营码头货运站或内陆货运站。

为了加强集装箱货运站的管理,促进我国集装箱运输事业的发展,我国有关部门出台了一系列的政策法规,如《港口法》、《国际海运条例》、《港口经营管理规定(交通部令2004年第4号)》、《道路货物运输及站场管理规定(交通部令2005年第6号)》等,对集装箱货运站的经营管理都做了相应的规定。作为集装箱货运站经营者,应该严格遵守国家的政策法规,在集装箱货运站日常管理过程中,注意做到如下几点。

1. 内陆集装箱货运站经营者和码头集装箱货运站经营者都应当根据各自企业所经营的业务范围,按照相关政策法规,向各自的主管部门申请,取得经营许可证。

2. 取得经营许可证的申请人,应持证到工商、税务部门办理营业执照、税务登记手续,向海关申请办理有关登记手续后,方可开展经营业务。

3. 集装箱货运站应保证场站设施、装卸机械、车辆及工具处于良好的技术状况,确保集装箱及其附属设备和集装箱内的货物安全。

4. 集装箱货运站应与海上承运人和发货人或其代理人签订有关业务协议,及时接、发、拆装、堆存指定的集装箱和集装箱货物。未经海上承运人和发货人或其代理人同意,集装箱货运站不得擅自将其堆存的集装箱占有、改装、出租或运出场站外。

5. 集装箱货运站进行集装箱作业,应严格执行国家规定的有关技术规范和规定。

6. 集装箱货运站应按有关规定堆放集装箱。企业应及时向海上承运人提供进出场站的集装箱装、拆箱和堆存情况。

7. 集装箱货运站应按海上承运人的要求及时向检验、检疫机关申请,备好出口货载用箱,并认真做好集装箱检查。装箱完毕后,必须编制集装箱装箱单,并按有关规定施加铅封,在有关单证上做好货物装载的记录。

8. 集装箱货运站应按国家规定或海上承运人的要求,修理、清洗指定的集装箱。其中,装载危险品货物的集装箱应到有专门设施的场站清洗。

9. 集装箱货运站与承运人或其代理人应凭双方共同签发的"设备交接单"交接集装箱。

10. 集装箱货运站应建立信息管理系统,进行箱务管理。

11. 集装箱货运站必须严格执行经物价管理部门核定的各项收费标准,各项收费应实行明码标价。结算费用必须使用集装箱货运站专用结算发票,按规定的费目和费率结算。

12. 因集装箱货运站责任造成集装箱及其附属设备和集装箱内的货物损失或延误的,集装箱货运站应赔偿损失。

第四节 集装箱码头大门管理

集装箱码头大门,是进出口集装箱和各种运输机械的出入口,是区分码头内外责任和交接集装箱相关资料的地点。集装箱码头的大门,不同于普通码头的大门,无论是其布局还是功能,都与后者有很大差异。在我国有些港口称之为"检查桥",也有的称之为"闸口"。

一、集装箱码头大门的设置

集装箱码头大门肩负着集装箱进出口的操作业务,任务重大。因此对其设置和管理要求较高。无论称谓有何变化,它的基本要求有以下几点。

1. 集装箱码头检查桥是集装箱码头的重要设施之一,其位置一般设在面向公路、背靠港池的适当地点。

2. 检查桥的建筑结构,一般是钢结构框架两层通道式建筑,下层设有检查桥工作人员工作室若干间,上层为通道式走廊,便于检查桥人员从地面、空中实施箱体检查。

3. 检查桥建筑应符合国家标准,检查桥上方应安装电子显示屏和其他标识牌,为公路集疏港车辆及时提供有关进港装卸箱信息。

4. 为方便进出港区车辆和作业机械通行,检查桥的跨度(即设置几条通道),应视港区地域条件而决定。但其基本通道的设置,要考虑以下因素:一是进港通道;二是出港通道;三是超高箱和港口装卸机械通道;四是码头工作人员通道。

5. 检查桥面向公路一侧门前,应建有一定面积较为宽敞,并与公路网相联接的场地,作为进港集卡车辆等候、箱体检查、办理交接手续的停车场所。

6. 进港通道上应装有先进的地衡设施,以便随时对集装箱实施计量。

7. 设有电子计算机终端并与业务主管部门联网,对进出箱货实施计算机管理。

由于集装箱码头进出集装箱频繁,所以门口设置的目的是为进出大门的集装箱快速、方便的通行而又不出差错。大门口设置的要求是办理集装箱进出口的手续方便、高效、安全畅通无阻。大门口的设置如图8-15所示。门口是集装箱码头港口区与外界的分界处。集装箱码头大门共有两个门口,一个门口负责载箱拖挂车和空车挂车进门;另一个门口负责载箱拖挂车以及空车拖挂车出门。

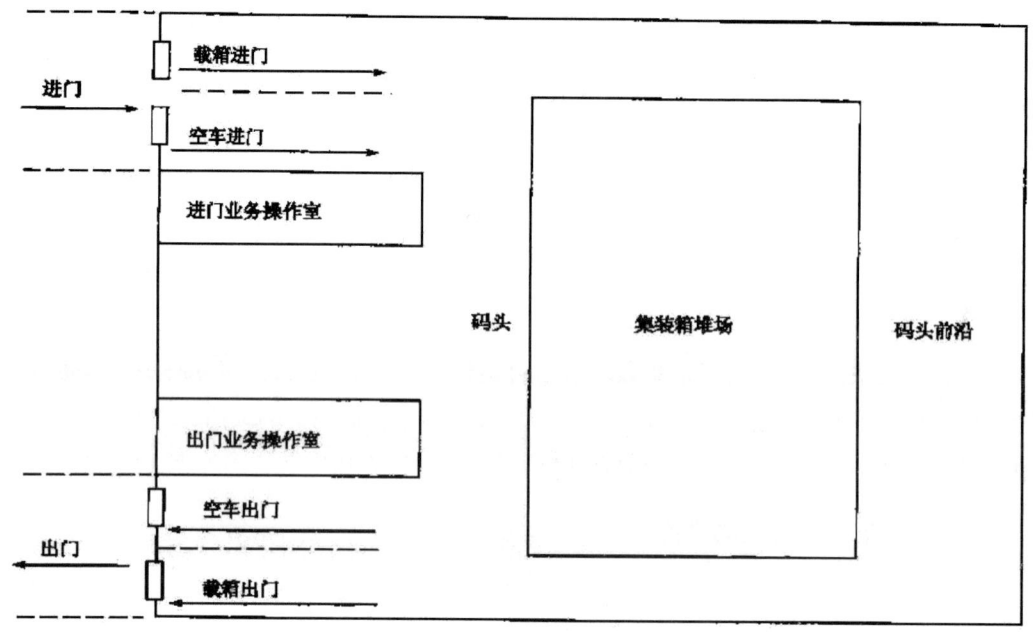

图8-15 集装箱码头大门设置示意图

二、集装箱码头大门主要业务

从集装箱船上卸下的进口集装箱和需要装船的出口集装箱都应在堆场入口处接受检查,以确认交接正确。集装箱的交接是集装箱码头的主要业务之一,也是承运人与收货人、发货人责任划分的分界点,其主要业务如下。

1. 集装箱(空箱或重箱)在接收、交付时的检查与交接,检查集装箱箱号、铅封号、箱体外表状况是否完整、有无破损,如有破损即应做记录。

2. 接收出口箱有关单证(场站收据、关单、集装箱装箱单),并输入电脑系统。

3. 编制整理门票(门票应包括船名、箱号、发货人、转运人、箱型、目的港地、关单、重量、堆场箱位等),并为进场集装箱指定场箱位。

4. 接收货主提货时出具的提货单,并核对交货记录记载内容是否正确。

5. 集装箱出入大门时,备妥设备交接单,并会同驾驶员签字。设备交接单内应包括船名、箱号、底盘车或卡车号、交箱地点、交箱日期、发货人、目的港地等。

6. 填写门卫值班记录。值班记录内应包括集装箱编号、空箱或实箱、箱型、目的港地、发货人、收货人等。

7. 编制堆场报告,以便对堆存的集装箱进行检查,并将进出堆场的集装箱交接单输入电脑系统。

第五节 集装箱码头装卸工艺及作业流程

一、集装箱码头装卸工艺系统

集装箱码头装卸工艺是指装卸集装箱的方法。集装箱装卸工艺决定码头装卸机械配备、码头装卸生产作业组织、劳动定额和劳动生产率,也影响码头装卸作业综合经济效益。

目前采用的集装箱码头装卸工艺主要有底盘车装卸工艺、跨运车装卸工艺、正面吊运机装卸工艺、龙门起重机装卸工艺等系统,其中以龙门起重机工艺系统应用最为广泛。

(一)底盘车工艺系统

本系统码头前沿由集装箱装卸桥进行装卸船作业。卸船时由岸桥直接将集装箱卸到底盘车上,由牵引车拖至堆场停放;装船时由牵引车把装有集装箱的底盘车拖至堆场,然后再拖至码头前沿装船。底盘车也可进行陆上水平运输,如图8-16所示。

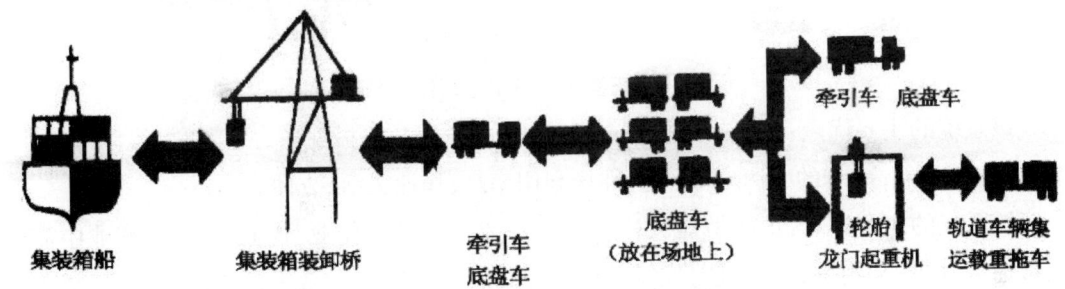

图8-16 底盘车工艺系统示意图

这种方式在堆场上不需要其他辅助装卸机械,并把水平搬运与堆场堆码作业合二为一,最适合"门到门"运输。但这种方式要求较大堆场,所需底盘车数量多,投资大。

(二)跨运车工艺系统

本系统是一综合系统,码头前沿由集装箱装卸桥装卸船,水平运输、堆场堆码及装卸车均由跨运车完成,如图8-17所示。

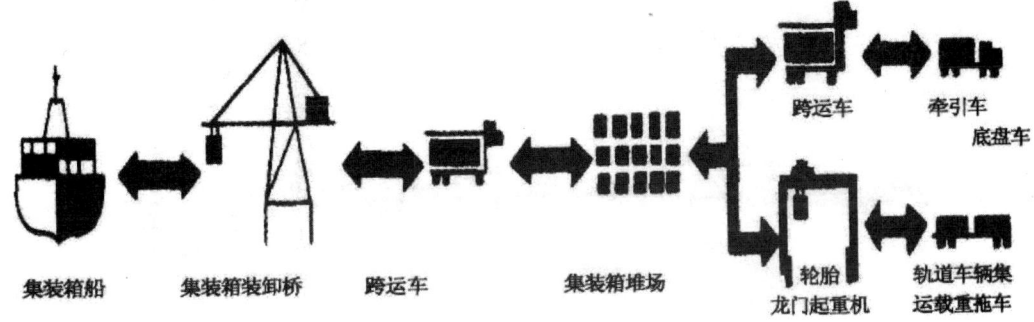

图8-17 跨运车工艺系统示意图

跨运车系统的主要优点：跨运车一机可以完成多项作业,减少机械配备,便于现场生产组织管理；跨运车机动灵活,作业中箱角对位快,可充分发挥装卸桥效率；跨运车可搬运又可堆码,减少作业环节,作业效率高；相对底盘车系统,由于跨运车可堆码2~3个箱高,堆场利用较好。

该系统的主要缺点：机械结构复杂,液压部件多,且易损坏漏油,维护工作量大且技术要求高；初始投资大,堆场建造费用高。

(三)正面吊运机工艺系统

本系统码头前沿采用岸桥装卸船舶,码头前沿与堆场之间水平搬运、堆场堆码箱及装卸车作业由正面吊运机完成,如图8-18所示。

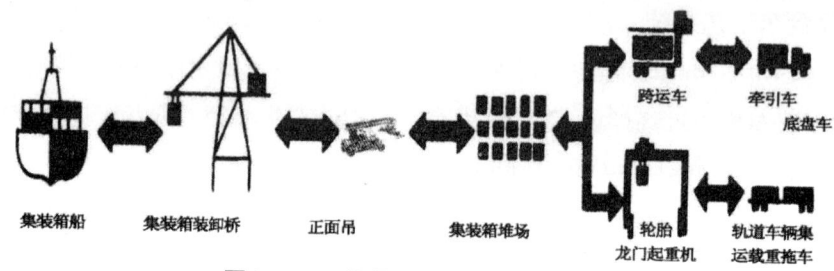

图8-18　正面吊运机工艺系统示意图

该系统的主要优点：正面吊运机可一机多用,减少码头机械配备,便于机械维修保养；一般可吊装4层箱高,有的可达5层箱高,堆场利用率高；作业灵活、方便。

该系统的主要缺点：正面吊运机只能跨越1~2个集装箱作业,作业范围小；作业中需较宽敞通道,堆场利用率较低,且对堆场、路面要求较高；单机作业效率低,需配备的机械台数较多,多台机械同时作业,互相干扰,影响作业效率。

(四)龙门起重机工艺系统

龙门起重机工艺系统按其行走方式的不同,可分为轮胎式龙门起重机工艺系统和轨道式龙门起重机工艺系统。

1. 轮胎式龙门起重机工艺系统。本系统装卸船由岸桥完成,轮胎式龙门起重机承担堆场堆码和装卸车作业,水平搬运则由集装箱底盘车完成,如图8-19所示。轮胎式龙门起重机可堆码集装箱3~4层高,一般可横跨6列集装箱和1列火车,它可以从一个堆存区移到另一个堆存区。

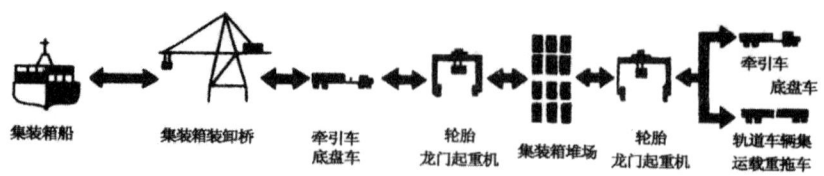

图8-19　轮胎式龙门起重机工艺系统示意图

该系统的优点:可以有效地利用堆场,堆场建设费用相对较低,设备操作相对简单,设备维修和管理技术成熟;可采用直线行走自动控制装置实现行走轨迹自动控制,与计算机系统相连接,易于实现堆场作业自动化。

该系统的主要缺点:相对跨运车系统,灵活性不够,提箱作业比较困难,有时需倒箱作业;采用内燃动力系统,设备维修量及能源消耗较大。

2. 轨道式龙门起重机工艺系统。轨道式龙门起重机工艺系统,跨距比轮胎式工艺系统更大,可横跨14列集装箱或更多,可堆码4~5层高集装箱,如图8-20所示。

图8-20　轨道式龙门起重机工艺系统示意图

此系统的优点:堆场利用率高,机械结构相对简单,较易维修,作业可靠,电力驱动,节约能源,减少污染;可采用计算机控制,易于实现堆场作业自动化。

该系统的主要缺点:由于只能沿轨道运行,作业范围受限制,机动性差;由于跨度大,装卸车、倒箱作业较困难。

轨道式龙门起重机工艺系统,适用于堆场面积有限、集装箱吞吐量较大的码头。

一些码头从经济性和装卸效能的角度出发,针对上述各系统存在的优缺点,结合自身情况,采用现代化程度较高的装卸工艺,如图8-21所示。

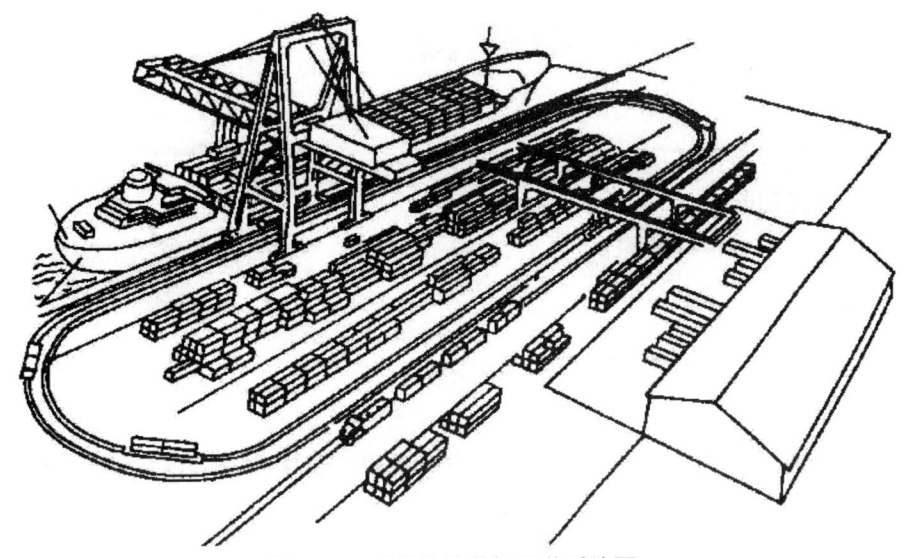

图8-21　现代化的装卸工艺系统图

二、集装箱码头装卸作业流程

装卸船作业是指从堆场把集装箱装上船或从船上把集装箱卸下来的作业过程,包括出口装船作业、进口卸船作业、倒载作业等。

(一)出口装船作业

根据船期预、确报,在船舶抵港前,预先作出堆场配置计划、船舶配载计划以及泊位、场地、机械、人力配置计划。在具体操作上,应认真做好以下工作。

1. 出口作业计划的编制。出口作业计划编制的依据和需要参考的货运资料是:集装箱装载清单、场站收据、堆场积载图、预配船图、危险货物说明书、特种箱的有关要求、船舶规范等。

码头调度室业务员应根据上述有关货运资料进行如下核对与统计。

(1)收箱结关后,将场站收据有关联于装船前一定时间内送外轮理货并签证交接。

(2)接到船舶代理送交或转送的出口装载清单后,按箱型尺寸统计到港的各类型集装箱数。

(3)将场站收据、危险货物说明书、冷藏箱温度情况与舱单进行核对。

(4)将堆场积载图与装载清单进行核对,并编制实配船图。

2. 出口作业计划的实施。调度室业务员在出口装船前,应将实配船图送船长或大副审核,经船方签字确认后,方可根据实配图编制集装箱装船顺序表并由业务员签字,连同其他装船单证送交码头堆场箱控室,由堆场箱控室下达指令,按实配图及装船顺序表组织装船作业,如图8-22所示。

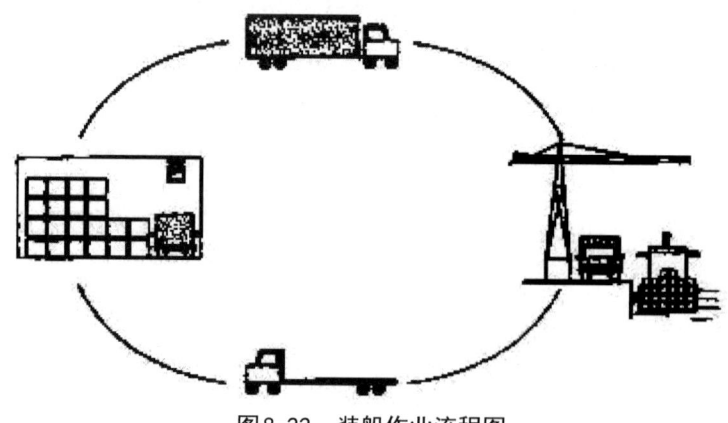

图8-22 装船作业流程图

3. 资料管理。出口装船作业完毕,调度室业务员应将场站收据相关联及装载清单等有关资料送交业务主管签字后,分别转交船舶代理、海关以及码头收费部门。

调度室业务员应将场站收据相关联打印清单及退关通知书、船图、装载清单、场地积载图、危险货物说明书等各种单证资料装入资料盒,并填写单船计划员单船记录,妥为保管,以备查询。

(二)进口卸船作业

根据船期预、确报,在船舶抵港前,预先做出堆场配置计划及场地、机械、人力配置计划。在具体操作上要做好以下工作。

1. 进口作业计划的编制。编制进口作业计划的依据和参考资料主要是进口舱单、进口船舶积载图(BAY图)、离港报告、特种箱货有关货运单证资料、船型、潮汐、船舶性能、堆场情况、生产计划安排等。

2. 进口作业计划的实施。

(1)码头调度室业务员,接到船公司、货代公司及货主转来的进口货运单证及资料后,应进行以下内容的核对和统计工作:①核对进口舱单和进口船舶积载图,分清本港卸箱和过境箱;②以空、重箱为内容,核实20ft、40ft和其他规格的箱型,在本港卸箱总数以及中转箱、特种箱、冷藏箱、危险货物箱等有特殊装卸、堆存要求的箱数;③核实堆场部门提供的卸箱场地及箱位。

(2)根据作业线、机械出勤、堆场场地、船舶技术要求、进口箱装载以及出口箱预配等情况,合理分配各条作业线的卸箱量并打印卸船顺序表。

(3)根据堆场堆存条件,空箱、重箱分开堆码,重箱分票堆码,冷藏箱、危险货物箱、超限箱、中转箱专用堆场堆码,特种箱直提作业等各项作业要求,分别在卸船顺序表上编制卸箱场位。

(4)在卸船顺序表封面注明各种箱型的箱数以及总箱数。

(5)进口单船作业计划编制完毕签字后,连同其他有关卸船资料送交码头堆场箱控室,由堆场箱控室下达指令,组织卸船作业,如图8-23所示。

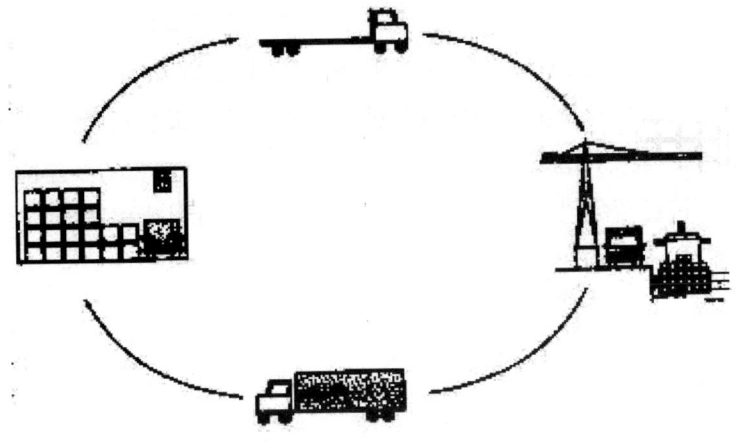

图8-23 卸船作业流程图

(三)倒载作业

船舶倒载作业是指已经装上船的集装箱,需要改变装载位置所进行的作业。虽然积载船图是经过计算而编制的,但由于船舶挂靠港口和装卸箱量的增加或发生变更;或为了保证船舶航行安全的需要,已经装上船的集装箱,仍然可能改变其装载位置。这种作业会造成不必要的浪费,但有时却不可避免。码头调度计划员以及现场调度员应通过周密、细致的工作,尽量减少倒载作业的发生。

(四)系固作业

集装箱的系固作业是指为防止已经装上船甲板的集装箱倒塌、移位,必须用拴固杆件和螺栓扣件进行交叉系固,使集装箱上下左右牢固定位的作业(码头作业中称之为打加固,如卸船则相反,称之为拆加固)。尽管集装箱船装卸作业已经实现机械化,但系固作业(包括拆加固作业)仍需人力完成。

第六节 集装箱码头经营组织与市场开发

一、集装箱码头的经营类型与经营形式

(一)集装箱码头的经营类型

20世纪90年代以来,国际集装箱运输迅速发展,其中国际集装箱码头经营业发展最快。全球越来越多的公司致力于经营国际集装箱码头,据预测,全球国际集装箱码头经营业的发展前景是比较乐观的。目前,全球国际集装箱码头经营主要有三大类型。

1. 专业的码头经营公司。这类公司主要经营和管理集装箱码头,如和记黄埔港口控股港务公司(Hutchison PortHoldings)、美洲装卸服务公司(SSA)等。

2. 国有的码头经营机构。由港务局以各种形式直接控制集装箱码头的经营管理,如我国广州港务局、印尼港务公司、迪拜港务局等。

3. 航运公司自行经营的码头。航运公司自行经营管理自建或租赁的集装箱码头,如中国远洋运输(集团)总公司(COSCO)、海陆联运公司(Sea-land Service Inc.)、马士基轮船有限公司(Maersk Line)、长荣海运股份有限公司(EMC)等。

此外,还有兼备两种性质的码头经营者,如新加坡港务集团(SPA),它既是独立经营的国际码头公司,又是新加坡国有的码头经营机构。

(二)集装箱码头的经营形式

就我国集装箱码头经营现状而言,主要有以下几种经营管理形式。

1. 自主经营。由国有港务局或港务集团公司,或国有投资主体独立经营管理集装箱码头。

2. 合资经营。由国有投资主体或国有港务局与国内外公司,按约定的控股比例合资经营管理集装箱码头。

3. 租赁经营。由航运公司或码头经营公司,或由合资后的公司通过与集装箱码头资产主管机构签订租赁合同经营管理集装箱码头。

二、集装箱码头的经营组织结构

集装箱码头生产经营管理组织结构,随码头经营类型和形式不同而不同,多数采用总经理领导下的事业部制。一般是总经理下设副总经理若干名(或一名副总经理和总会计师、总经济师、总工程师)和若干事业部。事业部主要有以下几个部门。

1. 市场部。主要职能是市场调研、企业经营发展战略研究、箱源开发与组织、综合信息管理、质量征询与反馈等。

2. 作业部。是集装箱码头的主要业务部门,主要职能是办理商务货运手续、组织集装箱装卸车船作业及拆拼箱作业、处理理赔事项等,分设商务室、配载室、策划室、箱控室、单证室、拆拼箱室等。

3. 作业监督部。主要职能是监督管理集装箱码头作业现场的安全、质量事项,并负责处理相关事故。

4. 技术部。主要职能是对码头的装卸作业设备从验收开始,包括使用、维护、修理,乃至报废的全过程管理。

5. 人事部。主要职能是负责人力资源的合理配置;职工的再培训;劳动工资管理。

6. 财务部。主要职能是负责财务管理和会计核算。

7. 总务部。主要职能是负责燃、物料供应;港务设施维护、修理管理。有的集装箱码头还设有总经理办公室或综合办公室。

三、集装箱码头货源市场的开发

多年来,我国港口是在计划经济体制下运行的,港口装卸的对象——货物由国家进行调配。但是,随着我国改革开放不断深入,原有的计划经济体制已逐步向市场经济体制转变,在这一转变过程中,原来由国家计划调配货源的方式已转变为由企业自身承揽货源。各货主也有权选择货物的出海、登陆口岸。因此,港口经营者纷纷改变坐等货主上门的做法,努力加强货源市场的营销力度,以争取到更多的货源。

(一)集装箱港口腹地

集装箱港口腹地的大小和经济发展状况,是港口吞吐量、港口规划与发展的重要影响因素。因此,对港口腹地的合理定位,搞清港口目前和将来的腹地范围,是集装箱码头经营者营销工作的一项重要内容。

港口腹地是指经由港口货物的生产、消费及转运的地区,该地区由陆域和海域两部分组成。因此,港口腹地可分为陆域腹地和海域腹地。

陆域腹地是指港口在陆地上吸纳货物的区域范围,陆域腹地是每个港口发源、兴起的基础。就世界上绝大多数港口而言,是否依托于一定范围的并具有一定经济发展潜力的陆域腹地,是一个港口能否兴旺并保持长盛不衰的首要条件。海域腹地是指港口依靠优越的地理位置或依靠自身航线多、航班密、功能齐全的优势,而在海外的吸引辐射范围。

(二)集装箱码头货源市场的开发

传统意义上的集装箱揽货是指班轮公司为使自己所经营的班轮能在载重和舱容上得到充分利用,尽量做到满载或接近满载,以取得最大的收益,而从货主那里争取货源的行为。集装箱货源揽货的主体是班轮公司或其货运代理人,码头仅仅是货物换装和货物水陆转运的场所。

随着我国改革开放的深入发展,交通运输特别是国际集装箱运输,正在由计划经济体制向市场经济体制过渡,集装箱码头赖以生存和发展的货源市场,也随之发生变化,传统的各港经济腹地已演变为相邻港口间相互渗透、交叉的共同腹地,并成为各港间争取货源的焦点。因此,集装箱码头对集装箱货源的开发与组织工作需有新的认识。目前,大多集装箱码头采取灵活有效的方式,与船公司及其货运代理人、相关单位紧密配合,深入腹地开发组织集装箱货源,共同参与集装箱货源市场的竞争。

船舶大型化后,船舶经营人为追求航运规模效益,航线调整是必然要采取的措施,大型集装箱船舶只能挂靠一些主要港口。那些具有充足的货源,并且能够及时、高效地进行集疏运的深水港口便成为首选目标。因此,集装箱码头货源开发组织工作的另一重要内容,是吸引班轮公司多开航线和航班,这一点对于枢纽港尤为重要。没有一定数量的航线和航班作支撑,枢纽港的地位是难以巩固和发展的。

集装箱码头揽货与班轮公司揽货在性质上既有相同的一面,也有不同的一面。相同的一面为两者都是为获取最大收益,而从货主那里争取货源的行为。班轮公司揽货,是为使船舶舱位利用率达到较高水平,以降低单位运输成本,获取最大运输收益;集装箱码头揽货,是为使尽可能多的集装箱货物经过码头装卸,增加港口吞吐量,获得最大的装卸收益。集装箱码头揽货与班轮公司揽货的不同点表现为两者对同一过程中不同阶段的侧重点不同。集装箱码头揽货是以货物经过本码头装卸为最终目的,至于集装箱由哪家船公司承运,则是选择合作伙伴的问题;班轮公司揽货与此正好相反,班轮公司揽货是以货物由本公司船舶承运为最高目标,至于货物在哪个集装箱码头装卸,除托运人指定外,则需要选定,即集装箱码头揽货关心的是货物经陆路运输或经海上运输后的出海、登陆地点;船公司揽货关心的是货物在海上运输中由谁来承运。

由此可见,集装箱码头揽货与班轮公司揽货不仅不存在竞争的关系,而且还是相互合作、取长补短的伙伴关系。对于一个特定的集装箱码头和一个特定班轮公司而言,集装箱码头将揽到的货物交付给班轮公司运输,可增加班轮公司的货运量;而班轮公司将所载运的集装箱委托该集装箱码头装卸,也可增加该集装箱码头的装卸量(吞吐量)。因此,在实践中,往往是集装箱码头与班轮公司共同开发集装箱码头腹地货源市场。

由于集装箱码头揽货与班轮公司揽货对集装箱运输过程中的侧重点不同,因此,在腹地货源市场开发上的指导思想也存在着不同。一般情况下,集装箱码头侧重于各腹地至集装箱码头间的"通道"建设,着重于疏通运输渠道,理顺运输环节,建立良好的"环境",并立足于协调服务,解决货主(托运人)或班轮公司在陆路运输中及与码头交接时遇到的困难和问题,辅助以揽货的职能,多渠道、多方面地扩大市场占有率;班轮公司则侧重于货物的直接招揽。了解、掌握集装箱码头与班轮公司在招揽集装箱货源过程中各自利益所在,可以进一步密切港航伙伴关系,为集装箱码头的招揽货源、增加货运量,开创新局面。

综上所述,集装箱码头对腹地货源市场加强营销活动的方式主要有以下几种。

1. 对陆域腹地货源市场的营销方式。

(1)建立集装箱码头的营销网络:集装箱码头营销网络的建设主要是通过在不同地区建立办事机构来实现的。办事机构的建设应根据腹地货源分布状况以及集装箱码头对腹地货源的吸引强度而定。办事机构履行的主要职能有:宣传本集装箱码头的优势;建立与主要货主和班轮公司驻腹地办事处的联系,协调货主与班轮公司之间的关系;利用掌握的有关费用资料,帮助货主测算有关费用,选择陆路运输方式;解决货主在陆路运输、码头交付等方面遇到的困难和问题;定期走访货主,征求对集装箱码头在服务方面的意见和建议,并及时反馈给码头经营者以便进行整改;收集腹地货源分布等信息,据此采取适当的行动;代理货主完成相关的货运业务等。

(2)加强与腹地交通主管部门的合作:建立腹地内"无水港"或"公路港",集装箱码头在腹地内建立"无水港"的目的是将港口的功能向内陆延伸,方便货主托运货物,增强集装箱码头对腹地货物的吸引强度。货主在"无水港"交付货物,即可视为货物已交付集装箱码头,货物装船后货主可从班轮公司驻当地办事机构直接获取提单。"无水港"在接收货主交付的托运货物后,可通过"公路班车"及时安全地将货物运抵集装箱码头。

(3)加强与铁路部门的合作:开辟直达快运班列和成组运输,建立位于集装箱码头公司内部的"铁路港站",开辟直达快运班列和成组运输的目的在于解决目前铁路运输时间无法与班轮衔接的问题,充分发挥铁路费用低、运量大的优势,建立位于集装箱码头内部的"港站"则主要解决铁路运输环节多、内陆集装箱空箱紧张以及班轮公司向内陆调运空箱费用高等问题,通过建立集装箱码头内部"港站",可实现内陆出口集装箱直接集港、海上进口集装箱直接疏港,从而大大减少短途倒运等中间环节,既节省时间、简化手续,又降低总体运输费用。

(4)加强与腹地货运代理机构和班轮公司办事处的合作:建立腹地集装箱中转站,开展直接揽货业务。

(5)定期召开新闻发布会:宣传集装箱码头的优势,通报有关政策与信息。

(6)定期走访腹地用户或邀请用户考察集装箱码头:开展调查和征询意见活动,并进行整改,提高集装箱码头的服务质量等。

(7)开展陆桥运输与过境运输:扩大对集装箱码头腹地以外地区集装箱货源的吸引强度,增加集装箱码头的货运量。

此外,如集装箱码头腹地内有适于航行的江河,还可通过与有关内河运输公司合作,开展集装箱内河通道运输,扩大集装箱码头的货源量。

2. 对海域腹地货源市场的营销方式。

(1)加强与班轮公司的合作:在保证充足出口货源的基础上,增加集装箱码头的航线数量,增加航班密度,扩大对海域腹地的覆盖广度和深度,增强对进口货量的招揽,促进陆域腹地出口货源的开发。

(2)加强与班轮公司的合作:开辟支线运输和国际中转运输。

(3)加强与内贸船公司的合作:开辟沿海内贸集装箱运输和沿海空箱调运。

(4)定期召开港航联席会:及时沟通信息,解决船公司在集装箱码头、口岸遇到的困难和问题。

(5)定期走访支线港口:征求服务意见,并对支线港加大在人力、物力、财力上的投入(可以参股等形式实现),提高支线港的管理水平,增加支线港对其腹地货源市场的吸引强度,进而增加集装箱码头海域腹地货源量。

第九章　集装箱货物及其组织管理

第一节　集装箱货物概述

一、集装箱货物的概念

集装箱运输的出现改变了传统件杂货运输的货运单位,从而有效地克服了传统方式所存在的各种不同的缺陷,但这并不意味着所有的货物都可以成为集装箱货物。因此,这里所指的集装箱货物是指以集装箱为单元积载设备而投入运输的货物。通常适宜用集装箱装运的货物具有两个基本特点:一是能较好地利用集装箱载货重量和(或)载货容积;二是价格较高。但实际上集装箱货物是多种多样的。

二、集装箱货物的分类

对集装箱货物进行分类是为了反映和研究国民经济发展过程中各类货物使用运力情况,合理安排集装箱运输组织工作,优化使用各种不同的集装箱运输方式,消除和避免各种不合理运输,使运输能力得到有效、合理的使用,充分满足国民经济各方面的运输需要,保证货物运输的安全和货物运输质量的提高。

(一)按货物性质分类

集装箱货物按货物性质可分为普通货物和特殊货物。

1. 普通货物。普通货物可称为"件杂货"或"杂货",按货物性质不需要特殊方法保管和装卸的货物。其特点是货物批量不大,品种较多,包括各种轻工业品、车床、纺织机械、衣服类货物等。普通货物按有无污染又可分为清洁货物和污染货物两种。

(1)清洁货物:是指货物本身清洁干燥,在保管和运输时没有特殊要求,和其他货物混载时不易损坏或污染其他货物的货物,如纺织品、棉、麻、纤维制品、橡胶制品、玩具等。

(2)污染货物:是指货物本身的性质和状态容易发潮、发热、发臭等,容易对其他货物造成严重湿损、污损或熏染臭气的货物,如水泥、石墨、油脂、沥青、樟脑、胡椒等。

2. 特殊货物。特殊货物是指在货物形态上具有特殊性,运输时需要用特殊集装箱装载的货物,包括超高、超长、超宽、超重货物以及液体或气体货物、散件货、散货、动植物检疫货、冷藏货、贵重货物、易腐货物等。

(1)超尺度和超重货物:这两类货物是指货物的尺度超过了国际标准集装箱的尺寸而装

不下的货物,或单件货物重量超过了国际标准集装箱的最大载重量的货物,如大型机械设备、动力电缆等。

(2)冷藏货物:是指需要保持在常温以下进行运输的货物,如肉类食品、鸡蛋、水果、蔬菜、奶类制品等。

(3)液体、气体货物:是指无包装,需装在容器内进行运输的散装液体或气体货物,如酒精、酱油、葡萄糖、食用油、胶乳、天然气、液化气等。

(4)干散货物:是指散装在舱内无包装的货物,包括盐、谷物、麦芽、树脂、黏土等。

(5)活动植物:是指需提供维持正常生命活动环境的货物,如猪、羊、牛、马等家禽家畜,花卉、树苗、苗木等植物。

(6)危险货物:指具有易燃、易爆、毒害、腐蚀和放射性危害而需要安全防护的货物。

(7)贵重货物:是指单件货物价格比较昂贵的货物,如精密仪器、家用电器、手工艺品、珠宝手饰、出土文物等。

(二)按货物是否适合装箱分类

根据货物是否适于集装箱运输,一般把各类货物分为四个类别。

1. 最适合装箱货物。一般指本身价值较高,运价也比较高;其外包装形状、尺度及重量等属性,可以有效地装载于集装箱内进行运输的货物。最适于集装箱运输的货物有医药品、小型电器、仪器、小五金、针纺织品、烟、酒、包装食品等。

2. 适合装箱货物。一般指本身价值和运价低于最适箱货物,但其属性与最适箱货物类似的货物,包括金属制品、纸浆(板)、某些装饰材料、白粉、皮张、电线等。

3. 临界装箱货物。一般指可用集装箱装载,但由于其本身价值和运价都较低,使用集装箱运输不够经济的货物,而且从该类货物的外形尺度、包装形式及重量等属性来看,使用集装箱运输也较为困难,如钢锭、钢材、木材(原木)、生铁、小型构件等。

4. 不适合装箱货物。指由于其本身属性,一般不能用集装箱运输的货物,如废钢铁、大型构件、机械设备、大型卡车等。这些货物中有一部分如采用专用运输设施和工具来运输更为合适。

在以上四类货物中,前两类构成了集装箱运输的主体,是各运输经营人竞争的对象。适箱货物是集装箱运输系统的运输对象,适箱货物的位移构成了集装箱运输系统中的主流。

(三)按货运形态分类

在集装箱货物运输中,按货流组织不同的形态可把集装箱货物分为整箱货和拼箱货两种。

1. 整箱货(Full Container Load,简称FCL)。指发货人一次托运的货物数量较多,足以装满一个或多个集装箱的货载。一般由发货人自行装箱,负责填写装箱单、场站收据,并加铅封。整箱货又习惯理解为一个发货人、一个收货人。

2. 拼箱货(Less than Container Load,简称LCL)。指发货人一次托运的货物数量较少,不足以装满一个集装箱,即需要一个或多个发货人少量货物同装一个集装箱进行运输的货载。拼箱货一般由集装箱货运站负责装箱,负责填写装箱单,并加铅封。拼箱货又习惯理解为几个发货人、几个收货人。表9-1为集装箱货物分类汇总简明表,供参考。

表9-1 集装箱货物分类简明表

分类方法	类别		货物举例或说明
货物性质	普通货物	清洁货物	纺织品、棉、麻、纤维制品、橡胶制品、玩具等
		污染货物	水泥、石墨、油脂、沥青、樟脑、胡椒等
	特殊货物	超尺度和超重货物	动力电缆、大型机械设备
		冷藏货物	肉类食品、鸡蛋、水果、蔬菜、奶类制品等
		液体、气体货物	酱油、葡萄糖、食用油、乳胶等
		干散货物	盐、谷物、麦芽、树脂、黏土等
		活的动植物	猪、羊、牛、马、花卉、树苗、苗木
		危险货物	黄磷、工业酒精、天然气、液化气、碳化钙等
		贵重货物	精密仪器、家用电器、手工艺品、珠宝首饰等
适箱状况	最适合装箱货物		医药品、小型电器、针纺织品、烟、酒包装食品等
	最适合装箱货物		钢锭、钢材、木材(原木)、生铁、小型构件等
	临界装箱货物		金属制品、纸浆(板)、某些装饰材料、皮张、小型构件等
	不适合装箱货物		废钢铁、大型构件、机械设备、大型卡车等
货运形态	整箱货		一个发货人、一个收货人
	拼箱货		几个发货人、几个收货人

三、集装箱货源的特点

随着世界经济的发展,集装箱适箱货的生成量也随之增加,就总的发展趋势来看,货物集装箱化的比率越来越高。从这类货物的生成及运输性质来看,主要表现出以下特点。

1. 单位产品的货物价值较高,单位产品承受运价的能力较强。

2. 运输质量要求高,运输时间性要求高。

3. 货物批量小,呈零星分散状存在。

集装箱运输是随着国际贸易和社会经济不断发展而产生的,是服务于国际贸易和社会经济发展的。因此,一个国家或地区的集装箱货源生成量,主要取决于该国家或地区的国际贸易和经济发展状况。

发达国家或地区的产品技术含量高,适合集装箱运输,因此,该国该地区的集装箱货源量就十分充足;反之,欠发达地区的产品主要是初级产品如煤炭、矿石、工业原料、农产品等,产品附加值低,承受各项费用的能力较差,又不适合集装箱运输,因此,该地区的集装箱货源量就相对贫乏。

国家的外贸政策如何,将直接影响到国际贸易量的增减。当国家鼓励外贸出口时,出口的货运量就会显著地增加,集装箱货源也随之增加;而国家鼓励进口时,出口贸易量就会相对减少,出口集装箱货源会随之发生变化。

国际市场的供求关系在一定程度上也影响着集装箱货源量。当某种商品在国际市场供大于求时,该种产品的出口贸易量就会明显下降;而供小于求时,该种产品的出口贸易量又会显著地增加,在这种情况下,集装箱货源量也会随之而产生变化。

第二节 集装箱货物交接与流转方式

集装箱运输的产生和发展在运输领域引起了革命性的变化,这些变化有多方面的表现,其中包括货物基本运输单元和全程运输组织的变化。

在传统的件杂货运输中是以货物作为产品出厂时的运输包装为运输单元的,在集装箱运输中,通过箱成组,标准化的集装箱成为基本运输单元。

在全程运输的组织方面,传统的件杂货运输是通过多次托运、分段运输的方式完成的,各方式各段的运输经营人独立完成自己承担区段的运输。而在集装箱运输中,随着集装箱运输系统的不断完善,使全程运输出现了统一组织的变化,实现了"门到门"的运输。

这些变化自然要引起集装箱运输系统中货物的交接和流转方式的极大变化,集装箱货物的交接和流转方式都具有鲜明的特点。

一、集装箱货物的交接形态

在集装箱运输中,货方(发、收货人)与承运方货物的交接形态有两种,整箱货交接与拼箱货交接。

整箱货(FCL)交接是指发货人、收货人与承运人交接的货物是一个(或多个)装满货物的集装箱。发货人自行装箱并办好加封等手续,承运人接受的货物是外表状态良好、铅封完整的集装箱;货物运抵目的地时,承运人将同样的集装箱交付收货人,收货人自行将货物从箱中掏出。

拼箱货(LCL)交接一般发生在发货人一次托运的货物数量较少,不足以装满一个集装箱,而针对这些货物的贸易合同又要求使用集装箱运输,为了减少运费,承运人根据流向相同的原则将一个或多个发货人少量货物装入同一个集装箱进行运输。这一般意味着承运人以货物原来的形态从各发货人手中接受货物,由承运人组织装箱运输,运到合适的地点时,承运人将货物从箱中掏出后,以原来的形态向各收货人交付。拼箱货的交接、装拆箱可在码头集装箱货运站、内陆货运站或中转站等地进行。

在集装箱运输中,有时也会出现这两种交接形态结合的情况,即承运人从发货人处以整箱形态接受货物,而以拼箱形态交付货物(针对每个箱中的货物只有一个发货人,多个收货人的情况)或相反(针对每个箱中的货物有多个发货人,而只有一个收货人的情况)。

二、集装箱货物的交接地点

货物运输中的交接地点是指根据运输合同,承运人与货方(发货人、收货人)交接货物、划分责任风险和费用的地点。在集装箱运输中,集装箱货物的交接地点一般有三类,即发货人、收货人的工厂和仓库(Door),集装箱码头堆场(CY)和集装箱货运站(CFS)。

1. 发货人或收货人的工厂或仓库交接(Door交接)。发货人或收货人的工厂或仓库(门)交接是指集装箱运输经营人在发货人的工厂或仓库接受货物或在收货人的工厂或仓库交付货物。门交接的集装箱货物都是整箱交接。一般意味着发货人或收货人自行装(拆)箱。集装箱运输经营人负责自接受货物地点到交付货物地点的全程运输。

2. 集装箱码头堆场交接(CY交接)。集装箱运输中的集装箱货物码头堆场交接,一般意味着发货人应自行负责装箱及集装箱到装货港码头堆场的运输,承运人或其代理人在码头堆场接受货物,责任开始。货物运达卸货港后,承运人在码头堆场上向收货人交付货物,责任终止。由收货人自行负责集装箱货物到最终目的地的运输和掏箱。

在集装箱码头堆场交接的货物都是整箱交接。在有些资料中和有些情况下,"CY交接"一词的含义要更广泛一些。除在码头堆场交接外,还包括在内陆地区的集装箱内陆货运站的堆场的交接(即内陆CY交接)。在内陆CY交接情况下与货主交接货物的集装箱运输经营人一般是联运经营人,他还要负责从接受货物的堆场到码头堆场间的运输。集装箱货物内陆CY交接也是整箱交接。

3. 集装箱货运站交接(CFS交接)。集装箱运输中的货运站(CFS)一般包括集装箱码头的货运站、集装箱内陆货运站或中转站。货运站货物交接一般是拼箱交接。因此,货运站交接一般意味着发货人自行负责将货物送到集装箱货运站,集装箱运输经营人或其代理人在货运站以原来形态接受货物并负责安排装箱,然后组织海上运输或陆海联运。货物运到目的地货运站后,集装箱运输经营人或其代理人负责拆箱并以货物原来形态向收货人交付。收货人自行负责提货后的事宜。

三、集装箱货物的交接方式

在集装箱运输中,根据实际交接地点不同,集装箱货物的交接有多种方式,在不同的交接方式中,集装箱运输经营人与货方承担的责任、义务不同,集装箱运输经营人的运输组织的内容、范围也不同。[1]集装箱货物的交接方式有以下几种。

---

[1] 陈萍. 集装箱货物运输交接方式实质含义及实务问题探讨[J]. 集装箱化,2002(12):25-27.

1. "门到门"(Door to Door)交接方式。是指集装箱运输经营人由发货人的工厂或仓库接受货物,负责将货物运至收货人的工厂或仓库交付。在这种交付方式下,货物的交接形态都是整箱交接。

2. "门到场"(Door to CY)交接方式。该方式是指集装箱运输经营人在发货人的工厂或仓库接受货物,并负责将货物运至卸货港码头堆场或其内陆堆场,在CY处向收货人交付。在这种交接方式下,货物也都是整箱交接。

3. "门到站"(Door to CFS)交接方式。该方式是指集装箱运输经营人在发货人的工厂或仓库接受货物,并负责将货物运至卸货港码头的集装箱货运站或其在内陆地区的货运站,经拆箱后向各收货人交付。在这种交接方式下,运输经营人一般是以整箱形态接受货物,以拼箱形态交付货物。

4. "场到门"(CY to Door)交接方式。该交接方式是指集装箱运输经营人在码头堆场或其内陆堆场接受发货人的货物(整箱货),并负责把货物运至收货人的工厂或仓库向收货人交付。

5. "场到场"(CY to CY)交接方式。指集装箱运输经营人在装货港的码头堆场或其内陆堆场接受货物(整箱货),并负责运至卸货港码头堆场或其内陆堆场,在堆场向收货人交付整箱货。

6. "场到站"(CY to CFS)交接方式。指集装箱运输经营人在装货港的码头堆场或其内陆堆场接受货物(整箱货),并负责运至卸货港码头集装箱货运站或其在内陆地区的集装箱货运站,一般经拆箱后向收货人交付。

7. "站到门"(CFS to Door)交接方式。指集装箱运输经营人在装货港码头的集装箱货运站及其内陆的集装箱货运站接受货物(经拼箱后),负责运至收货人的工厂或仓库交付。在这种交接方式下,运输经营人一般是以拼箱形态接受货物,以整箱形态交付货物。

8. "站到场"(CFS to CY)交接方式。指集装箱运输经营人在装货港码头或其内陆的货运站接受货物(经拼箱后),负责运至卸货港码头或内陆地区的堆场交付。在这种方式下货物的交接形态同站到门交接方式。

9. "站到站"(CFS to CFS)交接方式。指集装箱运输经营人在装货港码头或内陆地区的集装箱货运站接受货物(经拼箱后),负责运至卸货港码头或其内陆地区的集装箱货运站,(经拆箱后)向收货人交付。在这种方式下,货物的交接形态一般都是拼箱交接。

以上九种交接方式是集装箱运输中集装箱货物基本的交接方式。除装货海港码头堆场(或海港码头集装箱货运站)到卸货海港码头堆场(或卸货海港码头集装箱货运站)交接方式适用于海运单一方式运输(包括海上转运和海海联运)外,其他交接方式都是集装箱货物多式联运下的交接方式。

四、集装箱货物的流转途径及运输组织

在传统的国际货物运输中,托运人要从内陆各地用铁路、公路等运输方式将货物集中到出口港,再通过与船公司的运输合同装船出运。货物运到目的港卸船后,再通过铁路、公路等运输方式将货物运到交货地点。在货物运输的全过程中,各运输区段的运输批量、运输线路和实际承运人的选择、各段之间的衔接等运输组织工作都是由众多的托运人独立进行的。从总体来看,运输组织是混乱的。

随着集装箱运输的发展和集装箱运输系统的建立和完善,与传统的国际运输相比较,集装箱货物的运输无论在全程流通过程还是在运输组织上都发生了革命性的变化。图9-1对系统中货物流通途径作了概括说明。

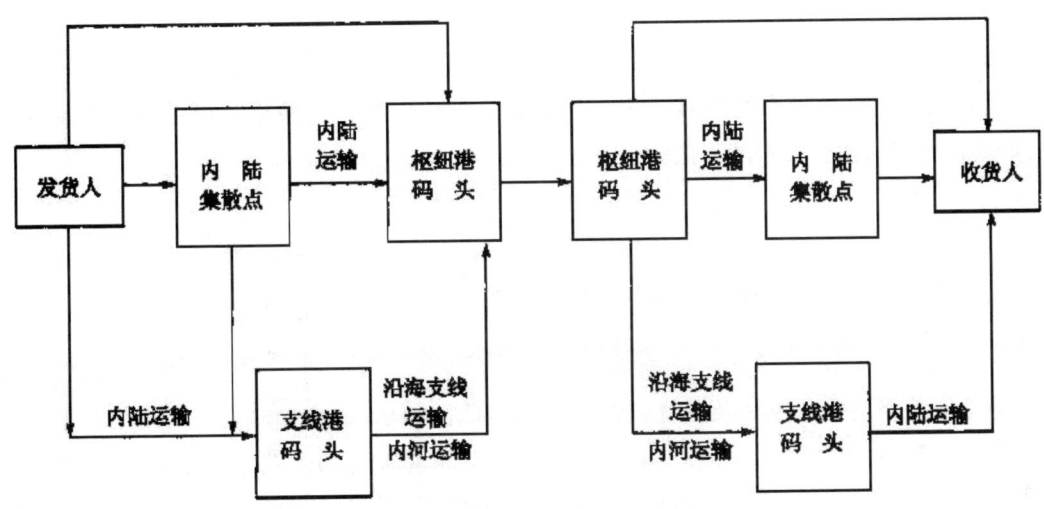

图9-1 集装箱货物流转示意图

从图9-1可以看出,在起运港内陆广大地区的货物,如是整箱货,托运人可在自己的工厂和仓库交给运输经营人(门交接),再由经营人负责运抵内陆集散站堆场;也可直接运到内陆堆场(内陆货运站、中转站)交给运输经营人(内陆CY交接)。如是拼箱货,托运人将货物运到各集散站的集装箱货运站,交给运输经营人或其代理人,装箱后转到各内陆堆场。从内陆堆场到装船港码头堆场的运输,一般由各内陆集散点(站)统一组织。由于围绕各集装箱港口建立的集疏网络具有多级结构,不同托运人托运的货物,不同运输经营人承运的货物从货物交接点到港口码头堆场的集装箱运输过程是多次集中,不断扩大运输批量的过程。这从根本上改变了传统运输中内陆运输是零星、小批量和由各托运人独立组织的局面,实现了统一组织,使内陆运输达到规模经济效果。

在装运港附近的货物,如是整箱货,托运人可在自己的工厂和仓库交给运输经营人,再由经营人负责运至港口码头堆场;也可由托运人直接运到码头堆场。如是拼箱货,则由托运人将货物运到码头CFS交运输经营人,经运输经营人组织装箱后转到码头堆场。在集装箱枢纽港周边地区的卫星港,也可通过支线运输将集装箱运抵枢纽港码头堆场。这些货物和内陆地区集运的货物,在港口码头堆场上进一步集中,保证了海上干线运输的规模经济效果。

货物经海上运输到达卸货港口,可以通过相反的过程疏运到最终交付货物的地点。

从以上说明的集装箱货物流通与运输组织过程来看,集装箱运输与传统的货物运输有本质区别。首先,在货物集(疏)运过程中,分散在世界各地的小批量货物应预先在内陆地区的集散点集中,组成一定批量后通过内陆、内河或支线运输,采用集装箱专列、船舶等大型的运输工具,将其运往集装箱码头堆场(或相反),使集装箱货物运输建立在大规模生产的基础上。其次是集装箱货物的流通过程体现了集装箱运输系统高度的整体性与组织性。通过上述组织形式的运输,把集装箱系统的各要素,把运输全程中所涉及到的不同运输方式及服务环节紧密地联系为一个整体。在国际集装箱运输(多式联运)过程中,从接受货物地点到交付货物地点的全程运输都是由集装箱运输经营人(多式联运经营人)负责组织的,这也为集装箱运输高度的整体性与组织性打下了基础。这种组织形式将使集装箱运输产生规模效益,最终保证了运输总成本的降低。

第三节 集装箱货物装载

随着集装箱运输的发展及其优越性被人们所认识和承认,大量的货物采用集装箱进行运输,这些货物种类繁多,在性质、包装形式及强度、单件重量和体积等方面都有很大差异。为了保证货运质量和运输安全,货物在集装箱内的堆装、系固、隔垫等工作是很重要的。由于货物在箱内积载、装箱不当常常造成货损和装卸机械、运输工具损坏,甚至造成人身伤亡。

由于集装箱运输大多采用包箱费率,装箱技术与箱内装载货物的数量,也会直接影响运输费用、效果和服务水平。

一、集装箱的选择与检查

目前投入国际运输使用的集装箱有很多种类,各种类集装箱又有多种规格尺度。在货物装箱前,针对所运货物的实际情况、运输要求、运输线路和港口、内陆场站条件及经济合理等因素选择合适的集装箱,对保证运输质量、提高运输效率、减少运输时间、降低运输成本都有重要意义。

(一)集装箱的选择

集装箱货物装箱前,用箱人首先应当选择合适的集装箱。对集装箱的选择主要是指集装箱种类的选择和集装箱规格尺度的选择。[1]

---

[1] 龚文煌. 大型集装箱船主要要素选择[J]. 船舶与海洋工程,1994(4):7-13.

1. 对集装箱种类(箱型)的选择。国际标准集装箱有多种不同箱型,如干货箱、通风箱、散货箱、冷藏箱、开顶箱、台架箱、平台箱和各类特种集装箱等。这些不同种类的集装箱是根据不同类型货物及运输的实际要求而设计制造的。

箱型种类的选择主要应根据货物的种类、性质、包装形式和运输要求来进行,这是保证运输质量的基本条件,必须给予充分重视。如对运输没有什么特殊要求的普通干、散货物,可选择使用最普通的干货、散货集装箱;含水量较大的货物或不需要保温运输的鲜货等可选择使用通风集装箱;在运输途中对温度有一定要求的货物可选择使用冷藏集装箱;超高、超长、超宽或必须用机械(吊车、叉车等)装箱的货物可选择使用开顶、台架式、平台式集装箱;散装、流体货物可选择罐式集装箱;牲畜、汽车等货物可选择相应的特种箱等。

2. 对集装箱规格尺寸的选择。对集装箱规格尺寸的选择一般需要综合考虑多种因素,这些因素主要包括。

(1)与国内外船公司、货主的合作问题:在集装箱货物多式联运中,经常发生与国外船公司进行箱子互换、互用,因此,应选用便于互换使用的集装箱。目前国际上使用最多的是1AA(40ft×8ft×8.5ft)、1AAA(40ft×8ft×9.5ft)、和1CC(20ft×8ft×8.5ft)三种规格的集装箱。

(2)货物的数量、运输批量和货物的密度:一般来说,在货物数量大时,应尽量选用大规格箱;某航线上货运批量较小时,配用的集装箱规格不宜过大;货物密度较大时,选用规格不宜过大;轻泡货较多时,应采用规格较大的集装箱。

(3)全程(特别是内陆)运输的条件:在集装箱货物国际运输中,全程可能涉及多种运输方式。一般来说,海上运输各环节(装卸、船舶)可以满足各种规格集装箱货物运输需要,但在内陆运输中却很不平衡,可能存在道路、桥涵承载能力不足,装卸设备不能适应大型集箱装卸需要;集装箱内陆货运站不能办理大型箱(20ft、40ft)业务;库场运输工具不符合运输要求等问题。在选用集装箱规格尺度时,应给予充分考虑,在允许情况下,采用子母箱形式是一种可以选择的方案。

(4)经济合理性:对于特定数量的货物选择集装箱规格和数量时,首先应保证能装下这些货物。由于集装箱运输中大多采用包箱费率,对各种规格集装箱总重的规定(单位尺度平均值)有较大差别,所以对特定数量的货物选择规格时,存在通过规格数量的不同组合使全程总费用最小的经济合理性问题。

2. 集装箱的检查。经过选择的集装箱,必须经过严格检查,包括外部、内部、箱门、清洁状况、附属件及设备等的检查。一只有缺陷的集装箱,轻则导致货损,重则在运输、装卸过程中造成箱毁人亡事故。所以,对集装箱的检查是货物安全运输的基本条件之一。

通常发货人(用箱人)和承运人(供箱人)在箱子交接时,共同对箱子进行检查,并以"设备交接单"确认箱子交接时的状态。

无论由托运人、承运人或站场负责装箱,都应使选择的集装箱符合下列条件。

(1)符合集装箱国际标准(ISO)和国际安全公约标准(CSC),具有合格检验证书。

(2)集装箱的四个角柱、六个壁、八个角要外表状态良好,没有明显损伤、变形、破口等不正常现象。板壁凹损应不大于30mm,任何部件凸损不得超过角配件外端面。

(3)箱门应完好、水密,能开启2700,栓锁完好。

(4)箱子内部清洁、干燥、无异味、无尘污或残留物,衬板、涂料完好。

(5)箱子所有焊接部位牢固、封闭好、不漏水、不漏光。

(6)附属件的强度、数量满足有关规定和运输需要。

(7)箱子本身的机械设备(冷冻、通风等)完好,能正常使用。

二、集装箱货物装载的一般要求

为了保证运输质量和运输安全,做好箱内货物的积载和装箱工作是十分重要的。集装箱货物在运输全过程中,在各环节(装卸、运输、存储、装拆箱等)的实际操作中,经常会发生振动、碰撞、摇摆等情况,如果装载不当,不仅可能造成货损,还可能引起运输工具、装卸机械的损坏和人身伤亡。

集装箱货物在积载和堆箱时的一般要求及应注意的事项主要有以下几个方面。

1. 合理积载。这里所说的积载是指各集装箱具体装载哪些货物和怎样装载的计划安排。无论是发货人(整箱交接情况下)还是运输经营人(拼箱交接情况下)在货物装箱前都要做好货物积载工作,即当不同种类的货物拼装同一箱时,应根据货物的性质、包装形态、单件重量及强度、卸箱顺序等分区、分层堆放。如不同性质的货物拼装在同一箱内时,应保证它们的物理、化学性质不发生冲突和气味污染,以防止货损;将包装牢固、重件货物装在箱子底部,包装不牢、轻货装在上部;不同发货人(或收货人)的货物拼箱时,应考虑货物的流向要一致,如需分几次掏箱时,应根据货物在运输途中交货的先后顺序安排箱内堆放位置(先交的货放在靠箱门位置),以防止反复掏装箱。

2. 均衡分布货物重量。货物在箱子内的重量分布应均衡。一般要求沿高度方向重量分布应均衡或下重上轻;沿长度和宽度方向应均衡,如箱子的某一部位、某一端或某一侧负荷过重,易引起吊运过程中箱子倾斜、装卸机械及运输工具(特别是拖车)倾覆等事故。

3. 做好货物的堆码、衬垫和系固。在货物多层堆码时,堆码的层数应根据货物包装强度及箱底承载能力规定(单位面积承重量)来决定。为使下层货物不被压坏和防止装箱、运输过程中引起的撞击损失,应适当考虑在各层之间垫入缓冲器材。

货物的装载应严密、整齐。货区之间,货物与货物之间,货物与箱体之间的空隙应加适当的隔垫以防止货物的移动、撞击、沾湿和污损。

对靠近箱门附近的货物要采取系固措施,以防止开箱和关箱时货物倒塌造成货物损坏和人身伤亡事故。

4. 其他应注意的事项。装载箱内的货物总重量不得超过箱子允许的额定载重量,包括箱子本身的毛重绝不允许超过 ISO 规定的各种规格尺度集装箱的总重量标准。由于货物超重而造成的运输过程中的一切损失均由装箱人负责,装箱时使用的隔垫料(胶合板、草席、缓冲器材、隔垫板等)和系固所用材料应清洁、干燥,以防止水渍、汗渍等货损事故。

三、特殊货物的装载要求

对一些特殊货物和特种集装箱进行货物装载时,除上述一般要求与方法时,还有一些特殊的要求。这些货物和集装箱装载时,必需充分保证满足这些特殊要求。

(一)超尺度和超重货物装载要求

超尺度货物是指单件长、宽、高的实际尺度超过国际标准集装箱规定尺度的货物;超重货物指单件重量超过国际标准集装箱最大载货量的货物。国际标准集装箱是有统一标准的,特别在尺度、总重量方面都有严格的限制。集装箱运输系统中使用的装卸机械设备、运输工具也都是根据这一标准设计制造的。如果货物的尺寸、重量超出这些标准规定值,对装载和运输各环节来说都会带来一些困难和问题。

1. 超高货。一般干货箱箱门有效高度是有一定范围的(20ft 箱为 2135～2154mm;40ft 箱子为 2265～2284mm)。如货物高度超过这一范围,则为超高货。超高货物必须选择开顶箱或板架箱装载。

集装箱装载超高货物时,应充分考虑运输全程中给内陆运输车站、码头、装卸机械、船舶装载带来的问题。内陆运输线对通过高度都有一定的限制(各国规定不甚一致),运输时集装箱连同运输车辆的总高度一般不能超过这一限制。

集装箱船舶装载超高货箱时,只能装在舱内或甲板上的最上层。

2. 超宽货物。超宽货物一般应采用板架箱或平台箱运输。集装箱运输下允许货物横向突出(箱子)的尺度要受到集装箱船舶结构(箱格)、陆上运输线路(特别是铁路)允许宽度限制;受到使用装卸机械种类的限制(如跨运车对每边超宽量大于 10cm 的集装箱无法作业),超宽货物装载时应给予充分考虑。

集装箱船舶装载超宽货箱时,如超宽量在 150mm 以内,则可以与普通集装箱一样装在舱内或甲板上;如超宽量大于 150mm,则只能在舱面上装载,且相邻列位必须留出。

3. 超长货物。超长货物一般应采用板架箱装载,装载时需将集装箱两端的插板取下,并铺在货物下部。超长货物的超长量有一定限制,最大不得超过 306mm(即 1ft 左右)。

集装箱船舶装载超长货箱时,一般装于甲板上(排与排之间间隔较大);装在舱内时,相邻排位须留出。

4. 超重货物。集装箱标准(ISO)对集装箱(包括货物)总重量是有明确限制的,20ft 箱为 24.00t,40ft 箱为 30.48t,所有的运输工具和装卸机械都是根据这一总重量设计的。货物装入集装箱后,总重量不能超过上述规定值,超重是绝对不允许的。

(二)冷藏(冻)货装载要求

装载冷藏(冻)货的集装箱应具有供箱人提供的该箱子的检验合格证书。

货物装箱前,箱体应根据使用规定的温度进行预冷,货物装箱时的温度应达到规定的装箱温度。温度要求不同或气味不同的冷藏货物绝不能配入一箱。运往一些宗教(特别是伊斯兰教)国家的集装箱货,不能把猪肉与家禽、牛羊肉配装在同一箱内。

货物装载过程中,制冷装置应停止运转;注意货物不要堵塞冷气通道和泄水通道;装货高度不能超过箱中的货物积载线。装货完毕关门后,应立即使通风孔处于要求的位置,并按货主对温度的要求及操作要求控制好箱内温度。

(三)危险货物装载要求

集装箱内装载的每一票危险货物必须具备危险货物申报单。装箱前应对货物及应办的手续、单证进行审查,不符合《国际危规》规定的包装要求或未经商检、海事等部门认可或已发生货损的危险货物一律不得装箱。

危险货物一般应使用封闭箱运输,箱内装载的危险货物任何部分不得凸出箱容。装箱完毕后应立即关门封锁。

不得将危险货物与其他性质与之不相容的货物拼装在同一集装箱内。当危险货物仅占箱内部分容积时,应把危险品装载在箱门附近,以便做到"最后装,最先卸",减少发生事故的可能以及在发生事故后能及时得到应急处理。

装入集装箱的每一危险货物,均应按照《国际危规》的要求进行标记和标志。装载危险品货物的集装箱上,至少应有4幅尺度不小于250mm×250mm的危险品类别标牌贴在箱体外部4个侧面的明显位置上。装载危险货物的集装箱卸完后,应采取措施使集装箱不具备危险性并去掉危险品标志。

危险货物在装箱前,装箱单位应事先通知海事主管机关装箱作业计划安排,何时装箱,在何地装箱;在装箱时,应有集装箱装箱单位的装箱现场检查员现场监装,装箱现场检查员应持有海事部门签发的"装箱现场检查员证书"。装箱现场检查员应根据《国际危规》的要求,对集装箱和集装箱内所装危险货物及货物在箱内的积载情况进行检查;装箱完毕后,装箱现场检查员除提供装箱单外,还应签署"集装箱装运危险货物装箱证明书"(Container Packing Certificate,以下简称"集装箱装箱证明书"),以证明已正确装箱并符合有关规定,并呈交海事部门查验。海事部门会根据装箱单位的装箱计划,安排人员进行检查,必要时,海事部门可对拟装船的集装箱进行抽样开箱监督检查。出口危险品货物集装箱进入码头检查口时,须附送经海事部门审核同意后盖章的"集装箱装箱证明书"。①

---

① 刘敏文. 危险货物运输管理[M]. 北京:人民交通出版社,2002.

(四)干散货物装载要求

用散货集装箱运输干散货可节约劳动力、包装费、装卸费。散货集装箱的箱顶上一般都设有2~3个装货口,装货时利用圆筒仓或仓库的漏斗或使用带有铲斗的起重机进行装载。散货集装箱一般采用将集装箱倾斜的方式使散货产生自流的方法卸货。在选定装载散货的集装箱时,必须考虑装货地点和卸货地点的装载和卸载的设备条件。

运输散装的化学制品时,首先要判明其是否属于危险货物。在运输谷物、饲料等散货时,应注意该货物是否有熏蒸要求。因此,在装货前应查阅进口国的动植物检疫规则。对需要进行熏蒸的货物应选用有熏蒸设备的集装箱装运。

在装运谷类和饲料等货物时,为了防止水湿而损坏货物,应选用有箱顶内衬板的集装箱装运。在装载容易飞扬的粉状散货时,应采取措施进行围圈作业。

(五)液体货物装载要求

液体货物采用集装箱运输有两种情况。一是装入其他容器(如桶)后再装入集装箱运输,在这种情况下,货物装载应注意的事项与一般货物或危险货物类似;二是散装液体货物,一般需用罐式箱运输。在这种情况下货物散装前应检查罐式集装箱本身的结构、性能和箱内能否满足货物运输要求;检查是否应具备必要的排空设备、管道及阀门,其安全阀应处于有效状态。装载时应注意货物的比重(密度)要和集装箱允许载重量与容量比值一致或接近。在装卸时如需要加温,则应考虑装货、卸货地点要有必需的热源(蒸汽源或电源)。

(六)动、植物及食品装载要求

运输该类货物的集装箱一般有两类:密闭和非密封式(通风)。装载这类货物时应注意,货物应根据进口国要求经过检疫并得到进口国许可。一般要求托运人(或其代理人)事先向海事部门、商检、卫检、动植物检疫等管理部门申请检验并出具合格证明后方可装箱。需做动植物检疫的货物不能同普通货装在同一箱内,以免熏蒸时造成货损。

各类特殊货物装箱完毕后,应采取合适的方法进行固定并关闭箱门。如加固时使用木材,且进口国对木材有熏蒸要求(如澳大利亚、新西兰等),则必须经过熏蒸处理并在箱体外表明显处标上有关部门出具的证明。

需要理货的集装箱在装箱全过程中,应由理货公司派员在场记载装入货物的名称、件数、包装标志等内容,做好理货单据,并施加理货封志。

国际运输的集装箱装载时,应请海关派员监装,装箱完毕后应施加海关封志。

装箱完毕后,装箱人应制作装箱单(一箱一份),如实说明箱内装载货物的名称、件数、包装及标志等内容。在集装箱运输中,装箱单是唯一说明箱内货物情况的单据,必须准确、可靠。

第十章　国际多式联运的发展趋势

第一节　多联式运行物流园区

一、物流园区的概念

物流同区是城市物流功能区域,对物流节点进行组织与管理的、相对集中的经济区域。物流园区的主要目标是建立与物流业务配套的设备设施,从事物流业务功能操作,达到降低物流成本,提高物流效率,改善物流服务的重要目的。园区内的企业功能可以多样化,不仅仅从事货物运输,还包括装卸配送、流通加工、仓储、集装箱拼拆箱等。物流园区是可以形成独立存在具有产业发展性质的经济功能区,能够从事直接与消费相联系的各种生产活动,也可以称为物流团地或物流基地。

物流园区从建立到发展如雨后春笋一般,短短几年数量遍布全国各主要经济区域,政府尤其是物流业相关的管理部门对其发展高度重视,物流园区成为现代物流业发展的综合功能区域,物流企业发展的重要平台,

"物流园区建设热"一直是行业讨论的焦点话题之一。

在2008年左右中国物流与采购联合会曾经做过一个调查报告《第二次全国物流园区(基地)调查报告》显示,一直升温的物流园区总体规划热开始逐步趋向理性,物流园区的规划和建设脚步放慢。但随着多式联运的大力发展,振兴物流的发展规划的出台,跨境电商和"一带一路"的发展要求,多功能物流园区作为规划中的九大重点工程之一,再次掀起物流园区建设高潮。

物流业的规模化和集约化发展,客观上要求具备流通、加工、装卸、配送和运输多元化的物流园区的存在,这是物流发展的必然产物,物流园区的建设要实现物流运作的共同化,使得众多的物流企业能够按照城市空间合理布局的要求,集中发挥优势功能,并且通过统一主体进行组织管理,物流园区货物运输环节的相关企业提供必要的设备设施及专业服务,是具备产业发展性质的经济功能区。物流园区优势突出:功能多元化、设备共享化、成本节约化,物流园区的发展对于提高社会物流服务效率、促进产业结构调整、转变经济发展方式、提高国民经济竞争力具有重要意义。

二、物流园区的分类

(一)自用型物流园区

该类物流园一般是在物流企业自身发展的基础上建立起来的,是满足本企业物流功能的同区,园区内提供货物运输的集运、分拨、转运、装卸、搬运、配送、包装、仓储等物流功能,适合单个企业从原材料采购、产品生产到货物运输各个环节的需求。

(二)生产服务型物流园区

该类物流园区专业性非常强,功能明确具体,服务对象为生产制造型企业,为高新科技、经济开发内部产业以及工业园区、生产企业聚集的区域提供定向物流服务,具有以下基本特征。

1. 依托制造型产业园区。物流园建址一般是当地的经济开发区或者高新实验区等,主要为生产制造业服务,位置一般接近工业产业园区,高新实验区一般经营化工、汽车、机械、电子等行业,专业性很强。

2. 为生产制造型企业提供服务。生产服务型物流园区主要为生产制造型企业提供综合性一体化物流服务,有两大模块:企业的生产物流和采购物流,因此它主要侧重的是仓储、货物附加值加工增值,对于集装箱装卸、拆拼箱、配送、分拨、回运等功能涉及较少,某些生产服务型物流园区将功能拓展到商品的展示、销售等功能,服务于制造业从原材料采购、加工,到产品存储、包装、销售一系列的相关服务。

(三)货运枢纽型物流园区

该类物流园区是依托运输中心如海运、空运或陆运枢纽规划建设,园区内要求多种运输方式衔接,至少有两种不同运输方式共存,配备大批量货物转换运输方式所需的设施,可以实现不同运输方式之间的有效衔接,功能主要服务于国际性或区域性货物长距离运输及中转。

货运枢纽型物流园区有三种:空港物流园区依托机场,以空运、航空快递为主,海空联运中转等;海港物流园区依托海洋运输,以港口为业务中心,主要衔接海铁、海河、海陆等运输方式及中转;陆港物流园区陆路中转枢纽,服务公路或铁路运输,衔接公铁、陆空等运输方式及中转。

物流园区应符合以下要求。

1. 物流园区位于交通枢纽中心。物流园区的最佳定位靠近运输中转枢纽,一般在港口、航空机场、铁路站、公路站、集装箱货运站等附近,大多建立在交通中心城市周边。关于定位在区域附近是个非常模糊的概念,如洋山深水港物流园区相距大小洋山港区30多公里,这在距离上虽然是附近,但是洋山深水港物流园区仍然是货运服务型物流园区,判断的一个关键是看园区是否主要为该货运枢纽服务,根据经验很容易判断。货运服务型物流园区的主要功能就是实现不同运输方式之间的转换,所以必须要有两种或两种以上的交通方式。

我国的亿吨以上的海运港口有十几个,空港、陆港的货运量也在快速增加,依附于港口,在附件建设物流园区是个很理想的选择。

2. 配套硬件设施进行中转服务。配有货物中转所需的硬件设施,便于货物在各种运输方式之间转换、衔接。货运物流园区要进行货物中转、集疏运要有如集装箱起重吊车、拖车等配套设施,以便进行多式货物联运。

3. 用于各种运输方式转换。主要用于货物国际间运输以及运输方式之间的衔接。物流园区的服务范围一般都是国际性或区域性的,因为货物运输就是国际贸易或者国际贸易在国内的延伸需要,物流园区建设的时候要依据国际高层次的要求,成为我国物流业发展中的重心。

(四)商贸服务型物流园区

商贸配送型的物流园区生产服务型物流园不一样,配送是货物生产完后向各个供应地的服务,一般位于商品供应链的后半部分,它所服务的对象是产成品,可以直接销售给用户的消费品。因此商贸服务型物流园区建设区域主要靠近大型商品贸易的现货市场、专业市场,为商品交流服务,为商品贸易中货物的集散、运输、配送、仓储等提供物流服务。

商贸服务型物流同区应符合以下要求。

1. 依托各类商贸中心。物流园区的选址主要靠近大型商品贸易市场,业务中心服务于商贸经济,该类物流园区中最典型的是义乌物流园区,依托义务小商品集散中心,发展物流配送、运输、分拨等业务,它与传统的商品贸易市场最大的区别是通关更方便,物流效率更高。

2. 物流作业兼具商品交易功能。商贸服务型物流园区不能从事货物的集散、仓储、配送等传统物流服务,也兼有商品交易的功能,由于该类型物流园区所依托的现货市场、专业市场有很大的交易量,一部分交易就延伸到了园区内。

3. 货物以制成品为主。商贸服务型物流园区是服务于商业贸易的,因而其内部货物以产成品为主,这点是与生产型物流园区不同的。

(五)综合服务型物流园区

综合服务型物流园区一般有两种以上的功能,大多数位于城市交通枢纽地带,可以依托城市配送、工业产业园、商贸流通中心等选址建设,物流功能涉及配送、运输、仓储等,兼有各类物流园区的特征,物流服务功能呈多样化状态。综合服务型物流园区应符合以下要求。

1. 位于交通便利节点附近。位于城市交通便利的节点或运输通道的交叉口附近,综合服务型物流园区与上述各类物流园区不同,侧重于交通条件的优势,不一定必须建立在工业产业园区或商品贸易市场附近,而且位于工业产业园区或商品贸易市场附近的物流园区也不一定就是综合服务型物流园区。

2. 园区内有两种以上功能。综合服务型物流园区内部有多种业务形态,各自应具有相当的比例,物流园区需要有至少两种以上功能才能支撑整个园区的业务,各种功能需要互相配合、共同作用,不同功能之间按照业务量大小占据一定的比例,通常惯例中每种功能的作业量占总作业量的30%以上。如园区内既要有一定规模的配送中心,义有一定规模的集装箱堆场;既能进行城市配送功能,也可以服务货物集疏运。

三、物流园区的特点

(一)设备先进

物流园区与传统的物流服务机构,包括仓储、集装箱货运站、集装箱货运码头不同,它设备设施配置先进,拥有现代化的物流信息平台,先进科学的管理模式,训练有素的专业化物流操作人员。

(二)功能齐全

物流同区功能齐全,是物流业务多元化发展的产物,不是仅仅可以存储货物的仓库,或者是为货物运输中转服务的货运场,它是综合仓储、运输、配送、装卸、搬运、加工、信息服务、金融、保险等各种功能的综合性物流业务集中地。

(三)综合性服务机构

物流同区不是某个企业的物流服务机构,它面向的企业类别多、规模不一,是一个区域内众多企业共同的物流业务场所,是第三方物流企业集结的场所。

(四)规模效益突出

物流园区规模经济效益突出,物流园区作为社会化物流系统的重要组成部分,园区内有物流业的基础设施、公共设施以及后勤服务的相关设施,是若干物流企业与其上下游企业在空间上集中分布的场地,有利于发挥优势,进行社会分工。

(五)业务经营场所

物流园区不是单纯的指物流服务的场所,例如货运站、中转节点、仓储,它的功能特点强调的不是基础设施而是经营,是具有经营功能,能够产生良好经济效益的产业集聚地,不是公共设施和某一港口、码头的附属机构,物流园区内的业务经营和园区的规划建设符合经济实体的经营规律。

四、物流园区的发展趋势

多式联运物流园区的发展已经呈现势不可挡的趋势,随着多式联运在国际货物运输中的地位的重要性不断增长,各种新式贸易行为的不断涌现,例如电商专列、丝绸之路、保税网购等,国际货物运输对于多式联运的需求日渐升温,围绕多式联运的发展需要有一个关键的衔接点——多式联运物流园区。

多式联运物流园区应该是海陆空各种运输方式的集散地,园区内至少要有两种以上的运输方式,园区的设备设施等硬件与管理制度、信息服务等软件都要配套。判断一个物流业务区域是园区还是简单的货运站、中转节点与中转业务、集装箱运输服务密切相关,要通畅完成货物在两国间的多式联运,仅有这些货运站、仓储功能是不够的,因而货运的发展最终将向更深层次的"多式联运型物流园"方向迈进。

多式联运型物流园区功能多样,要有适合不同运输方式的分拣中心,方便不同运输方式切换的业务操作平台,货物追踪、单证流转的的现代化信息系统。另外还需要有一定的软件资源,例如有特色的产品设计,不同运营商根据多式联运的需求特点以及效率提升的需求所做出的适当调整等,还有海关的通关政策和业务流程也需要做出适当地调整。

建设多式联运型物流园区将会是货运发展的一个大趋势,目前在我国尚未建立成熟的多式联运物流园区,园区的规划和发展不是一蹴而就的,需要在政府的引导和国家政策的支持下稳步推进。

多式联运物流园区的基本特点,园区的基本构成要素,目前没有可以借鉴的成规,作为国际货物运输服务的高级物流园区,要能体现我国综合物流体系的服务能力,必须具备以下几个方面的要求。

(一)两种以上运输方式

多式联运物流园区是为综合性货物运输服务的,因此该类物流园区内要包含至少两种不同的运输方式,运输方式以外的其他物流作业可以相互独立,但各类业务之间必须协调统一、相互补充。

(二)园区的运输方式侧重点不同

多式联运物流园区内的运输方式重点是海运和铁路运输,这两者为园区发展的骨干运输,而其他的运输方式作为补充,围绕海运和铁路运输的多式联运,有海铁联运、铁水联运、公铁联运、海空联运、陆空联运等,业务种类涉及仓储配送、加工装配、集疏中转、单证流转、信息服务等各种功能。

(三)园区的目标是降低物流成本

园区是实现多式联运的重要支撑平台之一,理论上多式联运都是集装箱业务,但是部分散货也可以使用该种方式,一般情况下使用同区综合运输组织方式进行全程运输的货物要占园区吞吐量的50%以上,园区通过多式联运服务以降低综合物流成本,提高运达速度,实现合理运输为目的。

多式联运是一项复杂的系统工程,要在海洋、航空、陆路运输等多种运输服务方式均已发展成熟的基础上才能形成。多式联运型物流园区的实质是货物运输中的转运,体现的是园区所在区域综合的服务能力,因此并不是只要有两种运输方式交叉就能建设多式联运型物流园区,园区中的运输方式至少有一种等级要高,处于大通道节点,多式联运才有意义。例如在某内陆城市,在五星级的内河航道和低等级地方铁路交叉点建立多式联运型物流园区,实现不了换装,也没有换装需求,这样的多式联运物流园区就没有实际意义了。

多式联运型物流园区是现代物流园区发展的高级形态,也是降低社会物流成本的主要途径之一;是发展绿色物流的有效途径,也有利于物流、转运装备技术标准统一,因此必须从基础设施的网络建设、货运组织的形式创新、信息化手段的跨界应用以及服务模式创新等方面综合推进。

根据欧洲物流协会对1000个客户所需物流服务评价指标的调研发现,客户愿意支付的高成本指标有三个,多式联运型物流园区很好地体现了客户关心的三个高价值高成本指标:即增加对客户需求的反应能力,降低配送(物流)周期,提高配送(物流)可靠性。

第二节 无水港

一、无水港的定义

无水港是在内陆地区城市建立的物流中心,不靠近沿海港口码头区,能够起到港口服务功能,兼具报关、报检、单证签发等业务的物流区域,在货物从内地和港口之间的运输过程中,承担货物集疏、集装箱拼箱、拆箱、货物仓储、运输中转、通关报检等的业务,是为运输公司和货主服务的内陆运输中转站。

二、无水港的特点

(一)多功能规模化物流体系

无水港是多种运输方式、运输线路交汇的物流中心,具有多元化、规模化、集约化的特点,港区内配有先进的物流硬件设施,能够进行中转、集疏、调节、加工、物流配送等综合功能。港区内的通关方式可以采用直通式的通关,以保税仓库、集装箱货运站、物流供应链等为依托,大大缩短了货物在途时间,提高了货物进出口通关报检的效率。

无水港是降低我国进出口贸易中货物运输成本的新途径,是我国港口产业及内陆地区物流经济发展的新模式,无水港的建立是根据我国腹地型港口的特点,将港口和内陆腹地货物运输体系融合在一起,它的运作方式随着社会经济的发展和科技手段的进步不断完善,它为区域贸易的发展提供了集中、快捷、经济的服务,从而促进沿海辐射内陆区域的物流体系的合理布局和协调发展,有利于网络化的大物流服务体系的形成。

(二)港口由沿海向内陆拓展的中转枢纽

无水港主要服务于内陆集装箱运输中转,是集装箱货物在内陆城市与沿海港口之间的集疏的专业所在地,也是货物公路运输集疏、公路与铁路集疏的衔接点,它为进出本港的集装箱和货物提供集疏、集装箱拼箱、拆箱、装卸、短期堆存、仓储和通关报检以及其他相关业务,它把港口货物卸船之后的物流服务业务拓展到内陆完成,减轻了集装箱聚集港口拼、拆箱的压力,将部分物流功能拓展到港口腹地,提高了集装箱货物的运转效率。

无水港的选址一般靠近大型集装箱运输的港口,以中心枢纽港口为原点向外拓展半径,通过发展海铁、海空、空陆等多式联运,向港口腹地延伸物流服务功能,或者通过沿海铁路、公路、内河等方式,将大型港口装卸的集装箱货物向周边的中小型港口集疏,依靠大型枢纽港口的辐射作用,共建多功能规模化的物流中心。

无水港的存在是国际贸易发展的必然产物,沿海港口数量有限,运输能力提升受到客观条件限制,部分功能延伸到内地,大大拓宽了沿海港口的业务功能,使得中西部交通便利的城市成为国际货物运输的物流业务的重要市场。同时无水港也承担着内陆地区进出口货物向沿海中转的任务。无水港的建设对于货物通关速度也有很大提升,改变了传统转关流程中,内地企业要到港口报关的繁杂手续,简化了报关报检环节,降低通关成本,提高物流运输效率,缓解沿海港口的拥堵现象及运输压力,有利于贸易合同的顺利履行。

(三)集装箱专业化程度要求高

集装箱在"无水港"需要进行各种操作,包括:集装箱(空箱或重箱)在铁路列车、公路卡车上的装卸,集装箱场站堆存,与货主或者货代之间提还箱,吊装集装箱到铁路列车或者公路卡车,堆场内淘箱、捣箱作业;在堆场和集装箱货运站之间运输集装箱;装卸集装箱货物等。

三、我国无水港发展模式

无水港是在国际贸易发展、沿海港口竞争激烈的背景下出现的,港口不断扩展的业务量促使它们从自身饱和的能力状态下向中西部延伸,争取区域经济圈的发展,构建大物流体系的方式已经上升为港口发展的战略问题,广阔的内陆经济腹地和货源已经成为沿海港口发展高度关注的战略性问题,同时内陆地区发展对外贸易,进行国际货物运输也亟需降低成本、提高效率,在两方需求的带动和铁路、公路运输部门的共同推动下,我们国家已经建设的无水港按照经济区域分成了多个群,发展较好的无水港群有东北无水港群(大连港为核心)、京津冀无水港群(天津港为核心)、长三角无水港群(上海为核心),上述三大无水港群在发展中特色不同,形成无水港的三大模式。

(一)沿海港口为核心,向内陆地区延伸的无水港

以天津港为核心的无水港群目前就是该种模式。天津港以港口为中心向京津冀地区扩

展,通过试点多式联运海关监管中心等方式,建立港口到腹地的大通关机制,在战略布局上以本港口为核心向京津冀地区各省会城市及边境口岸辐射,建设集疏运无水港。天津港通过内陆约14个省会城市及货源地建立无水港群,完善集装箱货物在港口与内陆地区之间的运输通道,实现内陆地区货物园际运输的通畅;与天津港相似的无水港群还有宁波无水港群,宁波周边城市经济发达,中小型港口密集,以宁波港为核心,包括金华、绍兴、义乌、余姚、衢州五个地区组成无水港群,进行江浙一带港口腹地货物运输,目前运转也比较良好。

(二)内陆地区本地国际贸易发展的需要建立无水港

该种模式的典型代表是以西安为核心建立的无水港群。西安无水港群以保税物流区为中心,结合国际物流、国内综合物流、物流产业集群组成别具特色的无水港群。2010年该项目建成后使西安周边的西部地区城市国际贸易与国际货物运输直接对接,实现多式联运中海铁、陆空、海空等的有效连接,西安既是历史悠久的省会城市,又是新亚欧大陆桥沿桥经济重心,西安在中西部物流中的核心作用不容忽视。与西安模式相类似的是南昌港、厦门港、深圳港周边的无水港模式。

(三)沿海和内陆各自建立无水港,根据经济需要联合成群

该种模式中比较有代表性的大连无水港群,包括哈尔滨、长春、沈阳和大连建立的无水港。大连无水港的建立使大连港口的经济辐射作用扩大到整个东北三省,东三省省会城市的无水港与大连联合,加快了东北三省的港群发展和大物流体系的建立,充分发挥了经济带中心城市的作用。

四、我国无水港存在的主要问题

我国的无水港建设还在初级阶段,刚起步,港区物流设施建设投入大,无水港的设立明显受到现有港口发展的地域限制,在与沿海港口的合作、共同发展方面存在一些问题。

(一)缺乏全局性、统一性

无水港区的设立起初并没有一个统一的规划,或者物流的整体布局设置,都是在某个沿海港口发展的过程中,就近原则建立的,没有综合考虑城市经济的特点和优势,因此在无水港的整体规划上,就缺乏战略性、全局性、统一性。

(二)物流基础设施设备配备不足

我国无水港建设比较迅速,但是港区发展程度不一,物流基础设施、设备配备不足,综合功能缺乏,大多数场站规模较小,难以形成多元化的物流体系,造成能够承担的业务功能单一,在自己的领域内分别具有集装箱货运站、堆场、仓储、中心站等的功能,没有真正形成具有枢纽性质的无水港。

(三)物流信息系统落后,网络平台效果不明显

无水港是内陆货物运输到沿海进而完成国际贸易的重要平台,是物流体系的核心组成

部分,需要有较完善的物流信息平台将各处信息、各类业务活动整合起来,沿海港口、货物运输、通关报检、保险理货等机构通过网络平台与内陆无水港的整合系统发展滞后,缺乏统一的物流网络。

(四)缺乏协调一致的管理制度及体制

无水港的建设和发展需要依托政府、港务、海关等部门的支持,运输公司、仓储等物流企业和货主的协调合作,但是由于城市之间发展规划不一,沿海主要港口之间也互相抢夺货源,竞争激烈,沿海港口分属不同省市地区,某些地方部门及企业从局部利益出发的规划方案,会加剧彼此竞争,影响了协同发展。

五、无水港联动发展模式

(一)功能联动

功能联动主要是从内陆城市到沿海地区的货物集疏角度来考虑的,港口是整个物流供应链环节中必不可少的重要环节,随着现代物流体系的发展,港口的功能在供应链中地位突出,不可撼动。从物流发展的整体角度看,港口在供应链中的效率不仅仅取决于自身的工作效率,与其相关环节的运作效率同样起到不容忽视的作用,因此优化港口工作效率就必须从供应链的整体出发,提高各个环节的效率。

无水港在此所起到的作用就是供应链中从内陆到港口货物集疏的功能,集装箱货物预先在无水港集中,进行物流链的前期业务处理,然后运往沿海港口运输出境。进口由于多式联运中一般都是集装箱货物的方式,因而集装箱的拼箱、拆箱、仓储、中转、通关、报检等功能都可以由无水港完成。

无水港建设自内陆城市,积极构建从港口到内陆以及周边的区域物流网络,从而成为物流枢纽中心,形成了安全快捷的集疏运系统,吸引周边的进出口货物在无水港集聚,为组织港口腹地内陆城市的陆路运输、长短途运输或水陆、海陆联运的衔接配合创造有利条件,缩短了货物从内陆城市到国外目的地城市的距离。

无水港区货物从内陆到沿海港口之间的运输大多依托铁路运输完成,铁路运输运量大,受自然条件影响小,运输及时,对内陆与沿海之间的物流起到可靠的保障作用,内陆无水港项目的实施将提高铁路运输在国际货物多式联运中的作用,直接为铁路部门增加运输收入。

对国际贸易的进出口商而言,靠近无水港就意味着有机会享受到便利的物流服务,集装箱装箱、拼拆箱都可以在无水港完成,包装、仓储、集疏都十分方便,从而能够节约物流运输的时间,降低物流成本,将资金、人力、物力集中到核心业务上。对物流企业无水港能够汇聚中小型物流企业,发挥规模经济的优势,无水港建设中的设备、设施投资等有利于物流企业优化供应链,更好地发挥功能,使无水港成为联系港口和内陆经济腹地的纽带和桥梁。

(二)规划联动

无水港的建设需要各相关部门的配合,包括政府、港口、码头、运输、船务、海关、检验等都与之相关,因此它是一个物流系统工程。政府部门规划建设本地区的无水港,要结合国家经济结构调整政策与区域经济发展战略,同时协调与无水港联合的沿海港口之间的战略布局,精心规划无水港的运作流程、管理体系、支持平台,力求实现物流供应链上各环节之间的良性互动、共同发展,避免规划布局失误,造成内陆无水港与沿海港口多头对接,造成沿海港口后续发展不足的问题。

港务部门在进行货物堆场、货运站的建设规划中,尽量从提高无水港货物的通关报检效率出发,建立与各个对接的无水港之间快捷的物流通道。铁路运输部门要进行物流基础配套设施建设,力争能够在铁路站与港口之间铺设直通轨道,建设实现"门到门"服务的基础条件,成为便利的海铁联运通道,铁路运输部门在编排货物运输月度计划时尽量考虑与沿海港口船期的对接。船务部门必要时也可以考虑根据物流的需要和铁路部门的运输计划,对船期表作出调整,便利货物运输方式之间的对接,无水港通过集卡等方式能够实现"门到门"服务,对于提高运输效率,加快贸易周转,降低物流成本有良好的辅助作用,并且通过无水港的信息网络能够实时掌握货物运输状态。

(三)信息联动

无水港要实现业务的顺利开展,最大限度的与沿海港口进行无缝对接,需要信息平台的支持,网络信息平台能保证无水港和沿海港口之间的信息通畅。网络信息平台建立依托国家电信公网,包括公共数据中心和数据交换信息系统,实现跨部门、跨区域、跨行业的物流业务沟通。

无水港的物流信息系统储存的电子数据,可以实现外贸、工商、税务、交通、检验、海关、港口等部门之间的信息、货物、资金的交流和信息核查服务,同时提供网络通关、报检、出口退税、国际计算、汇付核销等的在线业务。主管机构通过物流数据信息平台统一管理单证等数据,在运输相关的政府部门:港口、税务、海关、检验检疫、银行和货主、货代之间的信息建立共享网络,做到信息实时查询、更新。

无水港利用电子数据交换系统,可以与运输部门、港口码头、海关、仓储之间共享信息,形成多功能一体化的多式联运平台,开展在线订仓、在线交易、在线查询、网络运输方案咨询、个性化服务、仓储管理、电子支付、代理商管理等服务。实现电子数据自动交换和处理,为收发货人、货运代理、船公司及代理、保险等机构提供准确、及时的物流服务,将信息、货物、资金流动有效组合,实现数据在跨部门、跨行业、跨地区之间的共享。

无水港能够最大限度地减少不必要的装卸、搬运、仓储等物流环节,减轻沿海港口集装箱货物的物流压力,提高港口的经营效率,实现货物运输城市之间的对接,做到货畅其流。而且物流信息平台共享数据,还能够分析数据做出科学指导,以实现对整个物流链的控制,形成多功能综合化的"大物流",实现以港口为核心,辐射周边区域的现代综合物流体系,带动内陆城市国际贸易的发展。

无水港群的政府部门可以借助物流信息平台的数据进行科学分析、合理调配,实现运输资源在各地的高效配置,并且能够通过数据资料掌握各地经济发展情况,加强部门、行业之间的合作。物流信息平台数据也可以作为资源,进行统计分析或者决策时作为参考依据,来增强物流行为的可预见性,实现区域经济的和谐发展。

使用物流信息平台港口可以及时准确掌握内陆货源的情况,知晓内陆无水港集疏运的现状,安排调整集装箱入港装货的时间,减少集装箱在港口拥堵的现象,提升港口的运营效率,根据信息平台的数据保证港口规划的科学性。船公司及代理能够掌握货源分布,实现运输船只、船期、集装箱调运的科学配置,将闲置的资源用于拓展服务。另外货物运量大小不等,统一数据平台能够汇总同一目的地、不同货主的小批量货物进行拼箱,缩短集装箱待运时间,及时完成贸易合同的履行。

海关和检验机构可以加强沿海港口与内陆城市通关报检的业务对接,完善电子申报、电子放行、通关联网的服务,积极推进产地报关报检,口岸放行的通关政策。货主、货代与海关、检验检疫、港口、船代部门联网并进行数据资料共享,实现单证流转、物流监控、职能管理的结合,减少纸质单据业务环节中的使用,简化审批程序,提高运行效率。

(四)运营联动

无水港与沿海港口码头之间应加强通关、检验和运输合作,提供便利条件使得内陆地区的货物在当地就可以办理全部的通关、纳税手续,口岸海关根据通关联网数据平台的电子报关单直接办理货物放行,实现便捷、高效的24小时通关制度。部分港口城市开展"五定班列"的运作模式,减少货物在港口的等待时间,做到货物在无水港发货,在港口直接装船运输,实现港口物流链后移、就地办理审批手续、运输方式之间无缝对接的集疏运方式。无水港的运营联动功能,可以有效加速货物运输周转,节约货物运输的物流成本。

(五)联动模式下的监管

实现对货物的多功能、全过程、统一全面的动态监控,提高物流供应链各环节的管理水平,加强无水港与沿海港口、运输部门、海关等的协作。

无水港的通关检验方式由过去的人工经验为主,向机械化、智能化、自动化、信息化、人机结合的方向发展,海关和检验机构可以借助物流信息平台对港口和无水港进行信息化监管。依据海关的部门职责建设风险防范体系,进行对货主监督管理、海关通道建设、通关联网核查、单证审批、货物查验监控、数据分析审核、风险评估等综合性监管。

传统地提高通关效率的做法主要是通过现场作业化解风险,依靠简化手续实现快速核放,海关监管功能分事前风险预防、事后监控管理,综合包括如下管理行为:前期风险预估、货物现场查验、管理职能监控、单证资料调查、稽查缉私等。建立资料收集、数据库建立、风险预估分析、事故处理、绩效评估、事后监管等职能环节,使用区域监控与GPS物流监控相结合的监控手段,综合报关单证信息与物流信息平台数据比对,对货物进行实时监控管理。

监管的时间和空间都得到了延伸,货主选择货物集疏的无水港一般靠近自己公司所在地,监管的空间就可以延伸到货主公司,监管的时间延伸可向后延伸几年。无水港现代化的物流信息平台,实现货物运输物流链前、中、后端的全程监控,各个环节的有效衔接。

联动机制通过信息平台实现对重点企业和重点商品的风险评估、分类管理,针对企业素质、资金状况、经营管理、经济效益、发展前景、守法情况、规范经营、风险管理、风险系数等情况进行动和静相连的监控与评估。建立"海关监管、政府协管、企业自管、社会共管"的综合监管体系。

六、我国"无水港"发展的建议

(一)集装箱运输系统的一体化

在无水港与沿海港口之间合理规划运输网络,通过信息共享大力推行各运输部门、运输环节之间的无缝衔接,加强集装箱及载运工具的国际标准化。物流硬件设施设备是保障集装箱货物实现顺畅运输的基础,通过运营管理和信息平台,在集装箱运输的供应链部门之间形成一定的分工和协作关系,在各物流作业环节之间加强协同配合、保证一体化物流供应链的有效运转,达到保证安全、准确、迅速、方便地完成集装箱运输任务。

(二)信息一体化

要加快建设无水港信息系统,无水港不仅能够利用公共物流信息平台整合资源,实现资源共享,还可以将集装箱运输中转服务、单证等信息查询服务、物流链协同管理服务等提供给物流企业,能够有效提高整个物流行业的业务水平,从根本上建立内陆城市运输优势。需要建立跨行业、跨地区的综合物流信息系统,实现海多式联运运输方式的电子信息互通平台,海关通关中加快推行全部区域的无纸化单证流转以及"一次托运、一次付款、一票到底、一次保险"的真正的集装箱多式联运系统。依托物流信息平台,建立健全与"电子口岸"相匹配的公共数据中心,逐步实现政府管理部门联合网络办公和国际贸易的"联网监管"模式,提高口岸通关效率。

(三)规模化建设综合物流平台和服务中心

从国外物流服务发展和无水港发展的趋势看,传统的无水港发展定位是不符合一体化经济要求的,最初无水港的发展并没有全局战略性规划,很多都是在集装箱内陆城市中转站的基础上发展的,随着国际贸易发展,新型贸易方式提出的物流要求层出不穷,固守原来的发展模式难以生存,面对现代物流业提高业务水平、提供综合化功能服务的发展要求,为了在各港口之间竞争中获胜,无水港要增加高附加值物流功能,在基本业务装卸、运输、仓储的基础上,增加包括如货物包装、贴标、维修、加工等功能,真正成为综合性物流平台和服务中心。

(四)整合物流资源,实现集约化运作

无水港集约化的物流降低了环境污染。通过以无水港为中心建设物流园区,利用无水港周边现有的运输网络,减少货物在途中的周转运输,降低运输环节的能源消耗和污染物排放。建设无水港时应该事先进行环境评估与规划,考虑与城市建设、所在地区核心产业发展的一致性,同时通过物流货物运输的集中化管理,整合小批量货物,减少运输的次数和运距减少对城市交通的压力,通过加快完善口岸基础设施,提高物流服务的集约化程度,提高物流相关资源的使用效率。

(五)提升管理和服务水平,实现运营的效益化

随着无水港内部管理体制的完善,港内装卸、换装成为物流企业业务已经成为必然的发展趋势。对于无水港来说,其基础业务可以是装卸和转运,但是可以通过附加业务的拓展提升无水港的效益。加强无水港与进出口货物收发货人、船公司、生产企业、销售公司之间的合作,并建立稳固的合作,保证货源的稳定性,保障无水港主营业务顺畅发展。

(六)完善外部环境,实现规范化运作

无水港的发展建设和良好运作离不开政府部门的支持。建设发展现代物流业相对于过去物流系统中的横向分散、纵向集中、条块分割、互为堡垒、重叠建设、增加内耗等的情况来说,是一次优化组合和资源的重新配置,必须要打破旧的管理机制、旧的格局,没有政府作为推动者是很难推行的。

无水港的发展可以借鉴现有的发展成熟的经验,结合我国具体情况和发展现状,由政府主导来进行:基础设施建设上,由政府进行交通基础设施网络的综合规划与合理布局,交通运输发展的基础条件——土地、海岸线、空域、航道等都是政府管理的,资金获取上,可使用政府投资和私人投资相结合的资金机构。在无水港建设中充分尊重市场经济的规律,奉行公开、公正、平等的竞争秩序,保证各类资源通过竞争实现最后配置。促进各城市之间的协同发展,消除行业壁垒所带来的障碍。

(七)进行产业拓展,发展综合化业务

无水港建设应该深入到国际贸易业务的生产和流通环节,从供应链的始点到终点提供一体化的物流服务,无水港的产业基础是运输、仓储,物流延伸包括上下游两个方向,向供应链上游的延伸如物流同一规划、原材料采购、产成品销售预估等;向供应链下游的延伸则如生产环节的质量控制、产品包装贴标、加工配送等物流活动。

(八)先进的组织管理及物流立法

无水港建设发展要有先进科学的管理机构,由较高水平的专业人员负责无水港日常物流业务的各项管理。政府要支持并为其提供基本的政策环境。

1. 创造合适的政策环境。无水港内设立由物流专家及一线技术人员组成的管理团队,从战略高度和业务实践相结合的角度出发专门研究、制定、规划和协调无水港规划布局、物流业务功能、发展方向等的相关政策。

2. 进行合理有效的产业结构调整。统一不同运输方式的管理到一个部门中,打破行业之间的界限,淡化不同区域之间的壁垒,发挥政府整体管理与协调的作用,避免多头管理的无序带来的危害。

3. 构建统一的物流大市场。以港口为区域物流产业发展重心,加强政府对物流发展的战略性规划,按步骤分期、分批建设无水港物流业务功能,制定国家的、地区的、港口的中长期发展目标,学习国外的先进经验,鼓励外商投资基础设施建设,加快无水港在大物流中的建设速度。

4. 培养和引进现代物流人才。政府有计划地培养和引进相关人才,培养无水港中专业管理人才、物流技术人员等,杜绝人才缺乏给行业发展带来的障碍。从高等教育抓起,鼓励和支持开设物流专业的院校开展专业课题研究,进行教学改革,培养无水港发展亟需的现代物流专业人才,为物流企业员工提供机会,开展各种形式的在职培训,提高现有员工的业务水平。研究制订激励政策吸引人才,出台优惠政策引进国内外优秀物流专业人才加盟建设。积极推动物流企业与科研院所的合作,促进产学研有机结合,为无水港的发展奠定良好的人才基础。

第三节　航空港

世界上第一个航空港是香农国际航空港自由贸易区,于1959年在英国爱尔兰成立,自由贸易区包括香农国际机场、香农自由工业区、香农镇,以香农国际机场为重心,经营出口加工业,吸引外资和原材料,利用便利的交通条件发展对外贸易,自由贸易区是航空港发展的早期形式。

对货物运输的要求是一个国家的经济达到较高的发展水平的产物,当全球经济进入后工业发展时代,产品制造业发展加速,社会经济效益的提高,社会财富的实现依靠的是速度,经济发展追求的是如何以最快速度、最少时间、最大限度地满足顾客需求。

产品的创新也进一步推动了该种经济模式,附加值高、小型、轻型产品增多,竞争激烈,企业要求降低产品的运输成本,降低国际市场竞争给外贸企业带来的波动,由于科学技术更新加快,缩短了产品生命周期,高额利润的获取依赖高速度的辅助,这些因素提高了贸易对运输速度的要求。

航空运输的优势比较符合企业高速发展及运转的需求,航空运输便捷、快速、高效广受货主的欢迎。航空机场是航空运输的区域基础配置,机场的交通运输网络和装运设备设施资源是临空经济区独特的资源,有着自身的限制性,其他区域无法借鉴复制,资源也不能在区域之间共享,因而航空港产业特点具有一定的独特性和垄断性。航空机场的发展是航空港经济产生的基础,航空运输的快速加速了区域之间物流与资金的流动。

一、航空港经济发展的意义

(一)促进内陆地区外贸经济的发展

中国内陆城市地区,由于地理位置的因素,在运输的海运、江河时代,发展一直落后于沿海港口城市。陆路运输方式的发展、多式联运、大陆桥经济的突起,给广大内陆地区创造了一个良好的经济发展机遇,国际贸易的兴盛在过去是沿海港口城市的专利,繁荣的进出口业务带动了沿海大批城市率先进入现代化大都市的行列,内陆城市发展对外贸易的便利性远远不及沿海港口,国际货物运输成本居高不下,在竞争上处于劣势地位,在中国全球化贸易大潮中步伐相对缓慢,远远落后于沿江、沿海地区。发展需要运输的带动,物流、资金流才能运行通畅,航空港的建立为内陆城市国际贸易的建立增加了便捷的通道,有利于带动内陆城市经济的兴盛。

(二)提升国际贸易优势

航空港区能够集聚周边的生产、技术、人口、贸易、资本等要素形成多功能的经济区域,航空港运输产生巨大的经济汇聚效应,辐射航空港相邻地区及空港走廊沿线地区。

1. 资金的外部经济。在航空港地区汇聚了贸易产业相关的要素,实现了产业的集聚效应,拥有自身完整的产业链条,能够廉价、便捷地获取原材料、中间产品和技术工人,促使产业的集中与扩展,从而提高经济效率,降低物流成本。

2. 竞争力的提升。航空港及周边地区产业集聚,与产业相关的企业数量不断增加,企业之间的竞争加剧,因而要从产品的质量、种类、个性化等方面进行技术的创新。公司的战略规划围绕着技术创新、管理改善、效率提升等,最终将推动整个航空港区整体技术创新能力上升到较高的层次。

3. 技术的外部效应。航空港区内企业、外资公司等通过与国外的企业进行合作,实现技术跨国之间的合作和传播,技术人员在国内外企业之间的流动也带动了技术的交流与合作,以先进知识和技术为依托进行产品的创新与仿制,实现航空港区技术的外部效应。

4. 信息的外溢效应。航空港区与国际市场的接触紧密,国际商务信息在航空港内能够快速的传播,因而航空港区内企业获得贸易的机会比较多,这就是信息带来的经济效应,航空港区的企业比较其他运输不发达地区,竞争优势比较大。

(三)改善出口产业结构

航空运输的产品特征大多是价值高、数量少、体积小的,航空港区的主导产业一般是高技术、高附加值的,航空港区内产业结构也是高技术、高附加值的产业集群。航空运输通过庞大的运输网络和快捷的运输方式,原材料采购与产品销售速度提高,为高技术、高附加值产品的对外贸易提供了有利的运输条件,航空港区的产品结构以高技术、高附加值产品为主。

(四)降低对外贸易成本

商品的对外贸易成本包括很多项目:从原材料采购生产到最终运输到国外目的地,成本有生产成本、国内运输成本、税收成本、信息成本、合同成本、法律咨询及索赔成本、管理成本、营销成本等。成本分贸易成本和生产成本两种,贸易成本中,运输成本占到很大的比重,运输成本居高不下,贸易利益就无法实现。WTO曾对此做过数据统计,由于运输成本劣势导致对外贸易成本增加,使得内陆发展中国家的出口收入受到很大影响,严重的时候达到缩减近一半的程度。根据世界银行的统计数据,通过提高一个国家的港口运输效率,能降低相当于缩短与其贸易伙伴9000千米距离的运输成本。因此运输条件的改善,运输成本的降低,是对外贸易的关键。

(五)提高通关效率

航空港区在通关报检上得到了国家政策的大力支持,在航空港区内普遍推行无纸化通关、"指尖上的通关"等,企业可以在线办理电子报关、电子报检和原产地证的申请等,便利通关,降低了通关成本。很多航空港区在区内设立了保税区、自由贸易区等,专门为进出口货物提供优惠服务,区内加工贸易企业可以免税,暂时不办理通关手续,因而能够降低通关、税收所带来的贸易成本。

随着航空运输的发展以及航空运输与海洋运输、陆路运输等运输方式的联合发展,航空港区基础设施建设的加快,我国的航空港区经济处于重要的战略发展期,在对外贸易和货物运输中起着越来越重要的作用,日益成为我国贸易发展、经济发达程度和运输现代化的重要标准。

二、空港物流的特点及产生的效应

(一)空港物流的特点

空港物流是航空运输产业拓展的产物,航空货运产业前后两个方面的延伸,由单一的航空货物运输节点,向多功能、综合化、网络化、便捷化的方向发展的物流体系。空港物流是建立在现代物流的基础上,依靠航空机场的物流基础设施,运用现代化的物流信息平台,使用高新技术手段,整合多式联运的各种运输方式及相关物流资源,发展航空货物运输,提供现代物流服务的一种综合物流体系。空港物流的具体业务内容包括货物运输、装卸、配送、流通加工、增值服务、仓储、包装以及通关报检、国际贸易、客户服务等在内的全方位、综合性链式管理服务。

■ 国际多式联运模块化运营的发展机理研究

空港物流具有快捷、准确、安全三大特性,能够满足消费者追求时尚、便捷、高效的需求,在当前的时代背景下,消费者对于商品更加注重的是质量、档次、个性化、特色和服务水平,消费的种类多样化、多变化需要运输服务做到快速迎合,空港物流符合消费者的要求,近几年得到了快速的发展。目前我国逐步形成了几大空港物流区,北方的天津为中心的京津冀、江浙物流中心、珠三角区物流中心,构建了区域内各航空城市为节点的大型物流网络,在空港物流业中产生了可观的经济效益。按照国家民航总局公布的2012统计,当年货邮吞吐量为1199.4万吨,其中北京、上海和广州占半数以上。

我国空港物流的特点与海运物流、公路物流、铁路物流等不同,具体表现为以下几个方面。

1. 向综合性园区方向发展。空港物流园区是依托航空港发展起来的,为进出口货主、货运代理、航空公司、物流企业提供多功能、综合性物流设施、物流服务的场所,空港物流园综合发展航空物流业务,以航空运输及建设地空对接物流设施为基础进行构建。空港物流园区一般提供货物运输、包装加工、装卸搬运、仓储配送等综合物流服务。

国际货物运输物流业的发展也是逐步升级而来的,最早的是航空货物运输,从单一功能的航空货物运输慢慢演变成具有现代物流特征的空港物流,然后向着多元化综合服务的空港物流园区迈进,物流供应链中从传统的运输、仓储逐级发展为包括整个物流采购、运输、加工、包装、装卸、仓储、运输、配送等一体的物流服务。我国初具雏形的空港物流经济最早始于2000年天津空港物流园区的建立,截止到目前我国已经涌现出一大批各具特色的空港物流园区,比较典型的有三个:北京首都机场物流园区、上海浦东国际机场物流园区、广州新白云机场物流园区

2. 多功能集群化发展。空港物流园区具有强大的辐射力,空港物流业的发展及空港物流园区的壮大对相关产业起到集聚的作用,依附空港物流服务的国际贸易企业及其上下游的生产供应和代理服务企业,集聚周围形成相对完整的产业链条和产业集群。这些产业集群的存在与发展离不开空港物流的运输功能,因而空港物流在这一产业链居于主导地位,对其他产业起到凝聚、粘合作用。空港物流产业链形成的原因很大层面上是由于空港物流园区的层级发展,物流园区发展的多功能性已经突破了传统的物流核心业务,拓展到消费者和园区各主体的多种需求,在报关报检、包装贴标、流通加工、信息咨询等方面全方位多面化实现物流服务及增值功能。

空港物流服务的产品种类较特殊,受航空运输的特点影响,常使用航空运输的货物主要集中在高新技术、高价值的高端产品类,例如汽车、高端电子、精密仪器、生态农业、生物工程等。政府对空港物流园区有着产业和税收优惠政策,相关产业依托空港物流园区建设,形成空港物流产业链,发挥规模经济及一体化的作用。例如北京空港物流园区周边有空港工业区、林河工业开发区、现代汽车城、会展中心、绿色建材城等产业园区,涉及工业生产、高科

技、电子设备、商贸服务等各种类型的数十家世界五百强企业,形成中国北方微电子生产基地。广州新白云机场则形成了生物制药为主的高科技空港物流基地,包含临空产业、现代制造业、生物制药和航空工业。

3. 机场辐射周边形成区域化发展。空港物流园区有典型的区域经济特色,我国国土面积辽阔,中西部资源不均衡,各区域之间差异性很大,空港物流园区的存在会带动周边区域经济发展水平的提高,便利区域经济贸易的发展,反之区域经济发展较好的企业,其对外贸易繁荣,物流需求量大,要求水平也高,从而能够推动空港物流园区的完善与发展,发展较快的东南沿海地区是空港物流最早也是发展最快的区域,各种物流业务包括货代、运输、配送、包装、贴标、贴牌、分拨、装卸、搬运、第三方物流等较为完善,这为空港物流园区发展打下了良好的基础。

我国空港物流园区分布主要集中于三大国家级产业区内。如环渤海湾经济区有北京空港物流基地、天津空港物流园、大连空港物流园等,长三角地区以上海浦东机场为核心,虹桥机场及南京、杭州、宁波等地机场为集群,珠三角由广州新白云机场、深圳机场、珠海机场,组成珠三角物流园区,加上香港机场和澳门机场,形成了辐射面大的物流集群,而随着国家中西部大开发等政策的鼓励和支持,重庆、郑州、哈尔滨等地空港物流园区也日渐日新。

(二)空港物流的效应

空港物流园区的业务属于现代化、高层次、多元化、综合性物流服务的主要组成部分,具有三大效应。

1. 物流经济带动效应。空港物流与海港、公路港物流等是现代综合性物流业的重要组成部分,不仅在物流运输与仓储,促进国际贸易实现的功能上起作用,更重要的是通过其物流服务所产生的效应形成了围绕空港物流的巨大产业群。据国际统计数据经验值显示,一个航空项目如果10年发展良好,它能够给当地带来的产出比达到1:80,基础转移比为1:16,就业带动比为1:12,统计数据一目了然,鲜明地标示出空港物流在产业协调方面的巨大能力。

2. 产业发展集聚效应。空港物流园区的发展对周边区域产业起到集聚的作用,具有明显的产业链、产业群集中效应。空港物流园区依靠政府对其优惠的政策和税收支持,秉持自身所特有的资源优势建立,通过园区产业链一体化发展降低了园区内物流服务成本,实现园区内物流资源的最优配置和规模化效益,也有利于通关手续的办理和海关后续监管的操作,使空港物流园区成为航空运输经济发展的良好载体。

3. 物流价值效应。空港物流具有运输速度快、货物传递安全性高、功能全面、服务范围广泛的优点,大大提升了整体物流的快速反映能力,提升了物流的价值水平。能够发挥产业集聚效应和规模化经济效益,节约物流成本,非常适合价值高、数量小、时效性强的高科技IT产品、电子产品、生物技术、精密仪器等,也有利于商业贸易、会展服务、电子商务等行业的发展,在跨境电商高速发展的今天,对于产业的转型升级和物流服务功能的深化具有引导和促进作用。

三、世界主要空港物流

目前世界上发展具有特色的空港物流园区很多,其管理经验具有很高的借鉴价值,下面主要介绍美国孟菲斯国际机场、新加坡樟宜机场及香港新机场。

(一)美国孟菲斯国际机场

美国孟菲斯国际机场有着世界上著名的航空快递企业联邦快递(FedEx),是北美最重要的航空货运枢纽,FedEx1973年在此处创建发展到目前为止,在航空快递领域业务占据优势。孟菲斯机场便利的交通条件吸引了众多相关企业,联合包裹、西北航空也落户孟菲斯机场,很多企业选址时为了获得航空机场的枢纽优势,降低物流成本,纷纷青睐孟菲斯国际机场。

航空货物及相关物流的发展,在孟菲斯机场周围形成了物流产业链,包括轻工机电、汽车、电子产品、生物制药、健康保健等企业蓬勃发展,促进了孟菲斯城市经济的发展,也使其成为真正的航空城。

(二)新加坡樟宜国际机场

新加坡樟宜国际机场是东南亚地区著名的航空物流中心,樟宜国际机场是政府审批的自由贸易区,在税收和通关上有着极大的便利,货物到达机场后不需要办理报关手续,可以直接在机场运输、拆装、仓储、包装、加工等,货物离开樟宜国际机场后,才在自南贸易区内的海关机构通关出境。新加坡樟宜国际机场有着极高物流效率,机场内可以24小时不间断运作,因此吸引了亚洲、美洲、大洋洲大量货物在新加坡樟宜国际机场中转。

机场的航空货运基础设施、硬件设备归新加坡民航局拥有和管理,但在经营方式上比较灵活,并未因此垄断航空物流服务,机场不仅自己运输时使用,同时也向国际著名的物流公司开放出租设施,从而引入了大量的物流企业服务商参与竞争,提高其物流服务效率与质量。

(三)中国香港国际机场

中国香港国际机场是亚洲航空货运中心,曾被评为"最杰出货运机场""全球最繁忙的航空货运中心",2010年香港国际机场货运量达400万吨,名列全球第二。香港国际机场物流运作模式独特而高效,机场属于政府所有,政府管理部门颁发专营或者特许牌照将机场的物流设施交由第三方服务商经营,以市场竞争的良性作用带动产业的发展,推动香港国际机场空港物流迈向更好的台阶。机场由政府拥有和经营,管理局以专营权或特许经营牌照方式把航空物流设施授予第三方服务商经营,既引入合理竞争又形成规模效益,促进香港的空港物流的服务水平不断提升。

四、我国空港物流发展存在的问题

我国空港物流在发展中存在着一些问题,与系统化、标准化、信息化、社会化、枢纽化的成熟空港物流相比,表现为以下几点。

(一)落后的观念和认识限制空港物流发展

对于空港物流发展而言,虽然近几年有层出不穷的物流论文、专题在全国各地不断涌现,但是这些理论性的研究一般仍停留在政府或专家学者的层面上,没有普及到大多数人的认知领域。一般物流企业在发展中停留在单一功能的航空货运的认识上,没有认识到或没有充分关注到空港物流产业具有的综合性、系统化服务的优势,有些城市的机场基本用于旅客运输,货物运输航次少、货机数量也少,在航空货运发展上还没有形成一体化的产业链。

(二)空港物流网络不健全,没有形成规模优势

我国空港物流的显著发展主要集中在北京、上海、广州三个城市为中心的经济区,全国没有统一规划的网络来帮助空港物流行业形成规模优势,提高物流服务,降低物流成本。在货运航线上发展主要集中在多式联运的国内段对接,在国际货运市场上竞争力还存在差距,远远未能达到国际四大著名航空物流中心的水平,国内空港物流企业规模较小,在发挥区域经济优势方面还有待提高,一定程度上限制了空港物流的经济效益。

(三)空港物流服务缺乏标准化,物流水平较低

我国空港物流发展中人才匮乏,物流专业人员数量严重不足,对空港物流服务理念和服务内容在认识及实践上存在着很多问题,很多空港物流企业缺乏园区业务拓展的全局性的认识和规范化的约束,物流服务水平参差不齐,标准化、专业化程度较低,限制了空港物流的快速发展。

(四)空地对接不畅,难以协调发展

空港物流不仅指航空运输,空地对接也很关键,地面交通及网络服务是其重要基础,但是由于管理所属不同,地面交通及网络不属于航空部门所管辖,因而在衔接上需要部门之间加强合作,空地对接问题影响空港物流服务的准确性,成为空港物流发展的桎梏,难以实现"门对门"服务的效应。

五、空港发展建议

我国在空港物流发展方面存在着诸多问题需要改进,借鉴国外知名空港物流的发展经验,有如下发展建议。

(一)加强政府政策引导支持,做好空港物流规划

政府是空港物流发展的强有力支持,尤其在目前空港物流的初期发展阶段,政府的政策导向为空港物流的发展提供良好的外部环境,在产业发展、土地划批、税收等方面为航空管理部门、陆路管理部门、运输企业、物流园区等协调发展铺路。

同时由于空港物流处于产业发展的前沿,没有现成的经验可以借鉴,也缺乏一些理论性的研究成果,政府要从整体战略角度出发,高标准严要求,对空港物流的发展进行统一布局,建造满足物流发展需求的良好的硬件基础和软件设施,并在物流企业资金方面采用多元化筹资方式,吸引外资参与空港物流的发展,保证空港物流发展具有优良的基础。

在行政方面力求打破行政条块分割的影响,保证航空运输与物流企业,航空运输与陆路运输,空港物流企业之间以及空港物流与其他物流服务之间的衔接,将所有相关部门产业视为一体化的供应链,从统一的角度制定规划、共谋发展,从而实现空港物流的高效性。

(二)加强空港物流基础设施的建设

基础设施是形成空港物流发展的硬件平台。在航空货物运输方面要努力争取航权,开拓国内外航线,提升航空运力,形成强大的运输资源优势,在空港物流的基础设施配置上要努力完善物流硬件配备,形成先进的、专业性的高科技自动化的运营平台,在空地对接方面,要加快完善地面陆路交通运输网络,加强地面交通设施的建设,实现航空运输与公路、铁路等的无缝对接。

(三)完善并发挥信息平台的支持作用

高效的物流信息平台是空港物流发展的重要支撑。空港物流信息平台是其整体产业链的神经网络,也是现代物流优于传统物流的一大特点,空港物流信息系统包括:条形码系统、数据库技术、电子订货系统、电子交换系统、企业资源计划、物联网等,形成一个庞大的支持体系、现代化的物流信息平台,并在实践中不断优化完善,充分发挥其高科技、先进的服务优势,实现对货物的实时、准确全方位的跟踪管理,并为空港物流的通关、检验、配送中转等提供更优良的服务。

空港物流园产业群之间需要建立共享的物流信息平台,实现空港物流供应链之间的信息互动与集成。建立空港物流第三方服务商、其他物流企业、航空机场、运输公司、货代企业等一体的"空港联动"信息平台,使用电子数据交换技术,发挥物流信息系统作用,有效降低信息成本,提高服务水平。

(四)空地对接,构建联运型物流网络

空港物流的发展规模与经济辐射作用,很大程度上取决于空港与周边地区的陆路交通对接条件。打造以空港物流园区为核心的、四通八达的运输网络,加强物流基础设施建设,努力完善空港与公路运输、铁路运输、水路运输及周边城市物流企业之间的连接,实现多层次、多方位的一体化物流网络。

发挥公路运输快速集疏、"点对点"配送的优势,很多城市开通的沿海快铁集装箱货物运输发展等优势,大力发展多式联运,完善空地对接,实现航空运输的落地配送问题,为经济贸易的货主提供更快速、便利、准确、高效的综合物流服务。

(五)提高通关效率,加强异地通关便捷服务

空港物流的快速流动需要提高国际货物通关效率,首先要与海关保持业务流程的通畅,简化不必要的审批手续和重复申报查验的问题,提高货物通关速度,可以尝试采取各种方式的通关,例如可对货物实施"提前报检、提前报关、货到放行"的通关模式,在空港建立集海关监管、检验检疫、集装箱堆场服务于一体的货物出入境快速核放机制,实现口岸内陆"大通关"。通关也可以并入一体化物流信息系统中,货物的报关报检申请、单证审核传递、产地证书等的申请都可以实现电子化、网络化。

(六)大力发展空港物流保税区

保税区是我国为促进国际贸易发展,在经济发展快速、对外开放程度较高的一些区域设立的特殊区域。保税区实行比其他开放地区更为灵活优惠的税收政策,鼓励加工贸易的发展。建立空港物流保税区,货物进入保税区后可以暂时不办理通关纳税等手续,有利于加工贸易、补偿贸易等的发展,建立空港物流保税区,更多的企业获得运输与政策的双重优惠,有利于进一步发挥市场竞争机制,从而在更公平的条件下参与国际竞争,提升自身实力。

此外,空港物流业的发展还需要政府加快与国际间其他政府的合作,努力在国际上更多的地区拓展第五航权,开发新的国际物流航线,并积极培养专业物流人才,引进高层次专家,共同推动空港物流的高效发展。

第四节 公路港

一、公路港的概念及意义

(一)公路港的概念

公路货运物流是我国物流业发展的基础,公路货物运输虽然运量较小,看起来不起眼,确实是各种运输方式之间的有效链接,被称为运输网络中的"润滑剂"。公路港物流同区以公路运输为基础、以货运卡车为工具进行货物集疏,整合公路运输物流产业的各种资源,提升公路物流效率,降低物流成本,是我国多式联运体系建设的主要组成。

(二)发展公路港的必要性

1. 加快公路运输的发展速度。在目前我国的物流运输方式中,最常见的是公路运输,最落后的业务是公路运输基础环节。公路运输在物流环节中是不可缺少的一环,我国公路运输硬件条件非常好,高速公路里程世界第一,货物运输卡车数量全球居首,但运输效率并不

高,货车空驶率较高,公路货物运输中国货运量占70%,车辆空驶率却达40%以上,公路运输中"小、散、乱、差"的问题严重。公路运输资源高度分散,缺少标准化和规范化,从发展进出口贸易,提高国际贸易中货物运输效率角度出发,公路物流改善不容忽视。

我国公路港目前最成熟的模式是由浙江传化集团首创的公路港物流园区模式,被称为"传化模式"。传化公路港最优势的服务,一是高效率的物流资源,一是完善的物流服务,被认为是目前国内公路运输物流发展中最有效的服务,值得其他公路港物流发展借鉴。

2. 发展多式联运的必然要求。公路港的发展是多式联运催生的产物,其建设目的不是为了单一公路运输的发展完善,而是要发挥公路运输在多式联运环节中的作用,构建综合性多功能的物流货运服务体系,最终目的是促进国际多式联运在经济贸易中的发展。从国外公路港的物流园区发展模式来看,公路港物流园区至少应该满足两种以上运输方式的物流服务

公路港物流园区可以是多种运输方式下货物的集散地。在全国物流园区发展规划中政府明确指出:"加强枢纽规划之间的衔接,统筹铁路、公路、水运、民航等多种交通运输枢纽和周边的物流园区建设,大力发展多式联运,形成综合交通枢纽,促进多种运输方式之间的顺畅衔接和高效中转。"

目前国内发展多式联运的条件日趋成熟,链接海洋运输、航空运输的主要方式一个是公路、一个是铁路,在一些多式联运业务中,公铁联运也是重要的运输方式之一,铁路货运组织改革已经初见成效,做到敞开受理、随到随运、"门到门"、"一口价"等,在货运市场占据了一席之地,这为公路运输、公铁联运的发展创造了条件。

公路运输是多式联运的黏合剂,公路运输不发达,多式联运就受限制,任何一种联运方式目前都不能离开公路运输的服务独立存在,不管公路运输在联运中处于什么地位,属于什么性质,它的存在及作用是不容回避的,公路货运发展越成熟,越有利于实现与空港、铁路、海港等的顺畅对接。

3. 公路港发展有着先天的优势。公路运输占我国国内货物运输的70%以上,又是各种运输方式最后一公里的必要运输手段,公路港的发展前景广阔,我国有750多万户公路物流企业,有着巨大的市场潜力,公路运输水平得到提升,便可以加快港口与货运站、空港、目的地之间的货物集疏运体系,为多式联运的顺利进行提供条件。

目前国内除了传化公路港之外,发展态势较好的还有华威公路港、三明公路港、达州公路港等,其中传化公路港集聚了当地80%以上的运力资源,传化物流信息平台汇总了当地85%以上的货运信息,所提供的物流服务为当地工业生产企业节省物流成本40%左右。

二、公路港的功能

成功的公路港有三个作用:一是功能定位,也就是该公路港能做什么业务,发挥什么作用,能够给周边区域多式联运提供什么服务,根据功能判断作出公路港建设规划;二是产品

设计,公路港的产品包括硬件设施、物流服务和信息化平台;三是规模设定,规划公路港的规模多大,其经济辐射圈可以包括哪些区域和产品,还是要根据市场需求决定。

公路港在货物运输中起到的作用、发挥的功能可以从以下几点窥见一斑。

(一)整合中小型货代,形成综合性物流中心

传统的中小型货代企业虽然数量众多,但大多数规模小,专营物流某几个环节业务,功能分散,不成体系,难以形成规模经济优势,迫切需要能够集中的平台。建设公路港有利于集聚各地区中小型货运企业,形成物流集团、物流园区、产业链、产业群等,发挥物流系统的规模化效益,形成综合性物流中心,发挥物流核心功能。

1. 交易中心与信息平台。整合货物、运输、仓储、配送等物流信息,通过物流信息平台处理后形成资源平台,客户可以进行在线查询,也可以进行在线交易委托。交易不需要到现场,简化交易手续。

公路港信息系统由货运交易系统、仓储管理系统、定位系统、单证处理系统等子系统组成,公路港内的物流企业可以利用上述系统进行经营,实现业务流程管理、数据安全管理和传输管理。

2. 专业运输与仓储中心功能。公路港可以为包括多式联运各种运输方式提供衔接服务,服务范围广泛,可以承接散货、包装件、冷藏货物等多种需求的运输服务。

公路港内有一般货物仓库、特殊物流仓库,或者根据用户需求可以制作个性化特定仓库,可为企业提供优质、高效、便捷、周到的仓储保管服务。

3. 流通配送和中转功能。公路港物流园区内采用标准化作业体系,为货物提供运输、包装、配送、仓储、会展、贸易等服务。公路港一般建在海、陆、空便利的交通枢纽,以支持物流园区内货物多式联运海、陆、空中转业务的有效执行。

公路港建设中需要向主管部门如工商、税务等进行报审,必要时相关主管部门会到现场进行监管,为公路港物流园区的建设提供金融、保险、经贸、信息等各项技术支持,公路港物流园区内还从专门从事汽配、维修、餐饮等生活服务的企业,在公路港物流园区内形成物流为进驻单位服务,进驻单位为货主企业服务,货主企业为终端客户服务的服务链条和相互依托关系。

(二)发挥物流分工协作优势,建造一体化物流网络

公路港物流业务的功能是服务于当地的生产和外贸企业,生产企业和外贸企业是物流链的一个环节,物流服务的拓展可以深入到生产和外贸企业中去,建造一个综合性一体化的物流网络。物流需求方可以一对一、一对多的谈判,或者物流园区总包的方式促进企业之间分工协作。

在公路港物流园区的平台上,由规模不一的中小型物流企业汇聚成综合性物流服务中心,使园区内部资源得到优化配置,实现多功能多样化服务,物流总体效率得以提升。最有优势的是传化公路港,传化公路港有10多家主要从事铁路专线运输的企业,与周边的集装箱货物铁路运输部门建立合作关系,整合区域铁路集装箱货物运输的信息资源,传化公路港内有6家专门从事水上货物运输的企业,能够开展水陆联运,每天有近2000吨货物通过水路运输网络通向各地,公路港的零担快运有100多条专线网络通往全国各地。

通过分工协作重新构建统一物流网络,同一运输路线、同一去向的货物可以整合回程车辆,空驶率大大降低。加入公路港物流网络的物流企业与货代企业都有自己的经营业务,公路港园区是他们自身物流业务网络中的一个"结点",其他"结点"资源同样可以为园区物流业务服务所用。正是通过网络内各企业的延伸,园区把触角延伸到全国各地。

三、传化公路港的优势借鉴

(一)完整的物流产业链

公路港园区内可以建立完整的物流产业链,例如在传化公路港的信息交易大厅里,货物名称、数量、房号、联系电话等信息在两块大电子屏幕上不停地滚动显示着。配货者可以按照屏幕信息提示找到公路港区内的物流企业,或直接与货主联系沟通达成交易。

对于公路港物流园区内的信息平台系统的作用,传化公路港物流园区的一位经理这样说:"我们可以在有意向配货的卡车主之间进行挑选,这样大大降低了我们的运营成本。如果自己管理这些车辆,即使是专人负责也难以达到良好效果,而且人力、物力、财力投入也远比现在多。确实为我省钱!"

通过完整的物流产业链,在传化公路港物流园区内第三方物流企业已经超过480家,通过传化物流网络连接起的货运车辆达40万辆,2万多家工商企业,仅日车流辆就超过3000辆,每日交易信息发布超过5000条,这条传化物流链,每年可以为周边企业降低成本40%左右。

公路港物流园区内不仅仅提供配送、运输等服务,也提供银行、电信、保险、法律等专业化服务。公路港内集聚了大量的生产性配套服务企业和一批生活服务企业,超市、餐饮等生活商家有近百个,为苏州地区及附近10000多家企业提供服务,能够直接提供的就业岗位有3000个。随着公路港物流园物流服务的优化及货物运量的不断增加,能够提供的就业岗位、服务的商家会越来越多。

(二)通过物流连锁拓展服务网络

传化公路港将自己定义为"物流平台整合运营商",通过物流园区的集聚作用将货主、运输企业和第三方物流企业紧密链接在一起,充当了组织者、管理者和服务者的角色。

传化公路港物流园通过连锁复制的方式进行业务拓展,传化建立传化成都物流基地、苏州基地和宁波物流商务信息港。传化的运输信息网络如同互联网一样,运用信息平台的优势,在更广阔的范围内调度车辆进行运输。

在传统的公路货物运输中,企业找不到运输车辆,卡车找不到运输货物是随处可见的现象,货物运输的回程空车率一方面给城市生活带来交通拥堵、环境污染,另一方面也使得中小物流企业运输成本居高不下。

随着运输车辆手机定位等先进技术的应用,未来传化物流可以借助互联网和卫星定位系统,服务其现有的物流信息管理系统,现在传化公路港每天有超过1万条的货源、车源信息通过网络平台进行联络,平台能够随时掌握卡车等交通工具的具体位置,结合先进的GIS、LBS、Call Center等技术形成一个覆盖全国的高速信息网络。

在苏州传化公路港车源中心,有静态停车位1200个,公路港内的核心功能区——物流信息交易中心每天发布交易信息2000多条,无需到处寻找,通过网络信息平台就可以及时获取准确信息,享受可靠的运输服务,公路货运司机也可以通过手机随时获取回程的信息,这将大大缩短作为物流时间并降低回程车的空车率,据统计苏州传化公路港每天可减少卡车空驶里程50万千米,不仅降低运输成本,对减少环境污染也起到良好的作用。因而公路港是物流产业升级和发展的优势产物。

第五节 多式联运的信息平台

一、多式联运信息平台概念

多式联运的管理信息平台是一个多元化、综合性物流平台,是物流服务与互联网之间的结合,多式联运信息平台具有集成性、动态性、实时性的独特优势以及模块化、网络化、智能化等一般特点。

多式联运信息系统以运输业务流程为基础,通过使用先进的IT技术,搭建平台信息在国际货运众多部门之间顺畅沟通,数据能够实时联网,在不同部门之间共享,数据共享的基本作用是实现单证无纸化办公,自动在货代、海关、检验检疫、理货、装卸等部门网上申报、核查;信息平台支持部门之间数据的互动协作,力求建立一个可以共享的、集各相关部门业务操作为一体的、跨系统、多源异构的联动平台。

多式联运信息管理平台主要建立港区到内陆腹地的多式联运系统所有相关者的信息系统,实现数据在相关部门之间的共享和协作,保证各个部门对于数据的更新与修正能够统一进行,也便利托运人和收货人对运输货物的实时查询。

多式联运信息平台是多式联运运输、港口、机场、集装箱拆拼箱、货代等的综合物流平台,目前,我们很多的港口、铁路、航运、公路和物流公司的信息化尚停留在单一的各自为政的阶段,跨不同运输方式之间信息平台微不可寻,建立开放的多式联运信息服务平台,实现物流资源信息共享,在线运输服务采购和结算等基础的信息平台服务,有着非常迫切的现实意义。

二、多式联运信息平台建设的基本要求①

(一)遵循国际行业标准,建立统一的多式联运数据标准

多式联运信息平台的搭建涉及到众多的部门和业务参与者,这些在物流中被称为物流节点,统一众多物流节点的数据在一个平台上交流使用,需要有一个一致的多式联运数据交换标准,在多式联运业务流程中,对相应的信息进行数据转换、采集、筛选、转换和关联,这是多式联运信息平台的基础。

(二)建立EDI电子平台

EDI是一种可扩展标识语言技术,在当前的国际贸易、货款结算、报关报检中使用广泛,是一种强大的高效的信息交换引擎,在数据标准代码制定的基础上,采用电子数据交换EDI高效专用平台,对国际贸易以及货物运输中产生的单证、运输等数据进行智能化的筛选、转换、关联,并建立数据库进行数据存储,从而实现国际贸易操作的快速化,保证进出口单证在各相关部门之间的网络流转,实现物流作业动态的全程跟踪以及在线的信息交流。

(三)建立多源化异构数据接口

采用多源异构数据接口的高效联动,对不同的数据库结构和庞杂的数据资源进行数据筛选、关联整合、逻辑判断、信息服务、发挥不同平台系统、不同数据库、不同数据来源的联运信息的集聚效应,建立多源化异构数据接口,以达到系统中一次录入新数据、数据库存储,并能够多次有效联动调用的目的,能够实现各物流节点异构源的信息采集和整合,实现数据在多式联运各部门之间的集成,推动国际多式联运各部门、物流作业各环节之间的无缝连接。

三、多式联运信息平台的构建

(一)多式联运信息平台的节点

多式联运业务涉及物流节点众多,货物运输相关部门有货主、货代、铁路运输公司、货运站、公路港、公路运输公司、航空公司、航空港、仓储等,政府部门有海关、检验检疫、海事局、港口、码头、铁道部等,金融服务部门有保险公司、银行等。所有的机构按照在多式联运中的流程顺序,构成了多式联运信息中心的用户网络,目前各个部门、机构、公司都有自己的网络信息系统,大部分数据都可以上网操作、查询,但是尚未建成统一的数据联用中心,建立多式联运信息系统就是把上述独立操作的数据整合,通过一个所有用户连接的、数据之间自由传递,互联互通的平台,使得每个用户在操作本业务流程时,能够从信息平台快捷、准确地获取所需单证及文件信息,完成运输过程的申报、审核、沟通等工作。

---

① 朱友文. 集装箱多式联运公共信息平台建设研究[J]. 铁道货运,2010(11):4-16.

(二)港口多式联运信息功能

多式联运信息系统平台实现集装箱多式联运中运输、仓储、装卸、搬运、保险等物流服务的联合作业,通过信息平台实现整个运输过程的优化,信息平台功能的发挥关键在于信息的集成与共享,港口多式联运信息包括公共基础信息集成、物流业务信息集成、监管信息集成等,信息平台把系统所涉及到的参与者的信息、相关部门信息纳入其中,用于建立多式联运信息系统数据库、框架结构,以使多式联运过程中的信息得到充分有效的运用。

1. 港口公共基础信息。港口公共基础信息主要是港口、码头及在港口集疏运的陆路运输网络的信息,包括集装箱场站管理信息、码头靠泊、装卸信息、船舶航运动态信息、铁路集疏运信息、公路网信息、集装箱在港作业信息、船公司等综合信息。

2. 港口运输业务信息。港口运输业务信息主要是运输企业相关的各种信息,包括船舶租船订舱信息、船舶到港信息、货物装卸信息、码头仓储信息、船期表、铁路运输计划、货主备货信息、单证管理信息、费用管理信息、信息统计分析等。

3. 政府监管及金融服务信息。政府监管及金融服务信息与政府部门相关,政府监管信息主要指海关、检验检疫、海事局、铁道部等的信息,金融服务信息则是主要指银行、保险公司信息。

建立多式联运信息管理系统,搭建信息共享平台是我国刚刚起步建设的内容,在美国、欧洲等发达国家发展较早,也形成了一些先进成熟的经验,发达国家的海铁联运集装箱运输高达20%以上的比例与多式联运信息网络的畅通不可分割,加拿大、澳大利亚等国家的海铁联运集装箱所占比例甚至超过30%,联运的作用大大降低货运中的物流成本。

我国多式联运信息平台目前最常用的是EDI,沿海港口已经建设的EDI数据交换中心有16个,已经初步建立起EDI网络,信息功能覆盖港口码头、航运企业及海关政府监管部门,铁路企业也建成了一系列较高水平的相应信息系统,包括铁路运输管理、列车调度指挥、铁路货票、货运营销生产系统等,这些系统单独层面上自动化程度非常高,但是相互之间缺乏有效的连接,数据在各部门、机构没有统一的接口可以共享传递,无法及时更新并保持一致。

四、多式联运信息平台建设存在的问题

(一)联运各方之间的信息共享尚未实现

多式联运相关各方虽然都建有信息平台,但是由于信息平台是单独开发、各自管理的,信息系统主要侧重于本部门的业务功能使用,信息系统的硬件配置、软件设计、数据库内容、结构、数据建立标准、数据交换接口等都不统一,共享尚未建立,港口、铁路、物流企业需要沟通的信息无法在统一的平台上迅速及时传递,例如港口中海洋运输货物进出港需要铁路运输部门配合集疏运,铁路部门的运行计划、铁路货运单、货物种类、集装箱列车等信息都需要及时报备给港务部门,而铁路部门要完成上述信息也需要港口部门的配合,只有准确获得货

物的船期表、电子单证、仓单、货物的种类、起运地、目的地等才能完成集装箱在港口的集疏运。

多式联运各方信息无法共享,没有一个统一的能够协调使用的平台,电子单证无法在网上通过数据传递完成申请、制作、审核等流程,各个作业环节之间衔接速度慢,多式联运效率低,特别是广大中小物流企业信息化程度低,阻碍了多式联运信息化的整体提升。

(二)港口、航运、铁路技术标准不统一

单个部门使用的数据架构不一致,各个单位单独管理,数据连接是一个网状的自由组织,数据在各部门之间时有交叉,导致数据在部门之间自动转换无法完成,数据在系统之间的交换存在困难,不利于多式联运管理。

五、多式联运信息平台的构建

(一)物联网应用体系

物联网应用体系主要是对集装箱、铁路列车、卡车、航班的感知信息进行处理、交换的系统,通过建立物联网门户系统、电子政务系统、商务系统、业务协同系统、数据交换系统、物流跟踪信息服务系统进行服务。

1. 数据交换方式。数据交换有多种方式,最常用的有FTP/WEB SERVICE/EDI等,该类数据交换使用实时触发的方式,目前由于多式联运信息平台处于初级阶段,各港口、铁路、货代等部门的数据标准不统一,而且短时间内还不能完全做到一致,在建立不同部门之间数据传递、交换时必须考虑这一点,设置数据格式转换模块,以方便物流信息数据在港口、码头、货代、货运站、船公司、铁路、公路、海关、银行等在交换平台上的对接。

2. 物联网应用系统建设。物联网应用系统主要指中心门户系统:包括后台管理和服务列表。后台管理主要是技术人员进行数据处理、协同、传递等功能的,包括交换服务器的注册和查询,数据标准的发布、数据标准查询,物流代码的申请、查询和管理等。服务列表是客户可以使用的,在中心门户上统一发布,提供给物流节点各单位,物流企业软件开发商为服务的使用提供技术支持。

3. 业务系统管理系统。联运的业务协同管理系统是指物流业务可以跨部门之间进行申请、传递的,例如网上委托代理的办理、货物报价、合同磋商与签订、租船订舱、电子结算、单证跟踪等功能,目前在国际贸易中很多国家使用EDI系统实现物流数据在海关、税务、银行、保险等之间的交换,一方面统一业务流程每一环节的服务,另一方面使用平台实现为客户提供一站式服务的功能,提高客户满意度。

4. 物流跟踪信息系统。物流跟踪信息系统包括货物状态追踪,纸单签名上传,邮件和手机定时定制查询,大客户查询,手机货物跟踪,跟踪信息保存,货到付款服务,通关状态信息服务,船舶作业动态查询,外贸集装箱进出港查询,集装箱堆场信息服务等。

5. 增值服务系统。增值服务系统主要面向物流企业,属于一些非查询类的服务,是有偿服务的一种方式,提供如船舶申报服务、舱单申报服务、危险品货物申报服务、信用管理及评价服务、车货资源匹配服务、空箱资源调配信息服务、物流SAAS服务、行业分析服务等。

(二)物联网应用支撑体系

1. 应用支撑平台建设。应用支撑平台是提供公共支持的平台,主要服务于应用系统的开发和运行。应用支撑平台有三部分:数据集成管理平台,负责物流各节点数据资源的集成与统一管理;数据交换平台,负责物流节点跨部门、跨区域之间的数据交换;信息资源目录服务系统,负责建立数据目录,为信息资源的发现、定位、交换提供服务。

2. 数据资源建设。整合不同系统之间的数据,而数据整合又包括两个方面:数据内容分析、同/异构数据融合。

(三)物联网信息采集及传输体系

建立数据交换系统,采集物流各类功能信息,在港口、码头、海关、海事、铁路、公路、货代、货主之间实现数据信息共享,建立数据感知网,通过电子标签实时记录集装箱铁路列车、集装箱装卸、到港信息、仓储信息等的感知,为功能信息协同共享奠定基础,为了便于物联网传输体系的推广,拟采用国家行业级—市(港口级)的两级结构进行布局,该结构可依托现有大型港口的EDI系统,建立多式联运信息平台。

参考文献

[1] 陈成源.装箱码头业务管理[M].大连:大连海事大学出版社,1998.

[2] 高明波.集装箱物流运输[M].北京:对外经济贸易大学出版社,2008.

[3] 江静.国际集装箱运输与多式联运[M].北京:中国商务出版社,2006.

[4] 蒋正雄,刘鼎铭.集装箱运输学[M].北京:人民交通出版社,1997.

[5] 刘鼎铭.集装箱货物装箱方法[M].北京:人民交通出版社,1985.

[6] 刘敏文.危险货物运输管理[M].北京:人民交通出版社,2002.

[7] 楼伯良.集装箱运输管理[M].上海:华东师范大学出版社,2007.

[8] 王鸿鹏.集装箱运输管理[M].北京:电子工业出版社,2007.

[9] 王艳艳.集装箱运输管理[M].北京:北京理工大学出本社,2007

[10] 吴永富,杨家其.国际集装箱运输与多式联运[M].北京:人民交通出版社,1998.

[11] 谢东建.集装箱运输管理[M].北京:中国物资出版社,2007.

[12] 杨矛甄.集装箱运输实务[M].北京:高等教育出版社,2007.

[13] 于汝民.集装箱码头经营管理[M].北京:人民交通出版社,1999.